LAS RELACIONES ENTRE LA UNIÓN EUROPEA Y LA CELAC:

ANÁLISIS DESDE LA PERSPECTIVA JURÍDICA, ECONÓMICA Y POLÍTICO-SOCIAL

LAS RELACIONES ENTRE LA UNIÓN EUROPEA Y LA CELAC:

ANÁLISIS DESDE LA PERSPECTIVA JURÍDICA, ECONÓMICA Y POLÍTICO-SOCIAL

EDICIÓN 2024

Directores

Carlos Francisco Molina del Pozo

Jorge Antonio Jiménez Carrero

Virginia Saldaña Ortega

COLEX 2024

Calle Costa Rica, número 5, 3.º B (local comercial)
A Coruña, 15004, A Coruña (Galicia)
info@colex.es
www.colex.es

I. S. B. N.: 978-84-1194-634-6
Depósito legal: C 1399-2024

SUMARIO

CARTA AL LECTOR

(Pág. 13)

CAPÍTULO I
ULTIMÁTUM PARA EL CIERRE DEL ACUERDO UE-MERCOSUR

(Pág. 15)

Prof.ª Dra. Elizabeth Accioly

CAPÍTULO II
RELACIONES COMERCIALES Y EMPRESARIALES E INVERSIÓN UE-CELAC. LA AGENDA DE INVERSIÓN GLOBAL GATEWAY (GGIA)

(Pág. 27)

Prof. Dr. Pablo Podadera Rivera

CAPÍTULO III
EN BUSCA DE UN MARCO MIGRATORIO AVANZADO ENTRE LA UNIÓN EUROPEA Y AMÉRICA LATINA: POSIBLES MODIFICACIONES EN LA TARJETA AZUL DE LA UE

(Pág. 39)

Prof. Dr. Jorge Antonio Jiménez Carrero

CAPÍTULO IV
EVOLUCIÓN NORMATIVA Y JURISPRUDENCIAL EN LA UNIÓN EUROPEA SOBRE PROTECCIÓN DE DATOS PERSONALES Y ADMINISTRACIÓN PÚBLICA ELECTRÓNICA

(Pág. 51)

Prof. Dr. Enrique Manuel Puerta Domínguez

CAPÍTULO V
ESTRATEGIA CULTURAL PARA LA INTEGRACIÓN EUROLATINOAMERICANA

(Pág. 75)

Prof. Dr. Miguel Angel Ciuro Caldani

CAPÍTULO VI
LOS PROCESOS DE INTEGRACIÓN REGIONAL Y LA PROTECCIÓN DE DERECHOS DE LAS PERSONAS EN SITUACIÓN DE MOVILIDAD HUMANA EN SUDAMÉRICA

Prof.ª Mg. Georgina A. Guardatti

CAPÍTULO VII
ACTUACIÓN DEL ESTADO MEXICANO EN EL CASO CABRERA GARCÍA Y MONTIEL FLORES VS MÉXICO

Prof.ª Dra. Terina Palacios Cruz

CAPÍTULO VIII
PERSPECTIVAS DE LAS RELACIONES INTERNACIONALES DESDE LA INTEGRACIÓN REGIONAL

(Pág. 157)

Prof.ª Liliana Bertoni

CAPÍTULO IX
INTEGRACIÓN EUROLATINOAMERICANA: ENTRE LA DEMOCRACIA Y EL TERROR

(Pág. 167)

Prof. Dr. Ernesto Velázquez Baquerizo

CAPÍTULO X
EL PROYECTO EUROPEO A EXAMEN: DE LA ANTESALA DE PARÍS A LA ELABORACIÓN DEL TEXTO LISBOETA

(Pág. 175)

Prof.ª Dra. Virginia Saldaña Ortega

CARTA AL LECTOR

Resulta para nosotros un verdadero honor, tener la posibilidad de introducir al lector, por medio de estas modestas líneas, en la presente obra colectiva, que nace como consecuencia de la celebración en Quito del Seminario Internacional eurolatinoamericano sobre integración jurídica, económica y político-social: a propósito de las relaciones UE-CELAC (Homenaje a la vida y obra del Prof. Dr. Carlos F. Molina del Pozo), celebrado los días 28 y 29 de noviembre de 2023. Un proyecto que recoge las principales conclusiones a las que los diferentes conferenciantes y panelistas llegaron, tras sus pertinentes procesos de investigación y análisis, al respecto de las distintas y variadas cuestiones planteadas durante la celebración de dicho encuentro.

Los aspectos jurídicos, económicos y político-sociales fueron tratados de forma minuciosa por importantes estudiosos y analistas de las diferentes materias abordadas. Académicos de reconocida competencia e ilustres personalidades del mundo político y profesional, estudiosos de los distintos procesos de integración en Europa y en América Latina que vienen a avalar de forma indudable las conclusiones recogidas en cada uno de los capítulos que componen el presente texto.

Resulta oportuno y justo reconocer el apoyo recibido por parte de la Universidad Andina Simón Bolívar (sede Ecuador), institución académica que ofreció sus instalaciones para la celebración del evento. Igualmente, resulta necesario agradecer el apoyo recibido, especialmente, al Excmo. Y Magfco. Sr. César Montaño (Rector de la sede nacional de la Universidad Andina Simón Bolívar de Ecuador); y también al Prof. Dr. Ricardo Schembri Carrasquilla (Presidente del Consejo Superior de la Universidad Andina Simón Bolívar).

En cuanto a reconocimientos, no queremos olvidarnos de agradecer su encomiable labor a la Profª Dra. Claudia Storini (Directora del Área Académica de Derecho y del Doctorado en Derecho de la Universidad Andina Simón Bolívar, con sede en Ecuador); a la Profª. Dra. Sandra Catalina Charris Rebellón (Magistrada Presidenta del Tribunal de Justicia de la Comunidad Andina) y al Prof. Dr. Alejandro Suárez (Embajador y Director de la Academia diplomática «Galo Plaza Lasso»).

Durante el Seminario se trataron temas de mucha relevancia que no quisiéramos dejar de mencionar, a fin de hacer extensivo nuestro agradecimiento a todos y cada uno de los intervinientes en el Seminario. De esta manera, podemos referirnos a la responsabilidad de las empresas ante el cambio climático (Prof[a]. Dra. Ángela Schembri); la armonización de los procesos judiciales (Prof. Dr. Álvaro Mejía Salazar); estrategias de especialización inteligente (D. Simone Sasso); relaciones comerciales UE-CELAC (Prof. Dr. Pablo Podadera Rivera); inteligencia artificial (Prof. Dr. Roberto Cippitani); Acuerdo UE-Mercosur (Prof[a]. Dra. Elizabeth Accioly); procesos de integración regional y protección de derechos de las personas en situación de movilidad (Prof[a]. Dra. Georgina Alejandra Guardatti); la educación en los valores del Estado de Derecho (Prof. Dr. Ricardo Schembri); disparidad de intereses en la relación UE-CELAC (Prof. Dr. Santiago Deluca); Agenda 2030 (Prof[a]. Dra. Liliana Bertoni); el derecho al acceso a la justicia de las víctimas por los efectos negativos ocasionados por operaciones empresariales transnacionales (Prof[a]. Dra. María Augusta León); migraciones climáticas y derechos humanos (Prof[a]. Dra. Tania García); estrategia cultural para la integración eurolatinoamericana (Prof. Dr. Miguel Ángel Ciuro Caldani); sustentabilidad y medio ambiente (Prof. Dr. Roberto Ruiz Díaz Labrano); aspectos jurisdiccionales del MCS (Prof[a]. Dra. Silvina Barón Knoll); análisis de la actuación mexicana ante la CIDH (Prof[a]. Dra. Terina Palacios Cruz); integración eurolatinoamericana (Prof. Dr. Ernesto Velázquez Baquerizo); la presidencia argentina de la CELAC (Prof. Dr. Patricio de Giorgis); la teoría moliniana y la sostenibilidad (Prof[a]. Dra. Jamile Bergamaschine Mata Diz); integración y garantía de derechos (Prof[a]. Dra. Claudia Storini); inteligencia artificial en el Derecho Administrativo (Prof[a]. Dra. Virginia Saldaña Ortega); la cooperación espacial UE-CELAC (Prof. Dr. Ronan Cirefice); la búsqueda de un marco migratorio avanzado entre la UE y América Latina (Prof. Dr. Jorge A. Jiménez Carrero); Tribunal permanente revisable del Mercosur (Prof. Dr. Juan Manuel Rivero Godoy); comercio y cambio climático (Prof. Dr. Alan Fairlie); protección de datos (Prof. Dr. Enrique Manuel Puerta Domínguez); integración regional (Prof. Dr. Calógero Pizzolo); luces y sombras en la relación bilateral UE-CELAC (Prof. Dr. Iordan Barbulescu); responsabilidad civil por daños medioambientales (Prof. Dr. Alfredo Mario Soto); impacto de la IA en los mercados (Prof. Dr. Nuno Cunha Rodrigues).

En definitiva, nos encontramos ante una obra de colección y que, en nuestra humilde opinión, resulta necesaria en cualquier biblioteca jurídica. Una monografía imprescindible para todo estudioso cuya pretensión sea aproximarse al conocimiento de los procesos de integración, a partir de una triple perspectiva: jurídica, económica y político-social. Confiamos en que su lectura aporte un valor añadido al leyente, logrando procurarle un desarrollo profesional y académico sobresaliente.

Prof. Dr. D. Carlos Francisco Molina del Pozo
Prof. Dr. D. Jorge Antonio Jiménez Carrero
Prof.[a] Dra. Dña. Virginia Saldaña Ortega
(Directores de la obra colectiva)

CAPÍTULO I

ULTIMÁTUM PARA EL CIERRE DEL ACUERDO UE-MERCOSUR

Prof.ª Dra. Elizabeth Accioly[1]

Nada es para siempre, decimos, pero hay momentos que parecen quedar suspendidos sobre el fluir inexorable del tiempo[2]

José Saramago

Sumario: Introducción; I. Acuerdo UE-MERCOSUR (2000-2009); II. Acuerdo UE-MERCOSUR (2010-2019); III. Acuerdo UE-MERCOSUR (2019-2024); IV. Consideraciones finales.

Resumen: Se acerca otra legislatura de la Unión Europea para el periodo 2024-2029. El objetivo de este artículo es echar un vistazo al «estado del arte» del Acuerdo UE-MERCOSUR. Crecen clamores contra el Acuerdo, culminando en las recientes protestas de los agricultores por toda Europa. Ha llegado la hora del ultimátum para el cierre del Acuerdo UE-MERCOSUR. El Acuerdo, que comenzó a negociarse hace tres décadas, ¿podrá entrar en vigor?

Palabras clave: Integración regional — Acuerdos de Asociación — MERCOSUR — Unión Europea — Acuerdo UE-MERCOSUR.

1 Profesora Asociada de la Universidad Europea de Lisboa.

2 Saramago, José. *Cuadernos de Lanzarote — Diario 1*. Porto: Porto Editora, 3.ª ed., 2016.

Introducción

Con grande honor he participado el 28 e 29 de noviembre de 2023 del «Seminario Internacional sobre integración jurídica, económica y político-social: a propósito de las relaciones UE-CELAC — Homenaje a la vida y obra de Carlos Francisco Molina del Pozo», organizado por el Instituto Eurolatinoamericano de Estudios Para la Integración (IELEPI), con la colaboración de la Universidad Andina Simón Bolívar, de Ecuador, que ahora lanza las Actas de ese relevante Seminario.

En hora buena este homenaje al profesor Carlos Molina del Pozo, uno de los mayores entusiastas de la integración regional, desde la Unión Europea hasta la Comunidad Andina de Naciones y el MERCOSUR. El Profesor Molina del Pozo fue el gran maestro de todos los que se debruzaron en los estudios de los bloques económicos para comprender el mecanismo del MERCOSUR en los principios de los años noventa del siglo pasado, siempre buscando inspiración en la Unión Europea, sin la pretensión de copiar este modelo innovador, hecho a medida únicamente para el bloque europeo. Aprendimos en sus libros, oímos sus enseñanzas en innumerables conferencias que nos contagiaban con su vena europeísta y optimista. Así que con mucho gusto participo del libro para la monografía de las actas del citado Seminario, con el presente artículo.

El Profesor Molina del Pozo ha sido nuestra brújula para distinguir los destinos del MERCOSUR y de la Unión Europea. Por eso, con el optimismo que él nos transmite, pero con una visión realista y crítica, basada en su vasta cultura jurídica, voy a abordar una cuestión que parece eterna a los estudiosos del tema: el ultimátum para la conclusión del Acuerdo UE-MERCOSUR.

Creo que ya no hace falta volver a mirar la cronología, cuando se firmó en Madrid el Acuerdo Marco Interregional de Cooperación entre la Comunidad Europea y sus Estados miembros, por una parte y el Mercado Común del Sur y sus Estados Partes, por otra, hecho en Madrid el 15 de diciembre de 1995, en cuyo preámbulo se afirmaba *«la voluntad política de las partes de establecer, como objetivo final, una asociación interregional de carácter político y económico basada en el fortalecimiento de la cooperación política, la liberalización progresiva y recíproca de todos los intercambios comerciales, teniendo en cuenta la sensibilidad de determinados productos y respetando las normas de la Organización Mundial del Comercio, y, por último, basada en la promoción de las inversiones y la profundización de la cooperación»*.

En las tres décadas transcurridas desde la firma del Acuerdo Marco Interregional ha habido avances y retrocesos, y el objetivo de este artículo es echar un vistazo al siglo XXI y de este modo comprobar si aún quedan signos vitales del Acuerdo UE-MERCOSUR.

I. Acuerdo UE-MERCOSUR (2000-2009)

Las rondas comenzaron a principios de este siglo, con grandes expectativas de que el Acuerdo pudiera concluirse en pocos años. Existían, sobre todo, intereses comerciales y voluntad política para los entonces 15[3]+4[4] Estados implicados, que negociaron entre 2000 y 2004.

Sin embargo, a partir de mayo de 2004, ya no eran 15+4 los que negociaban, sino 25[5]+4, tras la entrada de los países de Europa del Este, así como Malta y Chipre, en la mayor ampliación de la historia de la Unión Europea.

Si observamos el mercado interior de la Unión Europea, después de la ampliación del año de 2004 —un mercado en el que circulan libremente los bienes, los servicios, el capital y las personas, y dentro del cual los ciudadanos europeos pueden vivir, trabajar, estudiar o hacer negocios—, veremos que Alemania ha pasado de la periferia al centro del mapa de la UE, aportando muchos dividendos por ser uno de los países más industrializados de este bloque regional. De ahí que el entusiasmo de los idos del año 1995, cuando se firmó el Acuerdo Marco entre la UE y MERCOSUR, haya disminuido.

Y las negociaciones entre los dos bloques entre 2003 y 2004, a pesar de avanzar con celeridad, dado el cambio de escaños que se produciría para la legislatura europea 2004-2009, tropezaron con una barrera difícil de ultrapasar: la agropecuaria. Los europeos argumentaban que esta apertura diezmaría la agricultura europea. Por otro lado, los socios sudamericanos no aceptaban liberalizar la industria y los servicios sin una contrapartida equilibrada.

En la segunda mitad de 2004, todo parecía converger hacia un compromiso por ambas partes para las conclusiones del Acuerdo, antes de la entrada en funciones del nuevo ejecutivo europeo para el periodo 2004-2009. Pero fue precisamente en ese momento cuando se produjo la ruptura entre los dos bloques regionales, cuando el entonces ministro de Asuntos Exteriores brasileño, Celso Amorim, dijo: *«Querían tomarnos por tontos. Que nadie piense que estamos desesperados por llegar a un acuerdo. Queremos un acuerdo, pero no a cualquier precio»*. Celso Amorim utilizó el ejemplo de la carne de vacuno para ilustrar el malestar de Brasil con la oferta de los europeos de repartir en diez años las cuotas de exportación de productos agrícolas a tipos más flexibles. Según él, MERCOSUR sólo tendría derecho a exportar 6.000 toneladas el primer año. La cuota de Brasil sería entonces de 2.400 toneladas, lo que equivaldría a un contenedor al año.

---

3 Francia, Alemania, Italia, Países Bajos, Bélgica, Luxemburgo, Reino Unido, Irlanda, Dinamarca, Grecia, Portugal, España, Austria, Suecia, Finlandia.

4 Argentina, Brasil, Paraguay, Uruguay.

5 Polonia, Chequia, Hungría, Estonia, Letonia, Lituania, Eslovaquia, Eslovenia, Malta, Chipre.

Tras este episodio, las negociaciones se interrumpieron durante la legislatura europea 2004-2009. De hecho, este estancamiento costó seis años de parálisis «*entravados por queixumes recíprocos de incompreensão e de birra burocrática, apesar dos elogios mútuos e dos decantados laços históricos, culturais e econômicos*»[6].

Fue en el primer semestre de 2010, en la VI Cumbre UE-América Latina y Caribe, cuando España ocupaba la presidencia rotatoria de la UE, que se relanzaron las negociaciones UE-MERCOSUR en la búsqueda de un acuerdo «global, equilibrado y ambicioso», que incluyera no sólo el comercio de bienes, sino también los servicios, las inversiones, la contratación pública, la propiedad intelectual (incluidos las indicaciones geográficas), la facilitación del comercio, las medidas sanitarias y fitosanitarias, el comercio y el desarrollo sostenible, la competencia y los instrumentos de protección comercial.

Un informe del Parlamento Europeo sobre la agricultura de la UE y el comercio internacional, de 8.2.2011, reveló que aquel hemiciclo:

> «está sumamente preocupado por el impacto en el conjunto del sector agrícola de la UE de un posible acuerdo de asociación con el MERCOSUR, a la vista de la solicitud presentada en marzo de 2006 para acceder al mercado agrícola de la UE, que iba mucho más lejos que la oferta, ya de por si importante, hecha por la UE en 2004; considera necesario, por consiguiente, que se revisen las concesiones a fin de proteger los intereses de nuestros agricultores.
>
> Considera que no se ha tenido en cuenta la posición de los nuevos Estados miembros en las negociaciones entre la UE y el MERCOSUR, sobre la base del mandato establecido por el Consejo en 1999.
>
> Pide, por consiguiente, a la Comisión que suspenda las negociaciones hasta que se adopte un nuevo mandato que tenga en cuenta la posición de los nuevos Estados miembros.
>
> Observa que las explotaciones agrícolas de los países pertenecientes al MERCOSUR tienen unos costes de producción mucho más bajos, incluyendo la tierra, la mano de obra y otros costes de capital, y que los productores del MERCOSUR no tienen que cumplir las mismas normas que los productores de la UE en lo que se refiere al medio ambiente, el bienestar de los animales, la salubridad de los alimentos y las medidas fitosanitarias.
>
> Destaca que debe alcanzarse un resultado equilibrado para ambas partes, velándose por que las negociaciones tengan plenamente en cuenta las consecuencias y repercusiones, especialmente por lo que se refiere a los desafíos medioambientales y sociales.
>
> Pide a la Comisión que realice una evaluación de impacto relativa a las consecuencias de este Acuerdo para el sector agrícola.

---

6 Fontoura, Jorge. União Europeia e Mercosul, a história inadiável. *Jornal Gazeta do Povo*, 18.07.2010. In http://www.gazetadopovo.com.br/opiniao/conteudo.phtml?id=1026172&tit=Uniao-Europeia-e-Mercosul-a-historia-inadiavel.

Opina que el nivel de integración comercial en la unión aduanera del MERCOSUR no es suficiente en la actualidad para garantizar una circulación adecuada de productos importados dentro de la región y que un acuerdo no produciría un valor añadido real en ausencia de unas disposiciones que garanticen la circulación efectiva y completa de los productos agrícolas de la UE en el interior de la zona del MERCOSUR».

Es importante mencionar aún el dictamen del Comité Económico y Social Europeo (CESE), emitido en 25.08.2011, que advertía: *«un acuerdo solo puede alcanzarse si es equilibrado, si beneficia a ambas partes y no sacrifica ningún sector (como la agricultura o la industria), región o país».* Y añadió que *«en ningún caso el Acuerdo debe basarse en un mal acuerdo»*. Para ello, el CESE pide a las partes negociadoras que *«tengan la voluntad política necesaria para hacer posible el Acuerdo de Asociación y el máximo empeño para superar las diferencias que afectan, especialmente, al pilar básico del Acuerdo de Asociación, a saber, las cuestiones comerciales»*[7].

II. Acuerdo UE-MERCOSUR (2010-2019)

Los años de 2010 a 2014 transcurrieron con reuniones de trabajo, sin definiciones relevantes para la convergencia entre las partes. Recordemos que Rumania y Bulgaria ingresaron en 2007 y Croacia lo hizo en 2013. Es decir, Europa avanzaba con 28 *partners*, con nuevos mercados, facilitados por el mercado interior, en pleno funcionamiento desde el 1 de enero de 1993. De 2014 a 2019 hubo otro cambio de escaños en la UE, bajo el comando de Jean-Claude Juncker, como presidente de la Comisión Europea.

A principios de 2016 soplaban vientos favorables en Sudamérica con el cambio de gobierno en Argentina, lo que dio un nuevo impulso al Acuerdo. A partir de mayo de 2016 las negociaciones avanzaron significativamente, con el intercambio de ofertas de acceso a los mercados, lo que llevó MERCOSUR a reafirmar la continuidad de las negociaciones en una declaración conjunta en la Cumbre del bloque de septiembre de 2016:

> «Los Cancilleres de la República Argentina, Susana Malcorra, de la República Federativa del Brasil, José Serra, de la República del Paraguay, Eladio Loizaga, y de la República Oriental del Uruguay, Rodolfo Nin Novoa, reunidos en Nueva York, examinaron la agenda de negociaciones comerciales externas del bloque. Desde esta perspectiva, destacaron la importancia de impulsar las negociaciones del Acuerdo de Asociación Birregional UE-MERCOSUR, dados los lazos culturales, comerciales y de inversión que ya unen tradicionalmente a los dos bloques y el gran potencial de crecimiento de los flujos comerciales y de inversión entre ellos».

---

7 https://eur-lex.europa.eu/LexUriServ/LexUriServ.do?uri=OJ:C:2011:248:0055:0059:ES:PDF – Consulta em 02-03.2024.

En octubre de 2016 se celebró en Bruselas la 10.ª ronda negociadora UE-MERCOSUR, con el objetivo de debatir las propuestas presentadas por las dos partes, sin resultados concluyentes, según el comunicado conjunto:

> «Esta ronda de negociaciones, que se llevó a cabo del 10 al 14 de octubre en la capital belga, ha sido "la primera completa" desde 2012 y la primera en realizarse tras el esperado intercambio de ofertas de acceso a mercados del pasado 11 de mayo, algo que no se producía desde 2004 y que ambas partes perseguían desde que decidieron retomar las tratativas en 2010.
>
> Los equipos negociadores de ambos bloques "analizaron el conjunto de los textos y reglas en negociación" y, además, "intercambiaron puntos de vista sobre cómo avanzar en los temas de acceso a mercado", subrayó el comunicado conjunto. Señalaron que se comprometen a "realizar todos los esfuerzos necesarios para avanzar en las negociaciones"».

El muro prácticamente infranqueable de la UE —el sensible sector agrícola— avanzó tímidamente en 2017, con desacuerdos en la UE sobre la carne de vacuno y el etanol. La propuesta de la Comisión Europea, presentada en octubre de 2017, contrarió los negociadores por parte del MERCOSUR, que hacían hincapié en no retroceder sobre lo ya negociado, dado que la cuota de 600.000 toneladas de etanol y 70.000 de carne de vacuno eran muy inferiores a las presentadas en 2004, cuando el Acuerdo estaba casi sellado, como hemos analizado anteriormente. En 2004, la propuesta presentada fue de 100.000 toneladas de carne de vacuno y 1 millón de toneladas de etanol. El presidente de la Sociedad Rural Argentina, Luis Miguel Etchevehere, comentó la oferta desacertada de la UE en el sector de la carne de vacuno:

> «Nos dijeron que ellos podrían abrir el mercado solo para ese limitado monto anual, que además debemos repartir entre los cuatro socios del bloque. ¿Sabe a cuánto equivale esto? Pues a 137 gramos por año para cada habitante de la UE. Es decir: apenas dos hamburguesas anuales. Para el bloque, el mercado de carne vacuna es central. Y aspiramos como mínimo a contar con 390.000 toneladas que se puedan comercializar libremente en Europa. Si ese monto se divide por los 4 miembros del mercado sureño, a cada uno le tocaría exportar tanto como media hamburguesa anual por consumidor europeo. Sin duda, para nosotros, todo eso es un desafío. La gran cuestión es mostrar que el Acuerdo con la UE vale la pena»[8].

La entonces negociadora en nombre de la Comisión Europea, Sandra Gallina, justificó su posición: *«Este nivel propuesto —el de las 70.000 toneladas— se había conseguido luego de una "delicada negociación" en el interior de la UE con los tres países que ofrecen mayor resistencia a admitir la competencia*

8 https://www.clarin.com/economia/acuerdo-mercosur-union-europea-quejas-trabas-ingreso carne_0_BJIH_gmhW.html, 5-10-2017.

agrícola ganadera de los sudamericanos: Francia, Irlanda y Bélgica. Fueron ellos los que impulsaron una oferta que para el MERCOSUR es inaceptable»[9].

El representante de la Confederación Nacional de la Industria brasileña (CNI), Carlos Abijaodi, se mostró partidario de aceptar la propuesta europea, aunque ello pusiera en peligro la calidad global del Acuerdo, como parece haber ocurrido con las ofertas antes mencionadas: *«Para nosotros es muy importante que el Acuerdo salga. Esa es la postura del sector fabril ante el siguiente dilema: o se realiza un acuerdo con "limitaciones" de uno y otro lado; o se suspende "sine die". Y, si ocurre esto último, otras regiones o países ocuparán el lugar del MERCOSUR. Por ejemplo: Canadá y Japón; a quienes sumarían Australia y Nueva Zelandia, más una ampliación del acuerdo de Europa con México»*[10].

III. Acuerdo UE-MERCOSUR (2019-2024)

Las propuestas de ambas partes siguieron adelante sin mucha publicidad, discusión, ni entusiasmo cuando, sin previo aviso, el Acuerdo se firmó el 28 de junio de 2019, justo al final del mandato europeo (2014-2019). El nuevo ejecutivo europeo entraría en funciones para el mandato 2019-2024, bajo la presidencia de Ursula Van der Leyen, en la Comisión Europea. Parecía que por fin todo iría bien, pues se había dado el paso más difícil tras casi 25 años de negociaciones.

Sin embargo, a partir de la segunda mitad de 2019, hay una combinación de factores que han alterado la estabilidad mundial: los terribles incendios en la selva amazónica, en 10 y 11 de agosto de 2019, apodados «día del fuego», se vieron envueltos en una aparente negligencia del Gobierno brasileño; el inicio del COVID-19, en diciembre de 2019, una batalla librada contra este virus que paralizó el mundo durante dos años; y luego después de la victoria contra la pandemia, empieza en solo europeo un conflicto bélico em 24.02.2022, con la invasión rusa de Ucrania, que ya lleva tres años; y desde 07.10.2023, otra guerra no menos preocupante en Oriente Medio, entre Hamas e Israel.

Por otra parte, otra la situación en suelo europeo es preocupante: el ascenso de la extrema derecha en el hemiciclo europeo, en la próxima legislatura europea (2024-2029), destinada a convertirse en la tercera fuerza política de la UE, poniendo en peligro el modelo supranacional en el que fue concebida la UE, sin olvidar las nuevas amenazas de denuncia del Tratado, como el traumático Brexit.

---

9 https://www.clarin.com/economia/acuerdo-mercosur-union-europea-quejas-trabas-ingreso-carne_0_BJIH_gmhW.html, 5-10.2017.

10 https://www.clarin.com/economia/acuerdo-mercosur-union-europea-quejas-trabas-ingreso-carne_0_BJIH_gmhW.html, 5-10.2017.

Volviendo nuestra mirada al Acuerdo UE-MERCOSUR, este se encuentra en fase de ratificación por todos los Estados miembros implicados (27+4). Hay países a favor del Acuerdo, como Alemania, los Estados ibéricos y los nórdicos, pero también en contra, como Francia, Países Bajos, Irlanda, Bélgica y Austria, incluyendo algunas ONG que exigen más requisitos medioambientales a negociar con Bruselas. Se trata de un dilema en el que se inscribe el riesgo real de paralización del Acuerdo, que pondría en peligro la consolidación de un mega bloque responsable del 25 % de la economía mundial, con la participación de 780 millones de habitantes.

Jorgo Riss, director de Greenpeace Europa, justificó la escalada de activistas hasta la imponente sede del Consejo de la UE en septiembre de 2023 alegando que «el mundo está ardiendo y los gobiernos están dejando que se queme»[11]. Ya han corrido ríos de tinta sobre la deforestación del Amazonas y el supuesto incumplimiento del Acuerdo de París por parte de los socios del hemisferio sur, lo que les sitúa en una posición más débil. Sin embargo, parece haber una clara voluntad de firmar una adenda sobre compromisos medioambientales. El objetivo es superar este obstáculo y allanar el camino para el vía crucis de la ratificación, a pesar de la dificultad para acordar los términos de la *side-letter* que deben se poner de acuerdo los países sudamericanos para garantizar su compromiso con las normas medioambientales y agrícolas exigidas por la UE.

Desde la invasión rusa de Ucrania, el aprovisionamiento de cereales, fertilizantes y energía se ha vuelto crítico en varios continentes, con mayor preocupación en África. Rusia y Ucrania, los graneros del mundo, habían conseguido asegurar el suministro de cereales gracias a un acuerdo de exportación muy vulnerable, mediado por Turquía y por las Naciones Unidas, que lamentablemente se ha roto. El fracaso del acuerdo de exportación de grano podría provocar una hambruna de proporciones catastróficas, sobre todo en África. Es inaceptable ver cómo el mundo retrocede en tantos aspectos que antaño se consideraban logros definitivamente consolidados.

Urge, pues, que la UE diversifique sus mercados en busca de graneros agrícolas, energía y recursos minerales, y MERCOSUR cumple todos estos criterios. Por supuesto, un acuerdo comercial debería, en principio, ser ventajoso para ambas partes en términos de libre comercio. Sin embargo, en el contexto actual, es necesario mirar algo más que la economía y buscar una interacción que vaya más allá de los intereses económicos y comparta valores comunes que respeten la democracia, el Estado de Derecho, el Derecho internacional y los Derechos Humanos. Hoy existen socios de gran peso económico tanto para el MERCOSUR como para la UE, pero que no cumplen, en cierta medida, la verdadera puesta en común de valores que se han ido

11 https://www.gazetadopovo.com.br/opiniao/artigos/uniao-europeia-e-mercosul-ha-luz-no-fim-do-tunel/.

construyendo a lo largo de décadas, como el respecto por la dignidad humana, por la competencia leal, por la paz, por el desarrollo sostenible, por la protección de las mujeres, de los niños y de las minorías, entre tantos otros.

Sin pretensiones de hacer un ejercicio de clarividencia, es casi seguro que ésta será la última oportunidad para una convergencia de intereses entre UE-MERCOSUR. Con elecciones al Parlamento Europeo y nuevo gobierno europeo para 2024-2029, con un giro significativo hacia la extrema derecha, se corre el riesgo de que todo el trabajo de dos décadas en este siglo, vuelva al punto de partida, tal como ocurrió en 2004, cuando el Acuerdo no se aprobó por un estrechísimo margen. El panorama electoral del hemiciclo europeo y una posible victoria de Donald Trump en las elecciones estadounidenses no auguran nada bueno para el avance del Acuerdo UE-MERCOSUR.

IV. Consideraciones finales

Ahora bien, como hemos visto desde principios del siglo XXI, hace dos décadas se corría contrarreloj para a firma del Acuerdo UE-MERCOSUR. Recordemos que una de las grandes motivaciones para cerrar el Acuerdo en 2004 fue el cambio de escaños en el Parlamento Europeo y en la Comisión Europea, pues se temía que todo el trabajo se acabaría yendo al traste.

Veinte años han pasado y el Acuerdo se aleja cada vez más de un *happy end*. Es cierto que el Acuerdo avanzó, con su firma en 2019, pero el tema medioambiental y agropecuario sigue en divergencia. Si a esto añadimos las recientes manifestaciones de los agricultores europeos, que se inició en Francia en enero de 2024 y se extendió a varios países de la UE, crece el clamor para que se paralice el Acuerdo. El argumento de los agricultores y de algunos gobiernos, en particular el francés, se refiere a la supuesta competencia desleal de los productos agrícolas importados de regiones con normas menos estrictas, como los producidos en el MERCOSUR.

Actualmente, una de las principales motivaciones de los negociadores para ver finalizado este Acuerdo es la misma que en 2004: el cambio de escaños en la Unión Europea para la legislatura 2024-2029. Por eso ha llegado el momento de dar un ultimátum para el cierre del Acuerdo UE-MERCOSUR.

Paraguay, que ocupa la presidencia por turno del MERCOSUR en el primer semestre de 2024, desafía el bloque para que este finalice antes que el nuevo ejecutivo y legislativo europeo entre en funciones. Uruguay ha hecho un ultimátum hasta el fin de la presidencia paraguaya, amenazandoque dejaría el MERCOSUR para hacer acuerdos bilaterales con otros países, caso no se llegue a buen puerto brevemente. Brasil sigue deseando que se firme el Acuerdo, pero sus esperanzas se desvanecen ante el panorama actual. En Argentina todavía aún no se percebe los caminos del nuevo ejecutivo respecto al MERCOSUR.

Así pues, la película UE-MERCOSUR vuelve a ponerse en marcha, con nuevos y veteranos actores en los papeles principales. Creo que estamos acercándonos a los capítulos finales de este Acuerdo sin desenlace exitoso previsible.

Por último, me gustaría citar las proféticas palabras del Profesor Werter Faria, uno de los precursores en el estudio de la integración del MERCOSUR, junto con nuestro querido homenajeado, el Profesor Molina del Pozo, quien advirtió, hace más de dos décadas, que los valores comunes deberían estar en el corazón de este Acuerdo:

> *«Por vivermos num tempo em que tudo converge para as questões econômicas, temos de conscientizar-nos de que a mundialização liberal* é *incapaz de dissolver as identidades étnicas, religiosas e culturais; ao contrário, faz com que se robusteçam.*
>
> *Nas negociações para concluir o Acordo de cooperação, as Partes deverão levar em consideração não somente os laços econômicos, mas os laços os históricos, culturais e políticos que as unem, e que se inspiram nos valores comuns aos seus povos. Esses laços e valores são os que devem reger o cumprimento das obrigações contraídas pela UE e pelo Mercosul»*[12].

Referencias bibliográficas

Accioly, Elizabeth. *Timeline - Acordo Mercosul-UE. In* Derecho de la Unión Europea e Integración Regional: Liber Amicorum al Prof. Dr. Carlos Francisco Molina del Pozo. Valencia: Ed. Tirant lo Blanch, 2020, p. 1029-1042.

Accioly, Elizabeth. *MERCOSUR y Unión Europea — Estructura jurídico institucional.* 3.ª ed. Porto: Juruá Editorial, 2023.

Accioly, Elizabeth. *União Europeia e Mercosul: há luz no fim do túnel? In Jornal Gazeta do Povo*, artigo de Opinião. Publicado em 03-06-2023. https://www.gazetadopovo.com.br/opiniao/artigos/uniao-europeia-e-mercosul-ha-luz-no-fim-do-tunel/

Del Pozo, Molina. *Derecho De La Unión Europea.* Madrid: Editorial Reus S.A., 2024

Fontoura, Jorge. *União Europeia e Mercosul, a história inadiável. In Jornal Gazeta do Povo*, 18.07.2010. http://www.gazetadopovo.com.br/opiniao/conteudo.phtml?id=1026172&tit=Uniao-Europeia-e-Mercosul-a-historia inadiavel

12 Accioly, Elizabeth. Timeline — «Acordo Mercosul-UE» en *Derecho de la Unión Europea e Integración Regional: Liber Amicorum* al Prof. Dr. Carlos Francisco Molina del Pozo. Valencia: Ed. Tirant lo Blanch, 2020, p. 1029-1042.

http://www1.folha.uol.com.br/fsp/dinheiro/fi2307200416.htm, consulta em 06-09-2013

http://economia.ig.com.br/mercosul-e-ue-comecam-outra-rodada-de-negociacoes/n1300148668754.html Consulta em 06/09/2013

https://www.clarin.com/economia/acuerdo-mercosur-union-europea-quejas-trabas-ingreso-carne_0_BJIH_gmhW.html, 4-10-2017

CAPÍTULO II

RELACIONES COMERCIALES Y EMPRESARIALES E INVERSIÓN UE-CELAC. LA AGENDA DE INVERSIÓN GLOBAL GATEWAY (GGIA)

Prof. Dr. Pablo Podadera Rivera[1]

Sumario: I. ANTECEDENTES; I.1. Una nueva agenda para las Relaciones entre la UE y América Latina y el Caribe; I.2. Declaración, Hoja de Ruta y principales resultados de la Cumbre; II. ESTRATEGIA GLOBAL GATEWAY Y LA AGENDA DE INVERSIONES GLOBAL GATEWAY UE-LAC; II.1. La estrategia Global Gateway; II.2.La Agenda de Inversiones Global Gateway UE-LAC; III. A MODO DE CONCLUSIÓN.

Resumen: La Comunidad de Estados Latinoamericanos y Caribeños (CELAC) es un mecanismo de concertación e integración regional, cuyo fin es «avanzar en la unidad y en la integración política, económica, social y cultural; aumentar el bienestar social, la calidad de vida, el crecimiento económico de la región, y promover el desarrollo independiente y sostenible, sobre la base de la democracia, la equidad y la más amplia justicia social»[2].

La Unión Europea (UE) y la Comunidad de Estados Latinoamericanos y Caribeños (CELAC) forman conjuntamente un gran bloque de 60 países con una población total de más de mil millones de habitantes. Asimismo, representan el 14 % de la población mundial y el 21 % del PIB mundial y comparten una de las redes comerciales de mayor densidad del mundo, con un comercio total de bie-

1 Catedrático Jean Monnet «Ad Personam» de Economía y Política de la UE, Universidad de Málaga (España).

2 Ver https://www.cancilleria.gov.co/international/consensus/clacs, consultado el 11 de noviembre de 2023.

nes (2022) y servicios (2021) que ascendió a 369 000 millones de euros y siendo la UE el mayor inversor de la región; más de 690.000 millones de inversión[3].

El presente capítulo pretende ofrecer una visión de las relaciones entre la UE y la CELAC desde una perspectiva económica, considerando las relaciones comerciales, empresariales y de inversión, con especial consideración de la *Pasarela Mundial o Estrategia Global Gateway,* sobre la base de los resultados de la celebración de la Cumbre UE-CELAC celebrada en Bruselas los días 17 y 18 de julio de 2023.

Palabras Clave: UE-CELAC, Relaciones comerciales y de inversión; Global Gateway; Global Gateway UE-LAC.

I. Antecedentes

Los dirigentes de la UE y los dirigentes de la Comunidad de Estados Latinoamericanos y Caribeños (CELAC) se reunieron en Bruselas el pasado 17 y 18 de julio de 2023 para celebrar la tercera cumbre UE-CELAC. La primera Cumbre UE-CELAC tuvo lugar los días 26 y 27 de enero de 2013 en Santiago (Chile) y la segunda los días 10 y 11 de junio de 2015 en Bruselas (Bélgica). Tras aquellas, se celebraron dos reuniones ministeriales (en 2016 en Santo Domingo y en 2018 en Bruselas) y una reunión informal en diciembre del 2020 en Berlín. A esta última le siguió la tercera reunión ministerial, celebrada en octubre de 2022 en Buenos Aires.

Las cuestiones comerciales, empresariales y de inversión, han estado siempre en sus planes de acción, recogidas en la línea: «Inversiones y espíritu empresarial con vistas a un desarrollo sostenible», pero sin resultados concretos.

Con ocasión de la III Cumbre UE-CELAC, se ha dado un paso adelante con el acuerdo de una Agenda de Inversiones «Global Gateway», que recoge un compromiso de inversión de la UE y de sus Estados miembros de 45.000 millones de euros para financiar proyectos concretos que, entre otros, y para el caso de la CELAC, según el mencionado acuerdo, pretenden reforzar la agenda comercial común entre la UE y ALC.

Además, la citada Cumbre sirvió para adquirir un compromiso mediante el cual adaptar su relación con los retos globales y celebrar cumbres regulares cada dos años, «con una instancia de coordinación permanente y una hoja de ruta birregional», acordando, asimismo, volver a encontrarse en Colombia en 2025.

---

3 Ver https://www.consilium.europa.eu/es/infographics/eu-celac-relations/, consultado el 10 de noviembre de 2023 .

I.1. Una nueva agenda para las relaciones entre la UE y América Latina y el Caribe

En este sentido, destaca la Declaración Conjunta de la Comisión Europea y el Alto Representante de la Unión para Asuntos Exteriores y Política de Seguridad, entre otras[4], que «la UE y ALC son socios comerciales y de inversión cercanos con un interés común en promover el crecimiento sostenible y mejorar la resiliencia económica, reduciendo al mismo tiempo las dependencias excesivas y diversificando las relaciones comerciales» (Comisión Europea, 2023a).

No en vano, EUROSTAT demuestra, a través de sus estadísticas, que la UE es el principal inversor en la región de ALC, su tercer socio comercial más importante[5] y el principal contribuyente de la cooperación al desarrollo.

Asimismo, en la voluntad de ambas regiones de construir sociedades inclusivas y sostenibles, radica el gran potencial que las mismas suponen para liderar conjuntamente una transición ecológica y digital justa, en cuyo cometido juega un papel fundamental la puesta en marcha de la estrategia de inversión de la Pasarela Mundial o Global Gateway (Comisión Europea, 2021a).

Evidentemente, para la consecución de una asociación más estrecha y en línea con un contexto, el actual, convulso y de alta complejidad geopolítica y de previsión de escenarios globales competitivos y exigentes de alianzas estratégicas que reduzcan ciertas dependencias, se requiere de una cooperación más intensa, más sistemática y estructurada sobre elementos de diálogo permanente y de un compromiso político reforzado.

Asimismo, es necesario que dichas alianzas ofrezcan resultados reales y concretos, sobre la base de marcos bilaterales o regionales y subregionales (MERCOSUR, CARICOM, Organización de los Estados de África, el Caribe y el Pacífico (OEACP), Brasil y México), como multilaterales (Grupo de las Naciones Unidas de América Latina y el Caribe (GRULAC), Fondo Monetario Internacional (FMI), G20, bancos multilaterales de desarrollo, como el Grupo del Banco Mundial y el Banco Interamericano de Desarrollo, o bancos regionales de desarrollo, destacando, en este sentido, el impulso hacia un «Nuevo

---

4 Aliados clave con vistas a reforzar el sistema internacional basado en normas e intensificar la acción conjunta para promover la paz, la seguridad, la democracia, el Estado de Derecho y los derechos humanos; y sociedades comprometidas en la construcción de sociedades inclusivas y sostenibles sobre la base de un compromiso conjunto con la Agenda 2030 y sus Objetivos de Desarrollo Sostenible (ODS), del Acuerdo de París, del Marco Mundial Kunming-Montreal de la Diversidad Biológica y del Tratado de Alta Mar sobre la diversidad biológica marina de las zonas situadas fuera de la jurisdicción nacional («Tratado de alta mar»).

5 El volumen total de inversión extranjera directa de la UE en ALC ascendía a 693 000 millones EUR a finales de 2021, según la citada fuente.

Pacto Financiero Mundial»[6] y hacia una cooperación más intensa en materia de buena gobernanza fiscal, así como el impulso al comercio y a la inversión entre ambas regiones y, en definitiva, la construcción de sociedades sostenibles e interconectadas.

Sin ánimo de abordar todos los aspectos mencionados, este capítulo se centra en el impulso al comercio y la inversión, en el que juega un papel fundamental la puesta en marcha de la Pasarela Mundial (Global Gateway) y a cuya agenda se dedica la segunda sección del mismo.

De esta manera y referido al impulso al comercio[7], la nueva agenda para las relaciones entre la UE y ALC, prevé una serie de acciones clave, entre las que cabe destacar: completar, finalizar o realizar procesos en los acuerdos entre la UE y Chile, México, Mercosur, Centroamérica y Colombia, Perú y Ecuador y Cariforum; profundizar en políticas conjuntas de transición ecológica, que incluya consensos legislativos que faciliten el comercio; facilitar la cooperación UE-ALC en el marco multilateral de la OMC; o impulsar la participación de países de la ALC en el futuro Club de Materias Primas Fundamentales[8], uno de los 10 pilares de la autonomía estratégica abierta de la Unión Europea (Comisión Europea, 2021b), iniciativa fundamental para «reforzar las cadenas de suministro sostenibles y diversificar el abastecimiento, que reúna a países consumidores y países ricos en recursos para abordar conjuntamente los retos comunes» (Comisión Europea, 2023b).

La referida iniciativa sobre materias primas fundamentales, se basa en tres pilares, de acuerdo con el documento COM (2023) 165 final citado:

1. Desarrollo de la cadena de valor de las materias primas fundamentales en la UE
2. Fomento de la diversificación de la oferta y de las asociaciones mutuamente beneficiosas en apoyo de la producción mundial
3. Fomento del abastecimiento sostenible y promoción de la circularidad (paso de una economía lineal a una economía circular)

---

6 Ver: https://nouveaupactefinancier.org/en.php (Cumbre por un Nuevo Pacto Financiero Global, París, 22 - 23 de junio de 2023). Ver también propuestas como la Iniciativa Bridgetown (https://www.nodal.am/2022/11/la-iniciativa-de-bridgetown-explicada-por-david-a-comissiong/) y sus actualizaciones («Bridgetown 2.0»), cuyo fin es reformar la arquitectura financiera internacional y el financiamiento en desarrollo en el marco de las crisis globales de deuda, clima, e inflación.

7 Las estadísticas de comercio exterior (ESTAT Comext) revelan que el volumen total de comercio entre ambas regiones en 2018 fue: 209,44 millones EUR y en 2022: 293,09 millones EUR, lo que supone un crecimiento del 39,9 %.

8 Fundamentado en las negociaciones entre la UE y los EE. UU. sobre un acuerdo específico relativo a minerales fundamentales, que se anunció el 10 de marzo de 2023, y basado en un conjunto acordado de principios (Comisión Europea, 2023b).

Conviene, antes de entrar en la sección referida a la Pasarela Mundial (Global Gateway), realizar un breve resumen de la Declaración y principales resultados de la Cumbre UE-CELAC mantenida en el mes de Julio de 2023.

I.2. Declaración, hoja de ruta y principales resultados de la Cumbre

En la Cumbre UE-CELAC celebrada en Bruselas los días 17 y 18 de julio de 2023, los dirigentes de la UE y la CELAC adoptaron una Declaración, con el compromiso para «...renovar y seguir reforzando nuestra ya arraigada asociación birregional, que se basa en valores e intereses comunes y en estrechos lazos económicos, sociales y culturales».

En la Declaración son aspectos destacables, entre otros (Consejo de la Unión Europea, 2021):

- La preocupación por la situación geopolítica convulsa, en medio de conflictos armados abiertos, con las subsiguientes consecuencias de incertidumbre y de inestabilidad económica y financiera mundial.
- La necesidad de reforzar el sistema multilateral y de promover una gobernanza mundial más eficaz e inclusiva, que respete el Derecho Internacional, así como asegurar una aplicación eficaz y acelerada de los Objetivos de Desarrollo Sostenible (ODS) desde una cooperación birregional más estrecha.
- La necesidad de reforzar la colaboración en las instituciones financieras internacionales y las organizaciones multilaterales impulsando el Nuevo Pacto Financiero Mundial.
- Compromiso común, en línea con el objetivo de la Convención Marco de las Naciones Unidas sobre el Cambio Climático (CMNUCC), de hacer frente al cambio climático y el fomento del desarrollo sostenible.
- Fomento e impulso de la agenda de inversiones de la Global Gateway UE-ALC, que servirá para abordar deficiencias y necesidades de inversión en un marco común de prioridades de la UE y América Latina y el Caribe.
- Impulso a los «debates en curso en el marco de la Organización Mundial de la Salud en torno a un nuevo instrumento jurídicamente vinculante sobre prevención, preparación y respuesta frente a pandemias».
- Importancia del comercio abierto y justo basado en normas acordadas a escala internacional, así como el refuerzo de las relaciones comerciales y de inversión entre la UE y los países y regiones de la CELAC.
- Importancia sobre la consolidación de las iniciativas de cooperación entre la UE y la CELAC en el ámbito de la seguridad ciudadana y la justicia social. Se trata del interés estratégico común por mantener

una colaboración de alto nivel periódica entre la UE y la CELAC (celebración de cumbres cada dos años), así como reuniones ministeriales de Asuntos Exteriores y estableciendo un órgano de coordinación consultivo entre la UE y la CELAC que vele por la continuidad, seguimiento y organización de dichos encuentros.

Por otra parte, también se adoptó la Hoja de Ruta UE-CELAC 2023-2025[9] donde se recogen los diferentes eventos que ambas regiones mantendrán en dicho período.

Los principales resultados de la Cumbre[10], responden a los compromisos recogidos en la Declaración:

- El multilateralismo (luchar contra la discriminación y la violencia de género; promover los derechos laborales fundamentales y las normas laborales esenciales; promover la igualdad de género; promover los derechos de los pueblos indígenas, los derechos del niño, los derechos de los defensores de los derechos humanos y los derechos de las personas en situación de vulnerabilidad y de los afrodescendientes; mejorar la cooperación en las instituciones financieras internacionales y las organizaciones multilaterales);
- La Paz y Seguridad Mundial (preocupación por la guerra en curso contra Ucrania, así como su apoyo a una paz justa y duradera y a la Iniciativa sobre la Exportación de Cereales por el Mar Negro; continuar con los esfuerzos para apoyar el proceso de diálogo en Haití en vista del deterioro de la seguridad pública y la situación humanitaria en el país; apoyo al proceso de paz en Colombia y al Acuerdo de Paz de 2016; impulso al diálogo constructivo en las negociaciones dirigidas por Venezuela en Ciudad de México; oposición a las disposiciones legales y reglamentarias con efecto extraterritorial en vista del bloqueo impuesto contra Cuba);
- El Cambio climático y desarrollo sostenible (mitigar los efectos adversos del cambio climático y la degradación medioambiental y a acelerar la aplicación de los acuerdos, convenios y tratados sobre: los Objetivos de Desarrollo Sostenible, la labor de lucha contra el cambio climático, la biodiversidad, la desertización, la alta mar y la protección de los océanos);
- El Comercio e inversiones (cooperación en relación con las materias primas fundamentales, acuerdos comerciales entre la UE y Chile y

---

9 Ver: https://www.consilium.europa.eu/media/65921/eu-celac-roadmap2023-25.pdf, consultado el 7 de noviembre de 2023.

10 Ver: https://www.consilium.europa.eu/es/meetings/international-summit/2023/07/17-18/?utm_source=twitter.com&utm_medium=social&utm_campaign=20230718-CELAC-main-results&utm_content=visual-carousel, consultado el 10 de octubre de 2023.

entre la UE y México, impulso a los trabajos en curso en las relaciones entre la UE y el Mercosur, impulso a la agenda de inversiones de la Global Gateway UE-ALC);

- La Transición digital (promover una transformación digital responsable, centrada en el ser humano, basada en valores e inclusiva. En este sentido, se ha adquirido un compromiso a: proteger los derechos de privacidad, aumentar la conectividad digital y la ciberseguridad, reducir brechas digitales y contribuir a generar confianza en la economía digital, todo ello en el marco de la firma de una Declaración conjunta sobre una Alianza Digital);
- Justicia y seguridad para los ciudadanos (combatir la delincuencia organizada en todas sus formas, así como la corrupción y el blanqueo de capitales);
- Resiliencia sanitaria (impulsar los trabajos sobre la fabricación local de vacunas, medicamentos y tecnologías sanitarias, colaboración para reforzar la resiliencia de los sistemas sanitarios para mejorar la prevención, preparación y respuesta a emergencias de salud pública, a través de un nuevo instrumento, jurídicamente vinculante, en el marco de la Organización Mundial de la Salud, que esta quiere acordar a más tardar en mayo de 2024[11]).

II. Estrategia *Global Gateway* y la agenda de inversiones *Global Gateway* UE-LAC

II.1. La estrategia *Global Gateway*

Se trata de una nueva estrategia europea, que la Comisión Europea y el alto representante de la UE han creado para impulsar vínculos en los sectores digital, energético y del transporte, así como para potenciar los sistemas de salud, educación e investigación en todo el mundo. Es decir, que nace con vocación, no solo europea, sino mundial y con intención colaborativa, dado su propósito por generar «conexiones más resilientes con el resto del mundo», según declaraciones de Ursula Von der Leyen.

En este sentido, entre 2021 y 2027, pretende movilizar hasta 300 000 millones de euros en inversiones para proyectos sostenibles y de alta calidad, conforme con la Agenda 2030 de las Naciones Unidas y sus Objetivos de Desarrollo Sostenible, así como con el Acuerdo de París.

---

11 Ver: https://www.consilium.europa.eu/es/policies/coronavirus/pandemic-treaty/, consultado el 09 de enero de 2024.

La estrategia nace con el firme propósito de dar cumplimiento a un compromiso adquirido por la UE con los líderes del G7 en junio de 2021 de poner en marcha una asociación púbico-privada de alto nivel para satisfacer las necesidades mundiales de desarrollo de infraestructuras[12].

En 2023, a través de Global Gateway, se pusieron en marcha noventa proyectos en todo el mundo (Oriente Medio, Asia y el Pacífico y el África Subsahariana y también en América Latina y el Caribe), en los sectores digital, de la energía y del transporte con objeto de reforzar los sistemas de salud, educación e investigación a escala mundial, según fuentes de la Comisión Europea[13].

Para su financiación, la *Global Gateway* se apoya en los nuevos instrumentos financieros del marco financiero plurianual de la UE 2021-2027, concretamente el Instrumento de Vecindad, Cooperación al Desarrollo y Cooperación Internacional - Europa Global (IVCDCI), el Instrumento de Ayuda Preadhesión (IAP III), la parte digital e internacional del Mecanismo «Conectar Europa», aunque también en Interreg, InvestEU y Horizonte Europa, el programa de investigación e innovación de la UE (complementados con el *Next Generation EU*).

La *Global Gateway* se desarrolla bajo la filosofía del «Equipo Europa». Se trata del «Enfoque Team Europe» que surgió como respuesta a la COVID-19 en la UE con el objetivo de apoyar a los países socios y responder a la pandemia de un amanera coordinada entre la UE y los Estados Miembros. Tras la pandemia ha continuado y pretende dar una respuesta europea colectiva a un panorama geopolítico cada vez más cambiante tanto a nivel internacional como nacional. De esta manera, la UE persigue varios objetivos: desempeñar un papel de liderazgo a escala mundial, proteger los intereses de la UE y promover sus valores; aumentar la visibilidad de la cooperación de la UE con una marca común; aumentar la coherencia y coordinación entre los participantes según los compromisos adquiridos con los principios de eficacia[14].

II.2. La Agenda de Inversiones Global Gateway UE-LAC

La Agenda de Inversiones *Global Gateway* (AIGG) de la Unión Europea en América Latina y el Caribe señala potenciales proyectos de inversión que contribuyan a dar respuesta a las necesidades de esta región del pla-

12 Ver: https://international-partnerships.ec.europa.eu/policies/global-gateway_es, consultado el 10 de enero de 2024.

13 Ver a este respecto: https://commission.europa.eu/strategy-and-policy/priorities-2019-2024/stronger-europe-world/global-gateway_es, consultado el 6 de febrero de 2024.

14 Ver el portal de asociaciones del Equipo Europa: https://capacity4dev.europa.eu/resources/team-europe-tracker_en, consultado el 3 de febrero de 2024.

neta, creen valor añadido local y promuevan el crecimiento, el empleo y la cohesión social.

Se trata de un compromiso político de trabajar juntos, identificando oportunidades de inversión verde y digital justa en América Latina y el Caribe, que aprovechen el entorno abierto propiciado por acuerdos comerciales y de inversión y ayuden a alcanzar los Objetivos de Desarrollo Sostenible.

La Agenda de Inversiones gira en torno a 4 pilares[15]:

a) Una transición verde y justa

Entre otras propuestas, pueden señalarse: el impulso conjunto a la ejecución de los proyectos de inversión ecológica y reforzar la cooperación en el marco de las iniciativas regionales del «Equipo Europa»; intensificar la lucha contra la pérdida de bosques y biodiversidad y la degradación forestal, en particular en el Amazonas y los 5 Grandes Bosques de Mesoamérica; o impulsar la cooperación en materia de economía circular en los foros pertinentes, como el G20 y la Agencia de las Naciones Unidas para el Medio Ambiente.

b) Una transformación digital inclusiva

Entre otras acciones clave propuestas, pueden señalarse: desarrollar conjuntamente proyectos de inversión para una transición digital inclusiva; desarrollar acciones conjuntas en el marco de la Alianza Digital UE-ALC, o impulsar la extensión del cable de fibra óptica submarino BELLA (BELLA II) para que llegue a Centroamérica y el Caribe.

c) Crecimiento económico sostenible para el desarrollo humano

Entre las acciones claves propuestas nos encontramos con actuaciones como: movilizar la iniciativa regional del «Equipo Europa» sobre Sociedades Inclusivas, en particular para un nuevo Programa EUROsociAL; promover el Programa Erasmus + para la cooperación académica UE-ALC en educación superior y en formación profesional; o reforzar la participación de ALC en el Programa Horizonte Europa y preparar la celebración de una reunión ministerial UE-ALC en materia de investigación e innovación.

d) Resiliencia sanitaria y vacunas.

Enfocado en el impulso al partenariado UE-LAC para la producción de vacunas, medicamentos y demás tecnologías de la salud. Con ello, se pretende contribuir al Plan de autosuficiencia sanitaria de NN.UU. y la CEPAL en LAC, ratificado en la cumbre CELAC en Buenos Aires.

15 Ver: https://international-partnerships.ec.europa.eu/policies/global-gateway/eu-lac-global-gateway-investment-agenda_es, consultado 19 de febrero de 2024.

La Agenda de Inversiones *Global Gateway* UE-LAC será puesta en práctica mediante iniciativas del Equipo Europa[16]: La UE, sus Estados miembros, instituciones financieras de desarrollo como el Banco Europeo de Inversiones (BEI), agencias crediticias para la exportación y tantas otras fuentes de financiación pública trabajarán junto al sector privado mediante partenariados público-privados.

La Agenda se presentó en la Mesa Redonda Empresarial UE-ALC el 17 de julio antes del contexto de la cumbre UE-CELAC y se centra en promover una transición verde, digital y justa con el objetivo de fortalecer el potencial único de América Latina y el Caribe en materia de biodiversidad, recursos naturales, energía renovable, hidrógeno verde, producción agrícola y materias primas estratégicas críticas, siendo los desafíos clave la brecha digital y la cohesión social. Contiene una lista de más de 130 proyectos en todos los países de América Latina y el Caribe para desarrollar inversiones de calidad[17].

Según la Agenda, la UE trabajará con socios de ALC en Materias Primas Críticas (como el litio y otras) en la región (Argentina, Chile), así como con el Club de Materias Primas Críticas para fortalecer las cadenas de suministro sostenibles; en Brasil, la UE colaborará con el gobierno brasileño y el sector privado de la UE para ampliar las redes de telecomunicaciones en la región amazónica; en Costa Rica, la UE ayudará con la electrificación del transporte público y a la conversión de la flota de autobuses urbanos a eléctricos: 40 vehículos eléctricos públicos que contribuirán a una reducción de 5.000 kilotones de CO2 al año.; En Paraguay, se impulsará la modernización de la red eléctrica con apoyo a la Administración Nacional de Electricidad; entre otros ejemplos.

En el marco de la Alianza Digital UE-ALC, se están llevando a cabo actividades de cooperación digital UE-ALC, como la extensión del cable BELLA y la creación de dos centros regionales *Copernicus* para la reducción del riesgo de desastres, el cambio climático y el monitoreo terrestre y marino.

Por su parte, en el Foro UE – América Latina y el Caribe, la Comisión anunció el nuevo programa de la UE «Sociedades Inclusivas» para América Latina y el Caribe para abordar las desigualdades, reducir la pobreza y mejorar la inclusión social y la cohesión en los países de la región. En este sentido, está previsto movilizar 60 millones de euros del presupuesto de la UE para preparar una plataforma del Equipo Europa con el fin de mejorar la cohesión social y abordar las desigualdades en América Latina y el Caribe.

---

16 Cuando el enfoque Team Europe se lleva a la práctica, se convierte en las iniciativas Team Europe (TEI).

17 Pueden consultarse ejemplos de proyectos, por países, en el marco de la Agenda de inversiones Global Gateway UE-LAC en: https://international-partnerships.ec.europa.eu/publications/eu-lac-global-gateway-investment-agenda-infographics_en, consultado el 29 de febrero de 2024.

III. A modo de conclusión

La Unión Europea (UE) y la Comunidad de Estados Latinoamericanos y Caribeños (CELAC) forman conjuntamente un gran bloque de 60 países con una población total de más de mil millones de habitantes. Asimismo, representan el 14 % de la población mundial y el 21 % del PIB mundial y comparten una de las redes comerciales de mayor densidad del mundo, con un comercio total de bienes (2022) y servicios (2021) que ascendió a 369 000 millones de euros.

Dicha situación, evidencia por sí misma el gran potencial que ambas regiones presentan en el panorama geopolítico actual para actuar de forma conjunta y estratégica en las relaciones comerciales y de inversión con grandes garantías de éxito económico y social.

En este sentido, la Agenda de Inversiones Global Gateway (AIGG) de la Unión Europea en América Latina y el Caribe representa una excelente oportunidad para emprender dicho camino conjunto.

La III Cumbre UE-CELAC, celebrada en Bruselas los días 17 y 18 de julio de 2023, ha dado un paso adelante con el acuerdo de una Agenda de Inversiones «Global Gateway», que recoge un compromiso de inversión de la UE y de sus Estados miembros de 45.000 millones de euros para financiar proyectos concretos que, entre otros, y para el caso de la CELAC, según el mencionado acuerdo, pretenden reforzar la agenda comercial común entre la UE y ALC.

Referencias bibliográficas

COMISIÓN EUROPEA (2021a) Comunicación conjunta al Parlamento Europeo, el Consejo, el Comité Económico y Social Europeo, el Comité de las Regiones y el Banco Europeo de Inversiones. La Pasarela Mundial. Bruselas, 1.12.2021 JOIN (2021) 30 final.

COMISIÓN EUROPEA (2021b). Comunicación de la Comisión al Parlamento Europeo y al Consejo. Informe sobre prospectiva estratégica de 2021: la capacidad y la libertad de actuación de la UE. Bruselas, 8.9.2021. COM (2021) 750 final.

COMISIÓN EUROPEA (2023a). Comunicación conjunta al Parlamento Europeo y al Consejo. Una nueva agenda para las relaciones entre la UE y América Latina y el Caribe. Bruselas, 7.6.2023 JOIN (2023) 17 final.

COMISIÓN EUROPEA (2023b). Comunicación de la Comisión al Parlamento Europeo, al Consejo, al Comité Económico y Social Europeo y al Comité de las Regiones. Un suministro seguro y sostenible de materias primas críticas en apoyo de la doble transición. Bruselas, 16.3.2023, COM (2023) 165 final.

CONSEJO DE LA UNIÓN EUROPEA (2021). Declaración de la Cumbre UE-CELAC de 2023. Bruselas, 1 de agosto de 2023 (OR. en), 12000/1/23, REV 1 (es) COLAC 98. Disponible en: https://data.consilium.europa.eu/doc/document/ST-12000-2023-REV-1/es/pdf, consultado el 7 de noviembre de 2023.

CAPÍTULO III

EN BUSCA DE UN MARCO MIGRATORIO AVANZADO ENTRE LA UNIÓN EUROPEA Y AMÉRICA LATINA: POSIBLES MODIFICACIONES EN LA TARJETA AZUL DE LA UE

Prof. Dr. Jorge Antonio Jiménez Carrero[1]

Sumario: I. Introducción. II. Análisis de la anterior regulación de la tarjeta azul UE: la Directiva 2009/50, de 25 de mayo relativa a las condiciones de entrada y residencia de nacionales de terceros países para fines de empleo altamente cualificado. III. Novedades de la actual regulación de la tarjeta azul UE: la Directiva 2021/1883, de 20 de octubre de 2021, relativa a las condiciones de entrada y residencia de nacionales de terceros países con fines de empleo de alta cualificación. IV. En busca de una modificación normativa de la tarjeta azul UE para impulsar el vínculo social entre la UE y América Latina. V. Conclusiones. VI. Bibliografía.

Resumen: En el presente trabajo se estudia analiza, en primer lugar, el contenido de las Directivas reguladoras del permiso de profesional altamente cualificado o tarjeta azul UE (Directiva de 2009 y 2021). Posteriormente, se proponen una serie de reformas a la Directiva vigente con vistas a conseguir un marco migratorio avanzado en favor de los nacionales de países CELAC, con vistas a conseguir un ulterior espacio de movilidad interregional, que afiance y consolide las relaciones UE — América Latina.

Palabras clave: Directiva 2009/50, Directiva 2021/1883, tarjeta azul UE, profesional altamente cualificado.

I. Introducción

La llamada tarjeta azul UE es un permiso de residencia y trabajo que nace al amparo del Derecho de la Unión y que está destinada a buscar la incorporación de trabajadores altamente cualificados, que sean nacionales de terceros países,

1 Doctor en Derecho y Profesor de Derecho Administrativo. Universidad Europea de Madrid ORCID: 0000-0001-8043-2249.

al mercado laboral europeo. Se trata, por lo tanto, de atraer talento extranjero para hacer a la economía de la UE más competitiva.

En este sentido, la primigenia Directiva de 2009 que instauraba este tipo de permiso, ha sido sustituida por la Directiva 2021/1883, de 20 de octubre de 2021, relativa a las condiciones de entrada y residencia de nacionales de terceros países con fines de empleo de alta cualificación.

No obstante, desde un punto de vista euro latinoamericano, observamos que esta normativa europea no hace distinción entre nacionales de terceros países, es decir, da el mismo trato a ciudadanos asiáticos, africanos o latinoamericanos. En este sentido, considerando los vínculos lingüísticos y culturales existentes entre América Latina y algunos Estados miembros de la UE (España, Portugal o Italia), un trato diferenciado, más favorable para los ciudadanos latinoamericanos, podría tener fundamento jurídico en el marco de la tarjeta azul UE.

Así, se estudiará en primer lugar la regulación dada por el Derecho de la Unión Europea a este tipo de permiso de residencia, para después ofrecer alternativas que permitan conseguir un vínculo social más estrecho entre los pueblos europeos y los pueblos latinoamericanos, facilitando la movilidad entre ambas regiones (espacio de movilidad interregional).

II. Análisis de la anterior regulación de la Tarjeta Azul UE: la Directiva 2009/50, de 25 de mayo relativa a las condiciones de entrada y residencia de nacionales de terceros países para fines de empleo altamente cualificado

En primer lugar, el objeto de la Directiva resulta claro, esto es, regular las condiciones de entrada y residencia de nacionales de terceros países que se desplacen a territorio comunitario por motivo de empleo de alta cualificación[2/3], y además, la posible movilidad entre Estados miembros de los titulares de ese permiso «Tarjeta Azul UE».

2 De acuerdo con el art. 2 de la Directiva, hemos de entender por empleo de alta cualificación: «el empleo de una persona que:
en el Estado miembro de que se trate, está protegida como empleado en virtud del Derecho laboral nacional y/o de acuerdo con los usos nacionales, independientemente de su relación jurídica, a efectos del desempeño de un trabajo real y efectivo para otra persona o bajo la dirección de otra persona, recibe una remuneración, y tiene la competencia adecuada y específica requerida, demostrada por una cualificación profesional superior».

3 Igualmente, por «cualificación profesional superior» se ha de entender:
«la cualificación avalada por cualificaciones de enseñanza superior o, con carácter excepcional

A la hora de admitir a nacionales de terceros países bajo esta figura, las autoridades nacionales deberán analizar los siguientes puntos, entre otros (art. 5):

- Tener una oferta de empleo de duración mínima de un año;
- Si se trata de una profesión regulada, deberá acreditar que se ha homologado el título superior a fin de poder desempeñarla en España;
- Acreditar que se dispone de la cualificación profesional superior, por ejemplo, un título universitario;
- Pasaporte en vigor y visado;
- Acreditar que se dispone de seguro médico de salud (en el caso de España, por ejemplo, al tratarse de trabajadores el alta en la Seg. Social implica el derecho a la asistencia sanitaria para el trabajador y sus familiares, en el caso de cónyuge e hijos menores).

Resulta también esencial que el salario ofertado alcance un mínimo, ya que de lo contrario no se le podría considerar trabajador altamente cualificado. Concretamente, el apartado 3 del art. 5 señala:

> «...el salario bruto anual resultante del salario mensual o anual especificado en el contrato de trabajo o la oferta firme de empleo no deberá ser inferior al correspondiente umbral salarial definido y publicado a estos efectos por los Estados miembros, que será como mínimo 1,5 veces el salario bruto anual medio en el Estado miembro de que se trate».

Cabe mencionar también que, a diferencia de lo que ocurre con el permiso de profesional altamente cualificado recogido en la Ley 14/2013, de emprendedores, en el caso de la tarjeta azul UE se permite que los Estados miembros establezcan volúmenes de admisión (art. 6). En España, por ejemplo, se aplicaba la llamada situación nacional de empleo, en virtud de la cual únicamente se puede contratar a un trabajador extranjero si no hay en España ningún ciudadano desempleado capaz de cubrir dicha vacante (art. 87 derogado del Reglamento de Extranjería).

Desde el punto de vista procedimental, los Estados miembros quedaban obligados a tomar una decisión sobre la solicitud de tarjeta azul UE en el plazo máximo de 90 días[4]. En cuanto a los derechos que se otorgan una vez concedida la autorización:

- Acceso al mercado de trabajo. Durante los dos primeros años de residencia, su permiso estará vinculado a la empresa que los contrató, de

y si así lo establece el Derecho nacional, por un mínimo de cinco años de experiencia profesional de nivel comparable a las cualificaciones de enseñanza superior y que es pertinente en la profesión o el sector especificado en el contrato de trabajo o en la oferta firme de empleo».

4 En España, por ejemplo, se redujo a 45 días en virtud del Derecho nacional.

tal suerte que si el trabajador quisiera cambiar de empleador, tendría que obtener una autorización previa. Después de dos años, los Estados miembros pueden conceder a los trabajadores el mismo trato que a los nacionales en relación con el acceso al trabajo altamente cualificado.

- El desempleo de estos trabajadores, por sí mismo, no constituye causa de extinción del permiso, salvo que sea más de tres meses consecutivos o se quede sin empleo en más de una ocasión durante la vigencia de la tarjeta azul UE.
- Se les equipara a los nacionales del Estado miembro en una serie de derechos (art. 14): condiciones de trabajo, salario, libertad de asociación, libertad de movimiento en todo el territorio nacional, etc.
- Por supuesto, el derecho a la reagrupación familiar, especialmente la reagrupación del cónyuge e hijos menores de edad.

El Capítulo V resulta relevante ya que regula el posible traslado del titular de una tarjeta azul UE a otro Estado miembro distinto del que le expidió el permiso. Con carácter general, transcurridos 18 meses de residencia legal en el primer Estado miembro con la tarjeta azul UE, se podrá desplazar a un segundo Estado miembro, debiendo presentar, en el segundo Estado miembro, solicitud de tarjeta azul UE en el plazo de un mes desde la llegada. Es posible también que la autorización para el segundo Estado miembro sea solicitada mientras el extranjero titular se encuentre aun en el primer Estado miembro.

En relación con el balance de la Directiva de 2009, Sobotovicova, S. lo sintetiza:

> «A pesar del entusiasmo del legislador europeo en atraer el talento y los llamados "brain drain" de los terceros países a través de la Directiva 2009/50/CE, dicho instrumento jurídico no ha cumplido con altas expectativas, dando lugar a la adopción de una propuesta de nueva Directiva para regular la concesión de la tarjeta azul UE para los nacionales de terceros países altamente cualificados»[5].

III. Novedades de la actual regulación de la Tarjeta Azul UE: la Directiva 2021/1883, de 20 de octubre de 2021, relativa a las condiciones de entrada y residencia de nacionales de terceros países con fines de empleo de alta cualificación

La Directiva de 2009 fue derogada por la Directiva 2021/1883, de 20 de octubre, y transpuesta en España en virtud de la Ley 11/2023 de 8 de mayo, de

5 *Vid.* Sobotovicova, S.: «¿Quién es quién en el derecho migratorio europeo?» en *Revista de Derecho Migratorio y Extranjería*, núm. 51/2019 parte Artículos. Editorial Aranzadi, S.A.U., Cizur Menor. 2019, pp. 95-128.

trasposición de Directivas de la Unión Europea en materia de accesibilidad de determinados productos y servicios, migración de personas altamente cualificadas, tributaria y digitalización de actuaciones notariales y registrales.

En palabras de CAMAS RODA, F.:

> «De interés es en esta Directiva la fijación por la norma de un umbral salario mínimo, de alcance comunitario, para determinar qué puede entenderse por trabajo altamente cualificado, con el objetivo de armonizar las reglas mínimas sobre condiciones de admisión en la Comunidad y sin perjuicio de que los Estados puedan fijar umbrales salariales más elevados...»[6].

La nueva Directiva[7] mantiene la esencia de su predecesora pero introduce algunas novedades relevantes[8/9]:

a) De acuerdo con el art. 5 de la Directiva de 2021, la duración mínima del contrato de trabajo o de la oferta ha de ser de seis meses;

b) Con base en el art. 21 de la Directiva, para trasladarse a trabajar a un segundo Estado miembro, el trabajador solamente deberá haber residido previamente en el primer Estado miembro doce meses (en lugar de dieciocho meses);

c) Se aclara, de acuerdo con el art. 20 de la Directiva, que un titular de tarjeta azul UE puede trabajar hasta 90 días máximo en otro Estado miembro, en el contexto del espacio Schengen. En este sentido, señala FERNÁNDEZ AVILÉS J. A.:

> «Los nacionales de terceros países que estén en posesión de un documento de viaje válido y de una tarjeta azul de la UE expedida por un Estado miembro que aplique plenamente el acervo de Schengen podrán circular libremente por el mismo, durante un período de hasta tres meses de conformidad con el Reglamento (CE) núm. 562/2006, del Parlamento

---

6 *Vid.* CAMAS RODA, F.: «Propuestas de reforma de la normativa de inmigración en el marco del mercado de trabajo impulsadas por las instituciones de la Unión Europea» en *Revista de Derecho Migratorio y Extranjería* núm. 59/2022 parte Artículos. Editorial Aranzadi, S.A.U., Cizur Menor. 2022, pp. 17-42.

7 *Vid.* MUÑOZ, J.: «¿Qué es la tarjeta azul? Cambios en este permiso de trabajo europeo para atraer el talento» en *Diario Jurídico*, 29/05/2023 (en línea): https://www.diariojuridico.com/que-es-la-tarjeta-azul-cambios-en-este-permiso-de-trabajo-europeo-para-atraer-el-talento/ (consulta de 19 de junio de 2024).

8 *Vid.* CEF (Centro de Estudios Financieros) — Laboral Social: «Blue Card. Tarjeta Azul UE», (en línea): https://www.laboral-social.com/novedades-tarjeta-azul-ue.html (consulta de 19 de febrero de 2024).

9 *Vid.* LAZARO, A. y PITCHERS, C.: «La Unión Europea quiere atraer trabajadores altamente cualificados» en *Euronews*, 15/09/2021 (en línea): https://es.euronews.com/my-europe/2021/09/15/la-union-europea-quiere-atraer-trabajadores-altamente-cualificados (consulta de 19 de junio de 2024).

Europeo y del Consejo, de 15 de marzo de 2006, por el que se establece un código comunitario de normas para el cruce de personas por las fronteras (Código de Fronteras de Schengen)»[10].

d) También se modifica el criterio del salario mínimo para este tipo de profesionales. De acuerdo con el art. 5, apartado 3 párrafo 2.º, se da libertad a los Estados miembros para su fijación, estableciendo la siguiente horquilla:

> «Será como mínimo de 1,0 veces y como máximo de 1,6 veces el salario bruto anual medio del Estado miembro de que se trate».

En el caso de España, de acuerdo con el INE (Instituto Nacional de Estadística)[11], el salario medio bruto del año 2021 fue de 28.388,69 € para los varones y de 23.175,95 € en el caso de las mujeres.

e) Además de una cualificación superior, se tomará en cuenta la experiencia laboral para acceder a la tarjeta azul UE en dos puestos relacionados con la tecnología: directores de servicios de tecnología de la información y las comunicaciones y profesionales de tecnología de la información y las comunicaciones. Específicamente, tres años de experiencia profesional relevante en estos ámbitos equivaldrían a cualificaciones profesionales superiores a fin de obtener el permiso[12].

Resulta bastante común en la realidad que las empresas deseen contratar a trabajadores con un perfil tecnológico muy específico y de alto valor, pero que no disponen de un título universitario. En virtud de este inciso, acreditando tres años de experiencia laboral relevante sería suficiente.

f) Una novedad muy interesante y atractiva para el trabajador altamente cualificado, nacional de un tercer país, es la posibilidad de compaginar su empleo por cuenta ajena con un trabajo por cuenta propia, sin necesidad de tramitar otro permiso, más allá de la tarjeta azul UE. Así lo establece el art. 15 de la Directiva 2021/1883:

> «Sin perjuicio de los criterios de admisión enumerados en el artículo 5, todo Estado miembro podrá autorizar al titular de una tarjeta azul de la UE a ejercer una actividad por cuenta propia en paralelo a su actividad en el empleo de alta cualificación, de conformidad con las condiciones que establezca el Derecho nacional. Esto no afectará la competencia de los Estados miembros para restringir el alcance de las actividades por cuenta propia autorizadas.

---

10 *Vid.* Fernández Avilés J. A.: «Los profesionales altamente cualificados en el derecho migratorio» en *Revista de Justicia Laboral* núm. 55/2013 parte Art. Doctrinal, Valladolid. 2013, pp. 39-92.

11 https://www.ine.es/jaxiT3/Datos.htm?t=10882 (consulta de 19 de febrero de 2024).

12 *Vid.* Considerando 10 de la Directiva 2021/1883.

Esas actividades por cuenta propia serán accesorias a la actividad principal de la persona interesada como titular de una tarjeta azul de la UE».

Como bien señala el último inciso, la actividad por cuenta propia siempre ha de ser accesoria, nunca principal. Esta habilitación es factible siempre y cuando se mantenga el trabajo por cuenta ajena para el que se concedió la tarjeta azul UE.

IV. En busca de una modificación normativa de la Tarjeta Azul UE para impulsar el vínculo social entre la UE y América Latina

Si observamos de manera abstracta el Derecho migratorio de la UE y el Derecho migratorio español, observamos que en el ámbito nacional, existe una categoría determinada de nacionales de terceros países a los que se ofrece un trato diferenciado y más favorable. Nos estamos refiriendo a los procedimientos de nacionalidad española por residencia, y el colectivo migrante más beneficiado son los nacionales latinoamericanos.

Concretamente, el art. 22 del Código civil señala:

«Para la concesión de la nacionalidad por residencia se requiere que ésta haya durado diez años. Serán suficientes cinco años para los que hayan obtenido la condición de refugiado y dos años cuando se trate de nacionales de origen de países iberoamericanos, Andorra, Filipinas, Guinea Ecuatorial o Portugal o de sefardíes».

Este trato especial, consistente en reducir de diez a dos años el tiempo de residencia legal previamente exigido, obedece a los vínculos históricos y culturales que España mantiene con los países iberoamericanos, y de ahí que quede justificada dicha reducción. Igualmente, y por razones obvias, a los nacionales de un país americano cuyo idioma oficial sea el castellano, se les exime de realizar el examen DELE (conocimiento de idioma español nivel A2).

Igualmente, si observamos la normativa de extranjería (Ley 4/2000), existen concretamente dos países (Chile y Perú) cuyos nacionales, a la hora de trabajar en España por cuenta ajena, no han de someterse a la situación nacional de empleo, en virtud de sendos acuerdos internacionales suscritos por España[13/14].

---

13 La situación nacional de empleo implica que una empresa, antes de poder contratar a un nacional de un tercer país como empleado, debe acreditar que no existe ninguna persona desempleada que se encuentre residiendo en España y que tenga un perfil apropiado para cubrir dicha vacante.

14 *Vid.* Ministerio de Inclusión, Seguridad Social y Migraciones: Supuestos en los que la situación nacional de empleo permite la contratación de ciudadanos extranjeros no residentes en España, (en línea): https://www.inclusion.gob.es/web/migraciones/w/supuestos-en-los-que-la-situacion-nacional-de-empleo-permite-la-contratacion-de-ciudadanos-extranjeros-no-residentes-en-espana. (consulta de 19 de febrero de 2024).

Si atendemos al ámbito supranacional europeo no encontraremos ninguna disposición en el marco de la política migratoria que ofrezca un trato más favorable para los nacionales de América Latina, si los comparamos con otras categorías de nacionales de terceros países procedentes de África, Asia, etc. En este sentido, creemos conveniente que, a fin de estrechar los lazos sociales entre ambos bloques supranacionales, habría de crearse un marco jurídico migratorio flexible a fin de que, tanto los nacionales de América Latina que deseen residir/trabajar en la UE como ciudadanos europeos que deseen residir/trabajar en América Latina, vean facilitada esa movilidad interregional.

Esta posibilidad vendría sustentada o tendría como base jurídica el art. 217 del Tratado de Funcionamiento de la UE:

> «La Unión podrá celebrar con uno o varios terceros países o con organizaciones internacionales acuerdos que establezcan una asociación que entrañe derechos y obligaciones recíprocos, acciones comunes y procedimientos particulares».

No obstante, conscientes de la magnitud de esta posibilidad, no resulta factible llevarla a cabo de forma directa, sino que se han de ir dando pasos para que, en el futuro, este ideal pueda convertirse en una realidad.

Así, en este sentido, pensamos que un primer paso podría venir constituido por la reforma del marco jurídico de la tarjeta azul UE, a fin de enmendar algunos puntos para proporcionar un trato más favorable para los nacionales de los países CELAC.

De hecho, el art. 4 de la actual Directiva 2021/1883 recoge esta posibilidad al disponer que se pueden introducir disposiciones más favorables en virtud de acuerdos celebrados entre la UE y terceros países o entre uno o varios EEMM y terceros países.

IV.1. Exención de visado vinculado al permiso Tarjeta Azul UE para los nacionales de países CELAC

En lo que se refiere al procedimiento migratorio, el esquema general que se ha de seguir vendría a ser, esencialmente, el siguiente:

a) El empleador solicita el permiso de tarjeta azul UE en el Estado miembro en cuestión;

b) Concedido el permiso, el trabajador extranjero debe obtener el visado vinculado a la tarjeta azul UE en el Consulado del Estado miembro que le emitió la resolución favorable;

c) Con el visado en su pasaporte, puede viajar al Estado miembro y, una vez en él, tramitar en la comisaria de policía la tarjeta de identidad de extranjero.

Pues bien, sería conveniente que, a fin de agilizar el procedimiento migratorio eliminando trabas innecesarias, se eximiera a los nacionales de los países CELAC para que, una vez obtenida la resolución favorable en el Estado miembro en cuestión, se les permitiera viajar sin necesidad de obtener el visado en el respectivo Consulado en su país de origen. La resolución impresa en el Estado miembro, sería título suficiente para poder entrar en dicho Estado miembro.

IV.2. Enmienda al salario bruto anual medio para los nacionales CELAC

Como hemos visto anteriormente, con la actual Directiva de 2021 se permite que los Estados miembros escojan el salario bruto anual medio exigido entre 1 y 1,6 veces dicha cantidad. Entendemos que para los nacionales CELAC, se debería modificar esta disposición indicando que solamente los Estados miembros podrán exigir que el umbral salarial sea el mismo que el salario bruto anual medio, rebajando así este requisito y permitiendo que puedan acceder más fácilmente a este tipo de permiso.

En este sentido, se podría añadir en el apartado 3 del art. 5 el siguiente párrafo:

> «Para los nacionales de terceros países que sean ciudadanos de algún país de la CELAC, el salario mínimo exigido no podrá ser mayor de 1,0 veces el salario bruto anual medio del Estado miembro de que se trate».

IV.3. Ampliación de la duración de la validez de la Tarjeta Azul UE para nacionales de la CELAC

De acuerdo con el art. 9 de la Directiva de 2021 la validez del permiso será de 24 meses. En este sentido, se podría añadir el siguiente párrafo en el apartado 2 del art. 9:

> «Para los nacionales de la CELAC el período uniforme de validez no podrá ser inferior a 36 meses».

IV.4. Solicitud de la Tarjeta Azul UE por parte de nacionales CELAC en territorio del Estado miembro que se encuentren en situación de estancia (corta duración)

De acuerdo con el apartado 2 del art. 10 de la Directiva 2021/1883:

> «La solicitud de tarjeta azul de la UE se considerará y examinará bien cuando el nacional de un tercer país interesado esté residiendo fuera del territorio del Estado

> miembro en el que desea ser admitido, bien cuando ya esté residiendo en el territorio de dicho Estado miembro como titular de un permiso de residencia válido o de un visado de larga duración».

Como vemos, se permite la posibilidad de solicitar el permiso desde fuera de la Unión Europea o desde el territorio del Estado miembro, siempre y cuando se tenga previamente un permiso de residencia o visado de larga duración. Es decir, aquellos nacionales de terceros países que se encuentren en la Unión Europea en virtud de un visado de corta duración Schengen (90 días), no podrían solicitar la tarjeta azul UE.

En este sentido, propondríamos la modificación de este precepto a fin de permitir que los nacionales de países CELAC puedan solicitar el permiso desde el territorio del Estado miembro mientras se encuentren en situación de estancia, con un visado de corta duración. Así, se añadiría el siguiente párrafo al apartado 2 del art. 10:

> «Para los nacionales de los países CELAC, la solicitud de Tarjeta Azul UE se considerará también si es formalizada desde el territorio del Estado miembro, siempre y cuando el nacional del país CELAC se encuentre en situación de estancia regular, en virtud de visado Schengen, en caso de que lo necesitare para entrar en la UE[15]».

IV.5. Reducción del tiempo de residencia en el primer Estado miembro para la movilidad entre Estados miembros e inicio de la actividad laboral en el segundo Estado miembro

El art. 21 de la Directiva 2021/1883 señala que un trabajador titular de la tarjeta azul UE podrá trabajar en un segundo Estado miembro tras haber residido previamente doce meses en el primer Estado miembro[16]. A fin de facilitar la movilidad de los nacionales de países CELAC habría de valorarse la posibilidad de reducir ese plazo a nueve meses.

---

15 De acuerdo con el Reglamento 2018/1806 del Parlamento Europeo y del Consejo, de 14 de noviembre de 2018, por el que se establecen la lista de terceros países cuyos nacionales están sometidos a la obligación de visado para cruzar las fronteras exteriores y la lista de terceros países cuyos nacionales están exentos de esa obligación, los nacionales de Bolivia, Cuba, Ecuador y República Dominicana necesitan visado de corta duración para poder entrar en los Estados miembros de la UE. Los demás nacionales de países CELAC están exentos de obtener visado para estancias cortas (90 días en 180 días).

16 *Vid.* Ministerio de Inclusión, Seg. Social y Migraciones: Movilidad de trabajadores titulares de una Tarjeta Azul – UE expedida en otro Estado de la Unión Europea, enero 2016, (en línea): https://www.inclusion.gob.es/web/migraciones/w/movilidad-de-trabajadores-titulares-de-una-tarjeta-azul-ue-expedida-en-otro-estado-de-la-union-europea-hi-23- (consulta de 20 de febrero de 2024).

En este orden de cosas, el apartado 3 del art. 21 señala que, cuando estemos ante un caso de movilidad entre Estado miembros, el titular del permiso concedido en el primer Estado miembro podrá comenzar a trabajar en el segundo Estado miembro «a más tardar treinta días después de la presentación de la solicitud completa».

A fin de agilizar y no entorpecer la continuidad laboral, abogaríamos por permitir el inicio de la actividad laboral en el segundo Estado miembro desde el mismo momento en que se presente la solicitud, siendo el justificante de dicha presentación junto con la tarjeta azul UE expedida en el primer Estado miembro, título suficiente a efectos de las autoridades laborales del segundo Estado miembro.

V. Conclusiones

Bajo nuestro punto de vista, la Cumbre UE–CELAC que tuvo lugar en 2023 ha de suponer un punto de inflexión en las relaciones entre la UE y América Latina con vistas a favorecer la creación de un espacio de movilidad interregional amplio entre bloques supranacionales.

Este espacio vendría delimitado por la posibilidad de circular libremente para estancias de hasta 90 días, mientras que para los períodos de residencia superiores a tres meses únicamente se necesitaría, al llegar al país de destino, tramitar un certificado de registro ante las autoridades nacionales, de forma similar a como ocurre con los ciudadanos de la Unión Europea que se desplazan por más de tres meses a otro Estado miembro (Certificado de Registro de Ciudadano de la UE).

Siendo conscientes de que esta idea no puede llevarse a cabo en el corto plazo, se han de producir cambios menores de forma paulatina. Así, tras el estudio del permiso de altamente cualificado (tarjeta azul UE), que no hace distinción entre categorías de nacionales de terceros países, sería conveniente la enmienda de la Directiva 2021/1883 a fin de introducir especificidades que flexibilicen el régimen jurídico de este permiso en favor de los nacionales de países CELAC.

En este sentido, el futuro encuentro entre la UE y CELAC, que se producirá en Colombia en el año 2025, supondría una oportunidad magnífica para intentar conformar un marco migratorio avanzado entre ambos bloques, teniendo como objetivo final la creación del anhelado espacio de movilidad interregional.

VI. Referencias bibliográficas

Camas Roda, F.: «Propuestas de reforma de la normativa de inmigración en el marco del mercado de trabajo impulsadas por las instituciones de la Unión Europea» en *Revista de Derecho Migratorio y Extranjería* núm. 59/2022 parte Artículos. Editorial Aranzadi, S.A.U., Cizur Menor. 2022, pp. 17-42.

CEF (Centro de Estudios Financieros) – Laboral Social: «Blue Card. Tarjeta Azul UE», (en línea): https://www.laboral-social.com/novedades-tarjeta-azul-ue.html (consulta de 19 de febrero de 2024).

Consejo Europeo & Consejo de la UE: Infografía - Tarjeta azul de la UE: atraer talento, (en línea): https://www.consilium.europa.eu/es/infographics/eu-blue-card/ (consulta de 20 de febrero de 2024).

Fernández Avilés J. A.: «Los profesionales altamente cualificados en el derecho migratorio» en *Revista de Justicia Laboral* núm.. 55/2013 parte Art. Doctrinal, Valladolid. 2013, pp. 39-92.

Lazaro, A. y Pitchers, C.: «La Unión Europea quiere atraer trabajadores altamente cualificados» en euronews, 15/09/2021, (en línea): https://es.euronews.com/my-europe/2021/09/15/la-union-europea-quiere-atraer-trabajadores-altamente-cualificados (consulta de 20 de febrero de 2024).

Ministerio de Inclusión, Seguridad Social y Migraciones: Supuestos en los que la situación nacional de empleo permite la contratación de ciudadanos extranjeros no residentes en España, (en línea): https://www.inclusion.gob.es/web/migraciones/w/supuestos-en-los-que-la-situacion-nacional-de-empleo-permite-la-contratacion-de-ciudadanos-extranjeros-no-residentes-en-espana. (consulta de 19 de febrero de 2024).

Ministerio de Inclusión, Seg. Social y Migraciones: Movilidad de trabajadores titulares de una Tarjeta Azul – UE expedida en otro Estado de la Unión Europea, enero 2016, (en línea): https://www.inclusion.gob.es/web/migraciones/w/movilidad-de-trabajadores-titulares-de-una-tarjeta-azul-ue-expedida-en-otro-estado-de-la-union-europea-hi-23- (consulta de 20 de febrero de 2024).

Muñoz, J. en *Diario Jurídico*: «¿Qué es la tarjeta azul? Cambios en este permiso de trabajo europeo para atraer el talento» 29/05/2023, (en línea): https://www.diariojuridico.com/que-es-la-tarjeta-azul-cambios-en-este-permiso-de-trabajo-europeo-para-atraer-el-talento/ (consulta de 23 de febrero de 2024).

Parlamento Europeo: Nueva tarjeta azul europea para inmigrantes con alta cualificación, 15/09/2021, (en línea): https://www.europarl.europa.eu/news/es/press-room/20210910IPR11915/nueva-tarjeta-azul-europea-para-inmigrantes-con-alta-cualificacion (consulta de 20 febrero 2024).

Sobotovicova, S.: «¿Quién es quién en el derecho migratorio europeo?» en *Revista de Derecho Migratorio y Extranjería*, núm. 51/2019 parte Artículos. Editorial Aranzadi, S.A.U., Cizur Menor. 2019, pp. 95-128.

CAPÍTULO IV

EVOLUCIÓN NORMATIVA Y JURISPRUDENCIAL EN LA UNIÓN EUROPEA SOBRE PROTECCIÓN DE DATOS PERSONALES Y ADMINISTRACIÓN PÚBLICA ELECTRÓNICA

Prof. Dr. Enrique Manuel Puerta Domínguez

Sumario: I. Introducción; protección de datos, administración electrónica y unos cuantos recuerdos personales; II. Análisis de la normativa europea en materia de protección de datos desde la perspectiva de la e-Gobernanza y protección de los derechos de los administrados; II.1. La Directiva 95/46 y su incompleta configuración para una protección integral de los administrados en el marco de la e-Gobernanza; II.2. El Reglamento 2016/679 y sus potenciales mejoras en favor del ciudadano en el ámbito de la e-Gobernanza; III. Los diversos planos de labor jurisprudencial en materia de protección de datos ante la Administración pública electrónica llevadas a cabo por el Tribunal de Justicia de la UE; III.1. Casos en los que los particulares que ven limitadas por las Administraciones competentes sus solicitudes de que les sean facilitados sus propios datos personales de los que aquéllas son depositarias; III.2. Contextos en el que un particular que se opone a las imposiciones que les remiten las autoridades nacionales de facilitar datos personales de terceros; III.3. Situaciones en las que es un particular el que se ve afectado por la difusión de sus datos a terceros por parte de la Administración; IV. Conclusiones; V. Bibliografía.

Resumen: Se dedica la presente aportación a dilucidar acerca del impacto aplicativo que conoce la normativa de la UE en materia de protección de datos en lo que afecta a las relaciones entre las Administraciones públicas y los ciudadanos, con especial incidencia en el cambio normativo producido desde la Directiva de 1995 al Reglamento de 1996, y con detenimiento en las diversas líneas de análisis jurisprudencial emitidas por el TJUE en el marco de la cuestión prejudicial. A una normativa tan exigente para los ciudadanos comunes cuando se trata de atribuir obligaciones que competen a los que realizan el tratamiento o depósito de datos personales debe corresponder, con un carácter de necesaria pedagogía para el poder público, modos y actitudes que den el necesario ejemplo de buena gestión. La presente aportación trata de ahondar en los motivos de dicho cambio normativo, cuales son precisamente la eclosión exponencial del manejo de datos personales en base telemática, el proceso de sustitución de la Directiva por el Reglamento en muchos ámbitos (a fin de soslayar las desventajas aplicativas que tiene la primera forma de instrumento jurídico comunitario con relación al segundo).

Palabras clave: Protección de Datos, Administración pública, Unión Europea.

I. Introducción; protección de datos, administración electrónica y unos cuantos recuerdos personales

Le debo una vez más a mi querido maestro el Profesor Molina del Pozo (a quien tan merecidamente se homenajeó en la Universidad Andina Simón Bolívar en Quito con motivo de las Jornadas convocadas por el IELEPI sobre relaciones UE / CELAC habidas el pasado mes de noviembre de 2023) una primera motivación inicial en el tema de investigación que abarca la protección de datos personales, y que en fechas recientes he profundizado en cierta aportación científica en revista electrónica, condicionada siempre por las limitaciones de espacio que caracterizan a dichas publicaciones, y que ahora tenemos la más relajada vocación de expandir y profundizar.

Comenzaremos por confesar que, en los comienzos de la era de internet, yo era un ignaro más en tan abstruso mundo, de modo que el concepto de datos personales y su protección en el medio cibernético no pasaba de ser una entelequia más, una especie de «fantasía tecnológica» más digna de los personajes de aquella saga de la Guerra de las Galaxias que hizo las delicias en mi infancia. Aconteció concretamente que a instancias del Profesor Molina fui emplazado a actuar como secretario del Tribunal encargado de calificar una Memoria de Investigación presentada para obtención de Máster en el Centro de Estudios Europeos de la Universidad de Alcalá de Henares. La mencionada participación supuso una primera (e impactante) inmersión en ese mundo. Han pasado más de dos décadas, y la evolución en la materia desde los puntos de vista tanto tecnológico como normativo ha sido muy acusada.

Para comenzar, la citada normativa, propia de fines del pasado siglo, fue sido sustituida por el Reglamento del actual Reglamento 2016/679 del Parlamento Europeo y del Consejo, de 27 de abril de 2016, relativo a la protección de las personas físicas en lo que respecta al tratamiento de datos personales y a la libre circulación de estos datos y por el que se deroga la Directiva 95/46/CE (conocido por su apelativo de Reglamento General de Protección de Datos y que denominaremos a partir de ahora RGPD). Deberemos pues ahondar en los motivos de dicho cambio normativo, cuales son precisamente la eclosión exponencial del manejo de datos personales en base telemática, el proceso de sustitución de la Directiva por el Reglamento en muchos ámbitos (a fin de soslayar las desventajas aplicativas que tiene la primera forma de instrumento jurídico comunitario con relación al segundo), y la progresiva consolidación de la idea, en cuya virtud, son precisamente las Administraciones públicas las primeras tenedoras y gestoras de datos personales procedentes de sus ciudadanos y administrados. Qué mejor manera de homenajear a Carlos Molina desde sus dos «amores académicos», el Derecho Administrativo y el Derecho Europeo, con esa sensibilidad que comparte nuestro ADN investigador, y que desgraciadamente tanto han denostado los que reclamaban un exclusivismo internacionalista-público para los estudios europeos. Lógico se han pasado muchos malos ratos a tal respecto, pero tal como me firmó Carlos Molina en la dedicatoria que me puso mi primer libro colectivo, «ánimo, merece la pena». Y claro que merece la pena, de manera que el lejano recuerdo de unos pocos (como diríamos por Andalucía) «papafritas académicos» no nos impedirá ahora disfrutar la efeméride que ahora celebramos en honor de la dilatada y ejemplar carrera del Profesor Molina del Pozo.

II. Análisis de la normativa europea en materia de protección de datos desde la perspectiva de la e-Gobernanza y protección de los derechos de los administrados

Especial interés suscita conocer (en el ámbito de las relaciones de los ciudadanos, y en cuanto a usuarios que somos de las tecnologías con respecto a las Administraciones) dónde exactamente han de centrarse las principales preocupaciones en materia de privacidad, protección de datos personales y gestión de la identidad. Se volvió necesario garantizar, en particular para los datos o aspectos más sensibles o confidenciales, que solo la persona interesada pudiese manejarlos y realizar sus trámites en una relación protegida con respecto a las Administraciones públicas, y que éstas por su parte, respondiesen con un tratamiento que respetase idéntico nivel de confidencialidad. A estos efectos se entendió necesario codificar y asegurar los modos de acceso, así como repensar los sistemas de identificación y autenticación. Se tomó una cierta conciencia consistente en equilibrar la facilidad de uso, la ergonomía de los métodos de identificación y los niveles de seguridad. La introducción de la Administración electrónica debería en todo caso permitir a los ciudadanos guardar el control sobre sus datos personales. En este sentido, podría posibilitarse un ejercicio en línea, e incluso en tiempo real, de los derechos de acceso y rectificación de los datos que la Administración tiene sobre los ciudadanos.

La marcha hacia la e-Gobernanza y sus consecuencias se han podido observar comparativamente en todos los países de la OCDE. Las Tecnologías de la Información y Comunicación (TIC), también denominadas Nuevas Tecnologías (NN TT), han aportado mucho a la vida cotidiana, incluidas las relaciones jurídico-públicas; pero también han creado no poca alarma social en cuanto a sus potencialidades negativas en caso de un empleo no idóneo. Cierto es que los puestos administrativos están cubiertos por seres humanos corrientes, y en cuanto tales, no son ni infalibles ni inmunes a toda circunstancia que ponga a prueba su virtud y probidad. Cuenta el viejo proverbio que no existe mejor prédica que el ejemplo; en consecuencia, y por lo que atañe a una cuestión tan controvertida como la protección de los datos personales a través del medio telemático, deberán ser pues las Administraciones públicas las que, en su manejo, deberán ostentar los índices de mayor transparencia y salvaguarda con respecto a los ciudadanos.

El artículo 8 de la Carta de Derechos Fundamentales de la UE (CDFUE) consagra el poder de disposición del ciudadano sobre sus propios datos, al establecer que sin el consentimiento del afectado no se realizarán tratamientos de datos personales. La gestión y supervisión de la materia queda confiada a las que sean designadas como autoridades independientes. Dicho precepto se basa en los precedentes del entonces Tratado Constitutivo de la Comunidad Europea (actual Tratado de Funcionamiento), en la parte relativa a la armonización de legislaciones, en la experiencia derivada de la Directiva 95/46, así como en el Convenio del Consejo de Europa para la protección de las personas con respecto al tratamiento automatizado de datos de carácter personal, ratificado por todos los Estados miembros, el cual, siendo nada menos que de fecha del 28 de enero de 1981 fue considerado poco menos que profético y enormemente avanzado en su época en la cuestión del tratamiento complejo de las TIC desde su perspectiva jurídica. De conformidad con el mencionado art. 8 de la CDFUE, el derecho a la protección de datos de carácter personal se ejerce con referencia a los precedentes normativos habidos en la materia (Directiva 95/46, reemplazada por Reglamento 2016/679, y artículo 52 de la CDFUE) los cuales ya fijaron el objeto y límites de los derechos garantizados. En el apartado 1 de dicho artículo se fijan precisamente las limitaciones. La fórmula empleada se inspira en la jurisprudencia del Tribunal de Justicia de la Unión Europea. El apartado 2 precisa que cuando un derecho se deriva de los Tratados, queda sometido a las condiciones y límites establecidos en éstos; es decir, la Carta no modifica el régimen de los derechos conferidos por los Tratados. De otro tanto, el apartado 3 pretende garantizar la coherencia necesaria entre la CDFUE y el Convenio Europeo para la Protección de los Derechos Humanos y Libertades Fundamentales del Consejo de Europa, sentando el principio, en función del cual, en la medida en que los derechos de la CDFUE corresponden también a derechos garantizados por aquél, su sentido y alcance, incluidas las limitaciones que se contemplen, resultan ser idénticos en su configuración, esencia y desarrollo.

II.1. La Directiva 95/46 y su incompleta configuración para una protección integral de los administrados en el marco de la e-Gobernanza

El primer hito significativo a nivel del Derecho derivado fue deparado por la Directiva 95/46/CE del Parlamento Europeo y del Consejo, de 24 de octubre de 1995, relativa a la protección de las personas físicas en lo que respecta al tratamiento de datos personales y a la libre circulación de estos datos reflejó en su momento esta nueva percepción de los riesgos.La norma esencial que ha estado en vigor durante muchos años fue efectivamente la referida Directiva, la cual conoció súbitamente un interés doctrinal desde la perspectiva de la salvaguardia de los datos personales en el entorno internet, entre los cuales se vinieron abriendo otros componentes, caso de la dirección IP .

Tal instrumento vino desempeñando el papel de norma general, estando complementada por otras normativas específicas. La Directiva 95/46 fue reemplazada por el Reglamento 2016/679 del Parlamento Europeo y del Consejo de 27 de abril de 2016 relativo a la protección de las personas físicas en lo que respecta al tratamiento de datos personales y a la libre circulación de estos datos y por el que se deroga la Directiva 95/46/CE (Reglamento general de protección de datos). La doctrina reconoció desde un primer momento a la Directiva 95/46 un valor esencial a la hora de informar la articulación del paso de los datos personales por el medo tecnológico en lo que atañe a la protección de la espera personal. La Directiva 95/46, fruto de un largo proceso de elaboración en sede institucional europea, y que conoció al menos dos propuestas a cargo de la Comisión, y de una posición común del Consejo previa a su adopción, vino a colmar el vacío entonces existente en una materia tan sensible y actual. De hecho, el recurso a una Directiva y la consiguiente uniformización de las normativas nacionales parecía algo adecuado ante las diferencias considerables que estaban presentes en ellos, cuando no había Estados miembros que carecían absolutamente de regulación al respecto con anterioridad (caso del nuestro).

La idiosincrasia de la Directiva sin embargo sólo resultaba ser garantista de derechos por aproximación, puesto que lo que realmente pretendía era enmarcar la cuestión del uso de datos personales y normalización en el manejo de las TIC como un factor esencial en la consecución del «mercado interior». No en balde la base legal de la Directiva era el antiguo art. 100 A del antiguo Tratado de Roma, añadido con motivo del Acta Única Europea para fomentar la armonización con vistas a la consecución del Mercado Interior, mientras que se empleaba el procedimiento antes existente con arreglo al art. 189 B del mismo Texto originario.

En la opinión de la Comisión, esta Directiva se habría inscrito en el contexto de creación de un espacio europeo de información, en el que el tratamiento de datos personales con el paulatino uso de las TIC iría aumentando de forma sustancial. Así, la aparición de las conocidas como «autopistas de la información» crearía posibilidades de tratamiento de datos cada vez más susceptibles de generar intromisiones inadmisibles en la vida privada. Pero dicho riesgo no debería abocar a desconsiderar irresponsablemente el indudable impacto de las TIC en la sociedad, que ya se habría abierto paso de modo imparable. En aquellas ya lejanas fechas se llegó a proponer inclusive el término *Habeas Data* rememorando el tradicional *Habeas Corpus* en lo tocante a la necesidad de mantener la privacidad de su titular en las relaciones informáticas, preocupándose muy especialmente en recalcar que el sistema europeo de protección de datos imponía una carga al resto del mundo al imponer restricciones a la transferencia de datos a países que no contaban con ningún tipo de protección de la privacidad . Aparte, el TJUE consideró por otro lado que, con base a la Directiva, no se podían sustraer ciertos datos personales de su soporte físico ante posibles inspecciones de la Administración (concretamente la Inspección de Trabajo) con la excusa de que se hallarían informatizados, lo cual es un matiz de notoria relevancia.

II.2. El Reglamento 2016/679 y sus potenciales mejoras en favor del ciudadano en el ámbito de la e-Gobernanza

La sustitución de la Directiva 95/46 por el Reglamento de 2016, entrado en vigor en 2018, habría obedecido a la conciencia en sede europea de que las medidas nacionales de transposición como mecanismo idóneo en el terreno en causa resultaban insuficientes y dispersas. En concreto, la denominación de tal instrumento es la de Reglamento 2016/679 del Parlamento Europeo y del Consejo, de 27 de abril de 2016, relativo a la protección de las personas físicas en lo que respecta al tratamiento de datos personales y a la libre circulación de estos datos y por el que se deroga la Directiva 95/46/CE. El cambio de base legal es asimismo significativo, siendo la del actualmente vigente art. 16 del Tratado de Funcionamiento, a cuto tenor, «Toda persona tiene derecho a la protección de los datos de carácter personal que le conciernan». La reivindicación de la protección de datos como una cuestión tocante a los derechos fundamentales, y no una mera remisión al buen funcionamiento del Mercado Interior resulta por lo tanto más que ostensible.

Debe reseñarse que en la transición de la Directiva al Reglamento jugaron obviamente las diferenciaciones operativas que distinguen a uno y otro instrumento del Derecho derivado, de manera que no es descabellado afirmar que si bien el S. XX fue el siglo de la Directiva, el XXI es el del Reglamento. En efecto, aquellas disposiciones que se contienen en un Reglamento se imponen de pleno derecho sobre las propias normas nacionales emanadas de los Parlamentos (Leyes) o de los Gobiernos (Reglamentos, con su terminología homónima nacional, que no idéntica en su naturaleza) que le sean contrarias. Tampoco pueden las autoridades de los Estados miembros subordinar la entrada en vigor de un Reglamento a que se dicten medidas nacionales de aplicación de éste, salvo, naturalmente, que el propio acto de la Unión Europea en causa así lo prevea en su articulado, abriendo la posibilidad de que se produzca una intervención legislativa o administrativa por parte del Estado miembro (en los casos, verdaderamente raros, de los que se denominan «Reglamentos incompletos» o que determinan actuación a nivel nacional). Y ninguna disposición nacional puede ser invocada por un Estado miembro frente a la entrada en vigor de un Reglamento, es decir; los Estados no pueden alegar el contenido de alguna norma de carácter interno para con ello oponerse a la producción de efectos jurídicos de un Reglamento. Cabría en definitiva señalar que el Reglamento es, salvando las distancias, y considerando el creciente protagonismo del Parlamento Europeo ganado en todos estos años, una «verdadera Ley» de la Unión Europea, que manifiesta por excelencia el denominado «poder europeo»; que el Reglamento constituye auténticamente el cuerpo de las normas propias del ordenamiento jurídico de la Unión Europea; que el Reglamento supone, en el ámbito económico, una muy importante transferencia de competencias de las instancias nacionales a las comunes, lo que, en opinión de no pocos, modifica necesariamente el equilibrio constitucional de cada uno de los Estados miembros, dado que los poderes legislativos nacionales se encuentran, de algún modo, sometidos a la emanación de normas de los ejecutivos que integran el Consejo. En cualquier caso, lo que sí debemos poner de relieve es el hecho de que el Reglamento constituye tal vez la mayor innovación jurídico-institucional introducida por la Unión Europea, ya que su naturaleza lo hace incomparable con las resoluciones y reglas adoptadas por los correspondientes órganos de las organizaciones internacionales clásicas. Resumiendo, puede decirse que el Reglamento, directamente aplicable y fuente inmediata de derechos y obligaciones para los Estados y sus particulares, goza de primacía sobre cualquier norma del Derecho interno, incluidas las de rango constitucional, características todas ellas que explican la originalidad del Reglamento. Y si de e-Gobernanza y administración electrónica se trata, la trascendencia del cambio, no sólo de normativa, sino de instrumento empleado, resulta más que manifiesta.

Las tendencias protectoras en la UE en la materia se vieron por tanto consolidadas por la aprobación del actual Reglamento 2016/679 del Parlamento Europeo y del Consejo, de 27 de abril de 2016, relativo a la protección de las personas físicas en lo que respecta al tratamiento de datos personales y a la libre circulación de estos datos y por el que se deroga la Directiva 95/46/CE. La inquietud científica sobre este instrumento es inmensa, destacando tal vez por sus mayores preocupaciones en el terreno de su impacto en el entorno internet y de cara a las Administraciones públicas, especialmente en lo que atañe a su proceso de elaboración, y al modo en que el Legislador europeo muestra con cierto orgullo la experiencia de aprendizaje recibida a lo largo del lapso temporal que media entre ambos instrumentos. Sin sustituir a las autoridades nacionales responsables en la aplicación y ejecución de la protección de datos, se les priva de su poder normativo general en esta materia, en aras a una mayor efectividad (Considerandos 6 y 8 de la Exposición de Motivos del Reglamento). Por su parte, es el considerando 9 del Reglamento el que refleja las condiciones que motivaron la sustitución de la Directiva por un Reglamento. Se reivindican los logros de la Directiva en estos casi veinte años de vigencia, pero se considera llegado el momento de eliminar las divergencias que existían en su aplicación en las diversas normativas nacionales de aplicación para seguir avanzando.

En la Exposición de Motivos del RGPD donde hallamos menciones a ciertos casos o facetas particularmente sensibles con respecto de la actividad administrativa, en las cuales debe haber una óptica de salvaguardia del interés general frente al otro bien jurídicamente protegido de la intimidad, y por añadidura, del consentimiento prestado por parte de los sujetos particulares afectados. Acto seguido, el Reglamento 2016/679, determina en sus artículos iniciales su objeto y los ámbitos material y territorial para su aplicación. En concreto, el artículo 1 del Reglamento determina, en cuanto a sus objetivos y ámbito de aplicación, un doble propósito; por un lado, la protección de las libertades y derechos fundamentales de las personas físicas, sobre todo de su vida privada en lo tocante al tratamiento de datos de carácter personal. Por otro lado, la garantía de la libre circulación (y empleo), de dichos datos entre los Estados miembros, la cual no puede estar restringida por excesos de celo en la protección a dichos derechos. Excluidas en principio de las labores de transposición en normas nacionales que existían con respecto de la Directiva 95/46, las autoridades nacionales deben en cualquier caso garantizar los derechos y libertades de las personas físicas no aboque a excesivas limitaciones que equivalgan en la práctica a una interdicción efectiva de uso de las posibilidades de uso de las TIC y de empleo de datos en aspectos de comunicación entre los sujetos. El artículo 1, por lo tanto, establece una liberalización controlada como una norma al alcance de los ciudadanos.

Por lo que respecta al ámbito material, el Reglamento concreta en el artículo 2 su ámbito de aplicación por medio de la determinación de criterios distintos, según que los datos sean o no objeto de tratamiento informatizado. Con respecto a los segundos, el régimen del Reglamento sólo será aplicable si los mismos están contenidos en un fichero. Hecha esta consideración, el Reglamento ha lugar a aplicarse como regla común a los datos de carácter personal estructurados por su organización en un fichero manual, o por su inclusión en un fichero automatizado. ¿Qué ocurre con los datos personales aislados objeto de un proceso de interconexión? La respuesta deberá hallarse en otros pasajes del Reglamento. La referencia a tratamientos «completamente o en parte» automatizados demuestra explícitamente que el tratamiento ha de constituir un todo, incluso aunque sólo esté informatizada una parte de dicho tratamiento. De este modo la atención se centra en los datos utilizados y en el conjunto de operaciones relacionados con los mismos, y siempre en atención a los fines perseguidos por el agente que opere con dichos datos.

Sea como fuere, el tratamiento de datos debe reportar una conciencia de responsabilidad para aquel que verifica el tratamiento, lo cual implica a su vez dos nociones, la del principio de responsabilidad en el tratamiento y la del titular de dicha responsabilidad, esto es, el responsable del tratamiento. La conformación del principio de responsabilidad constituye una de las novedades más importantes del RGPD. Sobre la base de este principio, el controlador de datos, o la persona que adquiere los datos del usuario, implementa medidas técnicas y organizativas adecuadas para garantizar y poder demostrar que el procesamiento se lleva a cabo de conformidad con el instrumento normativo europeo que ahora nos ocupa (art. 24.1). También es la persona responsable de garantizar y comprobar el cumplimiento de los principios relativos al tratamiento de datos personales, establecidos en el art. 5.1 (por ejemplo, licitud, corrección y transparencia, imitación de finalidad, minimización de datos, etc.).

Por su parte el art. 4.7 del RGPD define al responsable o encargado del tratamiento como cualquier persona física o jurídica, autoridad pública, servicio u otro organismo que, individualmente o junto con otros, determine los fines y medios del tratamiento de datos personales; cuando los fines y medios de dicho tratamiento estén determinados por el Derecho de la Unión o de los Estados miembros, el responsable del tratamiento o los criterios específicos aplicables a su designación podrán ser establecidos por el Derecho de la Unión o de los Estados miembros. El RGPD apoya al controlador de datos, al procesador de datos o a la persona física o jurídica, autoridad pública, servicio u otro organismo que procese datos personales en nombre del procesador de datos, así como también establece la posibilidad, siempre con el debido control, que se puedan estipular acuerdos puntuales y específicos en relación con el tratamiento de datos entre cada controlador de datos (la empresa o entidad pública titular del tratamiento) que pretenda externalizar el tratamiento de datos personales, y el encargado del tratamiento (el proveedor de servicios externalizados, ya sea un *outsourcer* tradicional o un proveedor de servicios en la nube). A mayor abundamiento, el art. 28.3, del RGPD establece que el contrato vinculante para el responsable del tratamiento debe prever en particular: a)- la obligación de tratar los datos únicamente de acuerdo con las instrucciones a las que el responsable deba atenerse (y que deberán estar debidamente documentadas y recibidas por aquél), incluso en caso de transferencia de datos fuera de la Unión Europea; b)- la obligación de garantizar que las personas físicas autorizadas para realizar las actividades de tratamiento estén sujetas a obligaciones de confidencialidad, asumidas contractualmente o establecidas por la ley; c)- la obligación de tomar las medidas requeridas de conformidad con el art. 32 del RGPD, es decir, las medidas técnicas y organizativas de protección de los datos que se consideren adecuadas para garantizar un nivel de seguridad adecuado al riesgo inherente al tratamiento.

Desde la estricta perspectiva de nuestro análisis, resulta ser una relación jurídico-administrativa la que se construye con respecto al tratamiento de datos cuando hay por un lado poderes públicos y por otro administrados, matices que, como veremos posteriormente, la jurisprudencia comunitaria ha tenido la ocasión de precisar, concretamente en fallos como la STJUE de 9 de julio de 2022 recaída en el As 272/19, VQ contra Estado de Hesse, que resulta paradigmática en cuanto a los modos más exigentes que constan en las recientes muestras jurisprudenciales en la materia. Concretamente, en cualquier modo relacional de naturaleza pública el ciudadano figuraría como presunto titular de sus datos (aspecto que como veremos en su momento, no está ni tan claro ni tan asumido), mientras que cada Administración concernida quedaría como responsable del tratamiento de esos datos. Tal relación debería en principio basarse, de acuerdo con el RGPD, con arreglo a un principio de consentimiento en el tratamiento, expresado por dicho ciudadano, dado que un aspecto crucial en el tratamiento de datos personales es, precisamente, el relativo al consentimiento para dicho tratamiento. Es por tanto necesario obtener el consentimiento de la persona para procesar sus datos. Si alguna entidad dispone de datos para los que no se ha prestado o solicitado previamente el consentimiento, será conveniente que contacte con el interesado y le pida dicha conformidad de forma expresa. En su art. 7.2 el RGPD especifica a continuación que, si el consentimiento del interesado se da en el marco de una declaración escrita, también puede referirse a otras cuestiones, la solicitud de consentimiento se presenta de forma claramente diferenciable de los demás aspectos envueltos, de forma comprensible y de fácil acceso, utilizando un lenguaje sencillo y claro. Lo que sucede es que este aspecto suele cada vez más automatizarse por mecanismos como son los del *click wrapping* (aceptación de un clausulado general a golpe de *click*) o el de aceptación de *cookies* del sitio, en los cuales se juega a menudo con el acto reflejo y no debidamente meditado por el usuario o administrado. Lo deseable tratándose de una relación jurídico-pública que ha de ser transparente sería que fuese imprescindible solicitar al usuario el consentimiento expreso para el tratamiento de datos en una pantalla específica del sitio web, posiblemente mediante la inserción de un botón independiente, sin confundirlo, ni insertarlo, con otros elementos diferentes. Si los datos han sido adquiridos previamente, solicitar de nuevo el consentimiento para el tratamiento. También será conveniente revisar la información facilitada al usuario sobre el uso de los datos ya que el responsable del tratamiento está obligado a indicar de forma clara y expresa para qué finalidades serán tratados dichos datos.

Por lo demás, el Reglamento adolece de ciertas exclusiones de aplicación que establecen un amplio régimen de excepciones, construida por medio de conceptos jurídicos indeterminados, las cuales pueden generar una grave quiebra en el sistema de garantías consagrado por la norma europea, y conferir muchas oportunidades a los Estados y demás agentes para conseguir inmiscuirse en un elevado número de datos personales sin someterse a control alguno.

III. Los diversos planos de labor jurisprudencial en materia de protección de datos ante la Administración pública electrónica llevadas a cabo por el Tribunal de Justicia de la UE

Como en toda la labor jurisprudencial del TJUE hay que esperar que a veces su mayor creatividad se pone a prueba ante las interpretaciones de aquellos textos que parecen menos idóneos con respecto al reto planteado. En consecuencia, se diría que lo habría tenido mucho más complicado en tiempos de la Directiva de 1995 que en la vigencia del actual RGPD; sin embargo, no son por ello desdeñables las aportaciones producidas con referencia muy especialmente las cuestiones prejudiciales presentadas desde las jurisdicciones nacionales en función de uno y otro entorno normativo. Por ello preferimos darle a la presente sección, que constituye realmente el meollo de la investigación que ahora sometemos al paciente lector, una configuración que indistintamente maneje a Directiva y Reglamento como pauta general, con las diferenciaciones que desde luego puedan producirse (en defecto de la Directiva y a favor del Reglamento) cuando resulten de algún modo afectadas relaciones horizontales o entre particulares. Resulta obvio que un contexto Administración/administrados en clave de e-Gobernanza es de por sí una relación vertical, en la cual tanto Reglamento como Directiva resultarían normas idóneas para terciar en favor de los segundos en caso de cualquier duda o controversia planteada. Lo que sucede es que, con el Reglamento actualmente vigente, aparte de su vocación indudablemente encuadrada en el actual art. 16 del TFUE antes apuntada, tenemos además el beneficio de una norma que no conoce transposición y es operativa sin limitaciones aparentes en toda clase de litigios o controversias, con independencia de la configuración vertical u horizontal de aquéllos.

Lo interesante es que al respecto disponemos de expresiones en las dos clases de modalidades de cuestiones prejudiciales que existen en el contexto del Derecho europeo, tanto en su variante interpretativa, como con relación a su modalidad de apreciación de validez, y que afectan, según las fechas, tanto a la derogada Directiva de 1995 como al vigente RGPD de 2016. Las jurisprudencias anteriores son por lo general aprovechables en el contexto actual, pese a la diferente naturaleza normativa que presentan una y otra expresión del Derecho derivado. A este respecto cierta doctrina reivindica el papel del Juez comunitario como verdadero garante constitucional de los derechos de los administrados frente a las entidades públicas en lo que atañe a la protección de datos con arreglo a la normativa de la UE, elemento que se reivindica como una expresión de un nuevo concepto de seguridad jurídica ligada a las NN TT.

III.1. Casos en los que los particulares que ven limitadas por las Administraciones competentes sus solicitudes de que les sean facilitados sus propios datos personales de los que aquéllas son depositarias

En primer término, y como precedente más remoto a nuestro entender de cuestión prejudicial interpretativa de la Directiva de 1995 en los contextos de litigios en materia de datos personales entre una Administración y un ciudadano, la hallamos la STJUE de 7 de mayo de 2009 Rijkeboer, As 553/07. Aquí el problema versa sobre las limitaciones en el periodo temporal respecto del cual el particular puede reclamar información sobre sus datos personales a la Administración. Sucedía que el interesado, con motivo de un traslado de domicilio, solicitó una relación de todas las comunicaciones a terceros de información relativa a él procedente de la base de datos de padrón municipal, efectuadas durante los dos años anteriores a su petición, y que versaban acerca de su domicilio antiguo. Unas comunicaciones, debe entenderse, que se realizaron por vía telemática. Sin embargo, la Entidad municipal limitaba dicha información a un año. El TJUE entendió que, si bien era competencia nacional, conforme a la Directiva, fijar un plazo suficiente, una normativa que limitaba la conservación de la información sobre los destinatarios al período de un año, limitando correlativamente el acceso a dicha información, si bien los datos se conservan durante mucho más tiempo, no constituía un justo equilibrio entre el interés tutelado y la obligación de mantener la intimidad de los sujetos que habían recibido dicha información. Según el TJUE el campo de aplicación de la entonces vigente Directiva 95/46 resultaba ser muy amplio, de manera que el concepto en sí de dato personal en lo que atañe a su tratamiento por los poderes públicos es muy diverso, y en cualquier caso cuando aquéllos son responsables del tratamiento su desempeño no puede resultar imposible o suponer un esfuerzo desproporcionado (Considerandos 59 a 61).

Un segundo ejemplo de análoga naturaleza lo tenemos en la STJUE de 12 de diciembre de 2013, en As 486/12. En ella vemos que un individuo identificado como X pretendía consultar su domicilio a efecto de notificaciones respecto a multas de tráfico, y veía limitado su derecho por una exigencia de cobro al respecto exigida por la Administración. Considerando la informatización que impera en toda la tramitación de las sanciones derivadas por infracciones de tráfico, un ciudadano multado quiere recurrir para no pagar la infracción aduciendo la posibilidad de que se le haya notificado a una dirección no actualizada o errónea. Con ese objeto solicitó al municipio donde residía la comunicación de sus datos de carácter personal de los años 2008 y 2009, en especial sus sucesivas direcciones y así fundamentar su recurso. Pero el Ayuntamiento reclamaba una tasa de 12,80 euros por suministrar dicha información. Es lo que el interesado intentó recurrir sin éxito ante el orden jurisdiccional administrativo neerlandés. En idéntica línea a la de la proporcionalidad el TJUE indica que la Directiva que no se opone a la percepción de gastos por la comunicación de datos de carácter personal por una autoridad. Eso sí, el importe de tales gastos no debe exceder el coste de la comunicación de dichos datos, siendo tarea del tribunal nacional competente realizar las verificaciones necesarias a tal efecto.

Una tercera muestra que versa acerca de la interpretación de la Directiva de 1995 es la deparada por la STJUE Breyer de 2016 As 582/14. Aquí lo cuestionado es el procedimiento de recopilación sistemática por parte de las Autoridades alemanas de las IP de consulta de páginas de organismos federales por parte de los particulares con fines de seguridad. Ante ello el Sr. Breyer presentó, ante los órganos jurisdiccionales de lo contencioso-administrativo alemanes, un recurso con el objeto de que se prohibiera a la República Federal de Alemania conservar o permitir que terceros conservasen, al final de las sesiones de consulta de sitios accesibles al público de medios en línea de organismos federales alemanes, la dirección IP del sistema principal de acceso del Sr. Breyer, en la medida en que dicha conservación no fuera necesaria, en caso de fallo, para el restablecimiento de la difusión de esos medios. La jurisdicción nacional plantea si una dirección IP registrada por un prestador de servicios o de medios en línea en relación con un acceso a su sitio de internet constituye para éste un dato personal desde el momento en que un tercero (en este caso, un proveedor de acceso) disponga de los datos adicionales que permiten identificar al interesado, a lo que el TJUE respondió afirmativamente. Quedaba por averiguar pues las limitaciones a las que había que someter dicha actividad. Se entendió que la Directiva se oponía a una normativa de un Estado miembro con arreglo a la cual un prestador de servicios de medios en línea sólo podría recoger y utilizar datos personales de un usuario de esos servicios sin mediar el consentimiento de éste, cuando dichas recogida y utilización, entendiéndose necesarias para posibilitar y facturar el uso concreto de dichos servicios por ese usuario, fuesen más allá del objetivo de garantizar el funcionamiento general de esos mismos servicios.

Por lo que concierne a este contexto conflictual, sólo que relativo al RGPD, debemos mencionar la STJUE de 9 de julio de 2020 que en el As 272/19 enfrentaba al individuo designado como VQ al Estado de Hesse. Acontece que la Comisión de peticiones del Parlamento de un Estado Federado alemán, que se niega a suministrar las informaciones que posee de un determinado ciudadano, se la considera responsable del tratamiento, incluido el tratamiento informático por sus aplicaciones propias/ Además se define la noción de Autoridad a efectos del Reglamento, incluyendo a un organismo como la Comisión de Peticiones. En efecto, tras presentar una petición a la Comisión de peticiones del Parlamento del Estado Federado de Hesse, VQ solicitó a dicha Comisión, basándose en el artículo 15 del RGPD, el acceso a los datos de carácter personal que le afectaban, y que consiguientemente quedaban registrados por dicha Comisión en el marco del tratamiento de su petición. El presidente del Parlamento del Estado Federado de Hesse decidió rechazar esa solicitud debido a que el procedimiento de petición constituye una función parlamentaria y que dicho Parlamento no está comprendido en el ámbito de aplicación del RGPD. El 22 de marzo de 2013, VQ interpuso recurso ante el *Verwaltungsgerich*t Wiesbaden (Tribunal de lo Contencioso-Administrativo de Wiesbaden. El TJUE estima que el Reglamento 2016/679 no recoge definición alguna del concepto de «autoridad». Según el *Verwaltungsgericht*, a esa expresión se le puede otorgar una acepción funcional o una acepción institucional. Con arreglo a la primera de esas acepciones, serían autoridades «todas las autoridades que ejerzan funciones de Administración pública, incluido, por tanto, el Parlamento del Estado Federado de Hesse cuando lleve a cabo tales funciones. En tal línea la Comisión de peticiones del mencionado Parlamento es un organismo autónomo, y por tanto una autoridad, en el sentido institucional». Así las cosas, y con las consideraciones de autoridad pública expresadas por la jurisdicción contenciosa germana de reenvío, el TJUE responde que el art. 4.7 del RGPD debía interpretarse, «en la medida en que una comisión de peticiones del Parlamento de un Estado federado de un Estado miembro determina, sola o junto con otros, los fines y los medios del tratamiento, esa comisión debe calificarse de responsable del tratamiento a efectos de dicha disposición, de modo que el tratamiento de datos personales efectuado por la mencionada comisión está comprendido en el ámbito de aplicación de dicho Reglamento, en particular de su art. 15».

III.2. Contextos en el que un particular que se opone a las imposiciones que les remiten las autoridades nacionales de facilitar datos personales de terceros

Mencionamos aquí la STJUE de 24 de febrero de 2022 As 175/20 SS SIA. En concreto se trataba de una cuestión prejudicial que cuestionaba la obligatoriedad de la remisión a la Hacienda de Lituania del número de bastidor de los vehículos que se vendían en un portal de internet gestionado por una empresa. En efecto, SS es un proveedor de servicios de publicación de anuncios en internet con domicilio social en Letonia. La Administración tributaria letona remitió a SS una solicitud de información en la que instaba a la citada sociedad a renovar el acceso de que disponía dicha Administración tributaria a los números de bastidor de los vehículos anunciados en el portal de Internet de la sociedad mencionada y a los números de teléfono de los vendedores y a facilitarle información sobre los anuncios publicados en la sección relativa a los turismos del referido portal durante cierto período comprendido entre los meses de julio y agosto de 2018. La información que debía remitir el requerido consistían en la marca, el modelo, el número de bastidor y el precio del vehículo, así como el número de teléfono del vendedor. Tal conjunto de informaciones debía facilitarse por vía electrónica, en un formato que permitiera filtrar o seleccionar los datos. Al considerar que la solicitud de información de la Administración tributaria letona no era conforme con los principios de proporcionalidad y de minimización de datos personales, establecidos en el RGPD, SS presentó un recurso en vía administrativa contra dicha solicitud ante el director general en funciones de la Administración tributaria letona. En sucesivas fases la cuestión llega a máximo tribunal de lo contencioso administrativo letón, el cual consideraba no discutible que la ejecución de la solicitud de información controvertida estuviese intrínsecamente vinculada a un tratamiento de datos personales, ni que la Administración tributaria letona tuviese derecho a obtener la información a disposición de un proveedor de servicios de publicación de anuncios en Internet, por cuanto resultase necesaria para la ejecución de medidas específicas en materia de recaudación de impuestos. El problema versaba en realidad sobre la cantidad y el tipo de información que podía solicitar la Administración tributaria letona, sobre su carácter limitado o ilimitado, y sobre la cuestión de si la obligación de información a la que estaba sujeta la empresa requerida debía conocer asimismo una limitación en el tiempo. El TJUE entiende que la recogida, por parte de la Administración tributaria de un Estado miembro, de información que implique una cantidad considerable de datos personales de manos de un operador económico está sujeta a los requisitos de dicho Reglamento, en particular a los enunciados en su art.5.1, las cuales sólo pueden ser obviadas si la Administración en cuestión tiene respaldo legislativo expreso. Consideradas todas estas cuestiones, por motivos de salvaguarda de la soberanía fiscal, se proclama que «nada se opone a que la Administración tributaria de un Estado miembro exija a un proveedor de servicios de publicación de anuncios en internet que le facilite información relativa a los contribuyentes que hayan publicado anuncios en alguna de las secciones de su portal de internet siempre que, en particular, tales datos sean necesarios a la luz de los fines específicos para los que se recaban y que el período de recogida no exceda del estrictamente necesario para alcanzar el objetivo de interés general perseguido».

III.3. Situaciones en las que es un particular el que se ve afectado por la difusión de sus datos a terceros por parte de la Administración

Encontramos aquí el problema de venta de datos fiscales de rendimientos del trabajo y niveles de renta a efectos comerciales y publicitarios hecha a través de internet en el marco de una operación suscrita entre la empresa propietaria del diario finlandés Veropörssi (Markkinapörssi Oy), y la empresa Satamedia Oy. Ello constituyó el litigio del que entendió el TJUE en su sentencia de 16 de diciembre de 2008, recaída en el As. C- 73/07. Efectivamente, en este ejemplo veremos que aparecen elementos de matiz novedoso con respecto del caso acabado de ver; tenemos un tratamiento de datos con propósitos netamente económicos, si bien en una perspectiva comercial ajena a un contexto laboral en el sentido lato de los términos. La cuestión gira alrededor de la difusión por internet de una condición de trabajo esencial cual es el salario; en concreto, el tratamiento fiscal que tienen los rendimientos de trabajo personal (en conjunción o no con otras fuentes de ingreso que resulten tributables).

La empresa Markkinapörssi había venido durante años recogiendo recoge datos públicos de la administración fiscal finlandesa para publicar cada año extractos los mismos en las ediciones regionales del periódico Veropörssi, datos que eran comprensivos de los nombres y de alrededor de 1.200.000 personas físicas cuyos ingresos superasen determinados umbrales y con un margen de aproximación de 100 euros. Los datos tratados consistían en las rentas derivadas de sus rendimientos del trabajo y del capital, así como indicaciones relativas a la imposición de su patrimonio, de acuerdo con un pormenorizado detalle, en función del cual, la información se clasificaba por municipio y por tipo de renta y se hacía constar por orden alfabético. Es pues la presencia de un tratamiento y difusión telemática de esta condición laboral, la de las rentas del trabajo, la que capta pues nuestra atención. Sus derivadas a contextos de difusión de salarios en parámetros de diálogo/conflicto entre los interlocutores sociales parecen más que extrapolables (por ejemplo, difusión en tablón de anuncios o páginas web de propuestas salariales o estructuras del mismo tipo en convenios colectivos pendientes de aprobación sin ir más lejos, incluso con precedentes en anteriores ediciones de aquéllos).

El sistema descrito permitía a los interesados propiciar que sus datos fueran eliminados si así hacían constar su voluntad, y sin coste alguno, y ello en principio no dio problemas cuando la difusión lo era en formato papel en las ediciones regionales de Veropörssi. Fue su tratamiento informatizado lo que determinó el litigio en cuestión, al caer en el ámbito de la Directiva 95/46 y, obviamente, porque la informatización de dichos datos hizo crecer exponencialmente su difusión. La empresa dueña de Veropörssi, Markkinapörssi transmitió a Satamedia, de cuyo capital social son titulares las mismas personas, varios CD-ROM con los datos personales publicados en dicho diario, para su publicación por un sistema de mensajes de texto (SMS). A estos efectos, las dos sociedades firmaron un acuerdo con una operadora de telefonía móvil que, por cuenta de Satamedia, estableció un servicio de mensajes de texto que permite a los usuarios de teléfonos móviles recibir en su teléfono, por el pago de una pequeña cantidad, los datos publicados en el Veropörssi.

Aunque también se establecía un sistema a favor de los interesados para que éstos pudiesen excluir sus datos fiscales si era su voluntad, empezaron a sucederse diversas denuncias por particulares, quienes alegaron ante las autoridades finlandesas designadas para la protección de datos (el *Tietosuojavaltuutettu* y la *Tietosuojalautakunta*) la eliminación total de dichas prácticas, alegando que las mismas atentaban con carácter general a su intimidad personal. La primera de dichas autoridades nacionales propuso a la segunda que prohibiese definitivamente las mismas, dejando sin efecto el contrato suscrito por ambas empresas. Pero la segunda autoridad denegó la propuesta de la primera. El *Tietosuojavaltuutettu* emprendió pues la vía contencioso-administrativa ante el ante el *Helsingin Hallinto-Oikeus* (Tribunal de lo contencioso-administrativo de Helsinki) el cual desestimó el recurso. Así las cosas, el *Tietosuojavaltuutettu* presentó entonces un recurso ante el *Korkein Hallinto-Oikeus* (Tribunal Supremo de lo contencioso-administrativo), que es quien formula las cuestiones prejudiciales. En las mismas, dicho Tribunal entiende que sus dudas no son acerca de que si hay tratamiento de datos (que entiende que lo hay), sino si el posterior destino dado a dichos datos tratados pueda ser o no compatible con el régimen prescrito en la Directiva 95/46, remitiendo al Tribunal de Justicia de la Unión Europea un total de cuatro preguntas.

La primera cuestión es la más simplemente tratada, por cuanto el Tribunal de Justicia se limita a constatar, en lo que ya venía siendo sugerido por la misma jurisdicción de reenvío, que los datos afectados, «referentes al apellido y nombre de determinadas personas físicas cuyos ingresos sean superiores a ciertos umbrales y, en particular, con una aproximación de 100 euros, los datos relativos a sus rendimientos del trabajo y del capital, son datos personales» afectan a la Directiva 95/46, por cuanto los mismos constituyen «información sobre una persona física identificada o identificable» (Considerando 35). Son pues las otras dos siguientes cuestiones (la cuarta y la segunda) las que ocupan mayoritariamente la labor de la judicatura de Luxemburgo.

La segunda cuestión consiste en dilucidar si hay protección de datos a los efectos de la Directiva, por el hecho de que dichos datos hubieran sido objeto de un anterior tratamiento por un medio físico de papel, o si contrariamente esa previa condición sería susceptible de hacer decaer por sí mismo el ámbito de aplicación de la norma europea analizada. A este respecto, se invoca que las excepciones de exclusión de la Directiva (cuestiones de seguridad interior, defensa del Estado y similares por un lado o las relativas a la esfera doméstica de los particulares, incluido el ejercicio de la libertad de expresión) son de interpretación en número cerrado y en sentido estricto, por lo que nuevas modalidades de exclusión, ni de aplicación analógica o extensiva de las excepciones previstas no son en principio admisibles (Considerandos 40, 41 y 44). El Tribunal considera que habilitar una excepción por esa previa recalada de los datos en un previo formato papel dejaría a la Directiva en gran medida vacía de contenido. Y ello con independencia de que se trate de datos fiscales públicos de matiz fiscal los que hubieran sido objeto de esta publicación. Así las cosas «bastaría con que los Estados miembros publicaran los datos para que quedaran sustraídos a la protección prevista por la Directiva». Queda respondido por el Tribunal que «las actividades de tratamiento de datos personales como las que son objeto de la primera cuestión (...) y relativas a los ficheros de la Administración pública que contienen datos personales, que únicamente tengan por objeto información ya publicada tal cual en los medios de comunicación están comprendidas dentro del ámbito de aplicación de la Directiva» (Considerandos 48 y 49). Pese a la ausencia de laboralidad en el litigio, lo interesante es que con el mismo se sientan precedentes para que la condición de trabajo salario pueda ser reconocida en un futuro como dato regulado a efectos de su tratamiento informático en procesos de interrelación entre agentes sociales.

Queda para el final la que fuera la segunda cuestión remitida por el Tribunal finés, la cual en definitiva pretendía determinar si el origen periodístico primigenio de la obtención y publicación de dichos actos en un diario suponía algo amparable con relación al marco de la libertad de expresión, reconocido como derecho fundamental, en contraposición a otros derechos más característicamente económicos propios de la Unión Europea, y que son los de la libre circulación de datos en el ámbito de la Unión Europea. Mediante análisis del artículo 9 (Considerandos 54 y 58 al 62), el Tribunal recalca que deben conciliarse ambos focos de tensión en la aplicación en la Directiva. El Tribunal estima que, aunque dicho precepto menciona las actividades periodísticas como posibles candidatos a excepciones en términos igualmente de libertad de expresión, y que dichas actividades de información lo son por naturaleza con carácter oneroso o lucrativo (y el periodismo es una profesión). Es el Gobierno sueco el que pone el dedo en la llaga de que la difusión de datos lo sea con fines exclusivamente periodísticos o informativos; ello requeriría algo puntual o sujeto a la noticia, y no un sistema mercantilizado de datos como el descrito, que no conocería ningún tipo de excepción a los efectos de verse excluido del ámbito de protección (y eventualmente de sanción por mal uso de la práctica, cosa que queda en su protagonismo a cargo de las autoridades y jurisdicciones nacionales). En consecuencia, el Tribunal de Justicia zanja la duda sobre la posible excepcionalidad periodística de un tratamiento de datos como el producido (y en la base de su anterior manejo a partir de una publicación en diario papel que procesaba unos datos fiscales por naturaleza públicos), dejando dicho matiz de lo periodístico o no a la apreciación de las autoridades nacionales: el artículo 9 de la Directiva debe «interpretarse en el sentido de que las actividades mencionadas (...) relativas a datos procedentes de documentos públicos según la legislación nacional (y procesadas desde el soporte de un diario periodístico), han de considerarse actividades de tratamiento de datos personales efectuadas exclusivamente con fines periodísticos en el sentido de dicha disposición, si tales actividades se ejercen exclusivamente con la finalidad de divulgar al público información, opiniones o ideas, siendo esta apreciación competencia del órgano jurisdiccional remitente».

Ponemos como otro ejemplo de esta configuración, mucho más reciente y recaído en un marco aún más agravado, la situación sustanciada en la STJUE de 22 de junio de 2021 del sujeto denominado B. contra Letonia en el As 439/19. Entrando en el contexto fáctico, en este fallo se pone de relieve que un particular presente una denuncia constitucional con referencia a la Ley Nacional de Circulación Vial es consistente con el derecho fundamental al respeto a la vida privada. El interés jurídico del particular se basaba en la imposición de puntos de penalización tras algunas infracciones de tráfico. Estos puntos fueron inscritos en el registro nacional de vehículos y conductores. Además, cualquier empresa y cualquier tercero pueden obtener información relativa a los puntos de penalización impuestos a otra persona, ya sea consultando directamente a la Dirección de Seguridad Vial de Letonia (en adelante CSDD) o utilizando los servicios proporcionados por reutilizadores comerciales. El artículo 14.1.2 correspondiente de la legislación nacional establecía que «la información relativa a [...] las multas por la comisión de infracciones de tráfico impuestas a una persona [...] se considerará información de dominio público». Con tal medida el Parlamento letón tenía presuntamente como objetivo mejorar la seguridad vial identificando abiertamente a cada conductor que infringe las normas de tráfico, en particular a los que las incumplen sistemáticamente. El único requisito para la divulgación de la información contenida en el registro nacional de vehículos y sus conductores estaba sujeto a la condición de que el solicitante de la información proporcionara el número de identificación nacional de los conductores sobre los que desea consultar.

El CSDD maneja el Registro Nacional e insistió en que en ninguna circunstancia transfieren la propiedad legal de los datos transmitidos. Por tanto, los reutilizadores deberían utilizar estos datos únicamente para deducir la gravedad y la frecuencia de esas infracciones y determinar si una persona determinada ha cometido infracciones de tráfico. Dado que los puntos de penalización fueron clasificados como datos públicos, pueden reutilizarse para fines comerciales o no comerciales distintos del propósito inicial para el cual se recopiló la información. Sin embargo, el artículo 14.1.2 de la Ley Nacional de Circulación por Carretera no impone límites a la reutilización de estos datos relativos a los puntos de penalización. En los contratos que CSDD celebra con reutilizadores comerciales, el adquirente afirma que utilizará la información obtenida de acuerdo con los fines indicados en el contrato y de conformidad con la legislación vigente. Por tanto, no se puede descartar que algún posible tratamiento sea inadecuado o desproporcionado.

Todo el mundo debería saber que el RGPD proporciona una protección mejorada a los datos confidenciales. El artículo 10 del RGPD se refiere a aquellas recopilaciones de datos que pueden generar desaprobación social. La concesión de acceso a los datos en cuestión puede estigmatizar al interesado y, por lo tanto, puede constituir una injerencia grave en su vida privada o profesional. El tribunal nacional remitente también preguntó al TJUE si las disposiciones del RGPD deben interpretarse se opone a una legislación nacional que obliga al organismo público responsable del registro a comunicar dichos datos a cualquier persona que los solicite, sin que ésta tenga que demostrar un interés específico en obtenerlos.

Así las cosas, los términos de la disputa se fijaron del modo que sigue. Dado que la información relativa a los puntos de penalización puede comunicarse previa solicitud y transmitirse para su reutilización a varias empresas, un individuo presentó una demanda constitucional impugnando la conformidad de la Ley de circulación por carretera con el derecho a la privacidad establecido en la Constitución de Letonia. Dado que el Parlamento letón adoptó la Ley nacional sobre circulación por carretera, dicha institución participó en el procedimiento. También fue oído el CSDD, que procesa los datos en cuestión. Además, también se invitó a la Autoridad Nacional de Protección de Datos (Letonia) a emitir su opinión ante el tribunal remitente.

El Parlamento letón explicó que, en la práctica, la divulgación de la información contenida en el registro nacional de vehículos y sus conductores está sujeta a la condición de que la persona que solicita la información debe proporcionar el número de identificación nacional del conductor sobre el que desea preguntar. Además, el CSDD señaló que la Ley de circulación por carretera no impone límites ni al acceso público ni a la reutilización de los datos relativos a los puntos de penalización. En cuanto a que no prevén la transferencia lícita de los datos; Los reutilizadores deben asegurarse por sí mismos de que la información transmitida no exceda el propósito inicial para el cual fue recopilada. Sin embargo, la Autoridad Nacional de Protección de Datos expresó sus dudas sobre si la Ley de circulación por carretera es coherente con la Constitución letona, que establece el derecho al respeto de la vida privada. En su opinión, la importancia y el objetivo del tratamiento realizado sobre la base de la disposición controvertida en el litigio principal no están claramente establecidos, por lo que no puede excluirse que el tratamiento sea inadecuado o desproporcionado.

El Parlamento nacional considera que la disposición controvertida es legal porque está justificada por el objetivo de mejorar la seguridad vial, que exige identificar abiertamente a los infractores y disuadir a los conductores de cometer infracciones. Además, se debe respetar el Derecho de Acceso a la Información, que fue incluido directamente en la Constitución Nacional. El CSDD explicó al tribunal remitente el funcionamiento del sistema de puntos de penalización y confirmó que la legislación nacional no impone ningún límite al acceso público a los datos relativos a los puntos de penalización y a su reutilización. Asimismo, señaló que estos contratos no prevén la transferencia legal de datos, y estos reutilizadores deberán asegurarse de que la información transmitida a sus clientes no exceda la que puede obtener del CSDD. Por ejemplo, una de las cláusulas contractuales estipula que el adquirente de la información debe utilizarla en la forma prevista en la normativa vigente y de acuerdo con los fines indicados en el contrato. El CSDD pudo observar que, si bien las estadísticas letonas sobre accidentes de tráfico muestran una disminución del número de accidentes, no hay pruebas de que el sistema de puntos de penalización y el acceso del público a la información al respecto hayan contribuido a esa evolución favorable. Por lo que no se descarta la posibilidad de que el tratamiento de datos en cuestión pueda ser inadecuado o desproporcionado.

En primer lugar, el procedimiento de este TJUE no afecta a la Ley sobre circulación por carretera en su totalidad, sino sólo en la medida en que dicha disposición hace accesible al público la información relativa a los puntos de penalización inscritos en el registro nacional de vehículos. Dicho Tribunal considera además que los puntos de penalización son datos personales y, por tanto, deben tratarse de conformidad con el derecho al respeto de la vida privada. Subraya que al evaluar el alcance del artículo 96 de la Constitución letona se deben tener en cuenta el RGPD, así como el artículo 16 del TFUE y el artículo 8 de la Carta de los Derechos Fundamentales de la Unión Europea.

En su fallo de respuesta a la cuestión prejudicial, el TJUE destacó que el término delito se refiere exclusivamente a un delito penal y que el término sigue siendo un concepto autónomo del derecho de la UE. Esto significa que no es decisivo si un delito se clasifica como infracción administrativa en un ordenamiento jurídico nacional. Para determinar si un delito califica como delito penal, debemos recordar los tres criterios de Engel, a saber (a) la clasificación legal del delito según la legislación nacional; (b) la naturaleza del delito; y c) el grado de gravedad de la pena impuesta y el objetivo perseguido por esa disposición. La Gran Sala de la UE tomó nota en primer lugar de que una infracción de tráfico puede dar lugar a sanciones de cierta gravedad y que estos puntos tienen consecuencias jurídicas que pueden llegar incluso a la prohibición de conducir o constituir una injerencia grave en los derechos fundamentales al respeto de la vida privada y a la protección de datos personales, ya que puede dar lugar a la desaprobación social y dar lugar a la estigmatización del interesado. Además, se afirmó que la divulgación de la Ley Nacional de Tráfico por Carretera cae en términos generales dentro del alcance material del RGPD, y no se aplica ninguna excepción. El artículo 2.2 letras a) y b) del RGPD representa en parte una continuación de la Artículo 3, apartado 2, primer parágrafo de la Directiva 95/46. Por tanto, lo dispuesto en el RGPD no podrá interpretarse en términos más amplios que los Títulos V y VI del TFUE y, en todo caso, fronterizos más allá del ámbito de la seguridad pública, la defensa y la seguridad del Estado.

El Tribunal sostuvo que el RGPD también impide que el Parlamento letón autorice al CSDD a revelar puntos de penalización a los operadores económicos para que los datos se reutilicen con fines comerciales o no comerciales. La consideración del tribunal fue la divulgación pública y la reutilización de la información según el artículo 5 del RGPD y, más ampliamente, legal a la luz del principio de proporcionalidad. El Tribunal sostuvo que la Ley letona va más allá de lo necesario para mejorar la seguridad vial, ya que existen otros métodos menos restrictivos para lograr ese objetivo. Por ejemplo, al privar a los conductores del derecho a conducir un vehículo, es necesaria una prohibición cuyo incumplimiento pueda ser castigado con sentencias efectivas sin divulgación pública. El sistema de puntos de sanción tendría por tanto como objetivo influir en la conducta de los usuarios de la vía, distinguiendo a los conductores que, sistemáticamente y de mala fe, incumplen las normas de circulación de los conductores que ocasionalmente cometen infracciones. Sin embargo, la falta de cualquier condición adicional para obtener el acceso podrá dar lugar a que los datos sean comunicados por motivos ajenos al objetivo de interés general de mejora de la seguridad vial.

En conclusión, el TJUE en su fallo el TJUE señaló que el RGPD pretendía ser un tigre para la protección de datos y no un gatito doméstico, es decir, el propósito mismo del RGPD es aplicarse a cualquier forma de procesamiento de datos personales, independientemente del tema involucrado. No hay indicios de que el legislador de la UE tuviera la intención de que las exenciones del RGPD o el artículo 10 se interpretaran mediante la legislación nacional. Al abordar la protección mejorada del RGPD, debemos estar alineados con el hecho de que una serie de conceptos relacionados requieren una interpretación uniforme en toda la legislación de la UE.

IV. Conclusiones

Con la normalización del fenómeno de la Administración electrónica a múltiple nivel, también conocida como e-Gobernanza, las corporaciones de Derecho público han hecho soportar a los usuarios una nueva forma de complejidad administrativa, como así nuevos deberes en cuanto al tratamiento de sus datos, tanto personales como de terceros. El requisito de privacidad está lejos de ser la causa única o central de la complejidad administrativa construida alrededor de una cierta cultura administrativa basada en la desconfianza, que trata a los usuarios como posibles estafadores, y lleva a exigirles montones de documentos y certificados para justificar su situación. El surgimiento de las TIC, debido a que facilitan considerablemente el intercambio de información que hasta ahora era difícil y costoso de organizar, propicia un caldo de cultivo de colisión entre la eficiencia en la gestión, la seguridad colectiva y el mantenimiento de la privacidad e intimidad del ciudadano mismo. Y si bien queda demostrado que no procede considerar a los ciudadanos como propietarios, en el sentido romanista del término, de sus datos telemáticos en lo que atañe al entorno telemático, tampoco deja de ser admisible que, en correlativa muestra de pedagogía o ejemplo, también las Administraciones públicas deben poner su parte para facilitar una imagen respetuosa y responsable con esos mismos datos, en su rol de tratantes de los datos de los Administrados.

Desde el actual RGPD. En este ámbito, la presencia de una abundante y ricamente casuística jurisprudencia por parte del TJUE, constituye un elemento consustancial y necesario a este trascendental entorno, que comparte todos los rasgos y elementos característicos del engranaje jurídico comunitario. Siempre con este trasfondo proteccionista de la normativa europea hacia el administrado, si se quiere podemos transigir con que un nuevo pacto, a renegociar, estaría basado en la confianza de la Administración en los usuarios. En efecto, la e-Gobernanza debe incluir, en base a su conocimiento de situaciones personales, el derecho de los administrados a ser informados acerca de los derechos que pueden ejercer, contando con que el paradigma deparado por la legalidad ya no es de factura nacional, ni siquiera transponiendo en normas nacionales una Directiva como sucedía con la antigua norma de esta especie de 1995, sino que ahora contamos con un instrumento completo y obligatorio en todos sus elementos, el RGPD.

V. Referencias bibliográficas

Andrieu, E., «Internet et la protection des données personnelles», *Legicom* 2000, núm. 21-22.

Brunet, E., «Règlement général sur la protection des données à caractère personnel — Genèse de la réforme et présentation globale», *Récueil Dalloz* París. p. 567 y sigs.

Castells Olivan, M., *La galaxia internet. Reflexiones sobre internet, empresa y sociedad*, Areté, Madrid, 2001.

Davara Rodriguez, M., *La protección de datos en Europa*, Grupo Asnef, Equifax, Madrid, 1998.

Fernandez Lopez, J. L., «El derecho fundamental a la protección de datos personales», *Revista Otrosí del Iltre. Colegio de Abogados de Madrid* del 25 de abril de 2001.

Gambardella, S., «La protection des données sensibles à l'ère du numérique: regard sur le droit de l'Union Européenne», en Karlsson-Taleb, A., De David Beauregard-Berthier, O. *Protection des données personnelles et sécurité nationale: quelles garanties juridiques dans l'utilisation du numérique*, 1ère édition, Bruylant, Bruselas, 2017, pp. 56-134.

Guadamuz, A., «Habeas Data vs. the European Data Protection Directive», *The Journal of Information, Law and Technology*, Conventry, 2000, Reino Unido.

Murillo de la Cueva, P. L., *Informática y protección de datos personales*, Centro de Estudios Constitucionales, Madrid, 1993.

PÉRONNE, G. y **DAOUD, E.**, «L'adresse IP est bien une donnée à caractère personnel», *Recueil Dalloz* Paris 2017, p. 120 y sigs.

PEYROU, S., «La protection des données à caractère personnel: un droit désormais constitutionnalisé et garanti par la CJUE», en *La protection des droits fondamentaux dans l'Union européenne*, dir. R. Tinière et C. Vial, Bruylant, 2015, Bruselas.

PUERTA DOMINGUEZ, E. M., «El marco jurídico de la Unión Europea sobre protección de datos y garantías ciudadanas ante la administración pública electrónica. *Revista Ius et Scientia*, Facultad de Derecho, Universidad de Sevilla Vol. 9 núm. 1 2023, pp. 23-45.

SUÑE LLINAS, E., *Tratado de derecho informático: Introducción y protección de datos personales*, Servicio de Publicaciones de la Facultad de Derecho de la Universidad Complutense, Madrid, 2000.

TAMBOU, O., *Manuel de droit européen de la protection des données à caractère personnel*, Bruylant, 2020, Bruselas.

TELLEZ AGUILERA, A., *Nuevas tecnologías, intimidad y protección de datos*, Edisofer, Madrid, 2001

TELLEZ AGUILERA, A., *La protección de datos en la Unión Europea, divergencias, normativas y anhelos unificadores*, Edisofer, Madrid, 2002.

TREJO DELABRE, R., *La nueva alfombra mágica. Usos y mitos de internet, la red de redes*, Fundesco, Madrid, 1996.

URIA GAVILAN, E., «Derechos fundamentales *versus* vigilancia masiva Comentario a la sentencia del Tribunal de Justicia (Gran Sala) de 6 de octubre de 2015 en el asunto C-362/14 Schrems», *Revista Electrónica de Estudios Internacionales (REEI)*, Madrid 2016, p. 261-282.

CAPÍTULO V

ESTRATEGIA CULTURAL PARA LA INTEGRACIÓN EUROLATINOAMERICANA

(Desde la cultura hacia la integración plena)

Prof. Dr. Miguel Angel Ciuro Caldani[1]

Resumen: Se considera la estrategia cultural no económica para la integración eurolatinoamericana, sendero imprescindible para que ambas regiones superen el nacionalismo, la mera internacionalización y la globalización/marginación en una realización universalista, atendiendo a la caracterización de la cultura, la integración y el Derecho; las fortalezas, las debilidades, las amenazas y las oportunidades, los costos y los beneficios y las decisiones de propio fortalecimiento, relacionamiento y eventual enfrentamiento respectivas. Con miras a una amplia atención a la problemática en cuestión se emplean las perspectivas complejas tridimensionalistas fáctico-lógico-axiológicas de la teoría trialista del mundo jurídico. De acuerdo con la construcción de la teoría trialista se considera al Derecho en sus aspectos comunes y específicos materiales. Los aspectos comunes incluyen repartos de lo que favorece o perjudica a la vida (potencia e impotencia), captados por normatividades que los describen e integran y valorados, los repartos y las normatividades, por un complejo de valores que culmina en la justicia. En cuanto a la especificidad de los alcances materiales, donde aparecen las ramas jurídicas,

1 Profesor emérito de la Universidad de Buenos Aires y honorario de la Universidad Nacional de Rosario, mciuroc@derecho.uba.ar; mciurocaldani@gmail.com.

se destaca el Derecho de la Integración. Si bien las debilidades y las amenazas al proceso de integración birregional no son descartables, las importantes fortalezas y los beneficios altamente superiores a los costos, que se producirían con ella, permiten concluir que vale aprovechar las oportunidades brindadas por las circunstancias para encarar el avance en la tarea.

Palabras clave: Integración. Eurolatinoamérica. Cultura. Estrategia. Trialismo.

I. Panorama general

I.1. La integración y la cultura

1. La *integración* es uno de los procesos de mayor relevancia para la superación de los nacionalismos extremos, la internacionalidad clásica y la globalización/marginación en la nueva era que estamos viviendo. Los nacionalismos extremos *mutilan* la notoria plenitud planetaria de la humanidad. La internacionalidad clásica carece de la asiduidad y la profundidad de trato que requiere la vida actual. La globalización/marginación superficializa y fractura las relaciones humanas[2]. Es evidente que la mayoría de los Estados tradicionales son *pequeños* para las posibilidades de las fuerzas de producción, los transportes y la información actuales. La globalización, viabilizada por esos recursos, es extensa pero no intensa. Opuesta a las posibilidades económicas y a los derechos humanos que forman uno de los pilares de la eticidad mundial a partir de mediados del siglo XX se desarrolla una gran pobreza que incluso sumerge a muchos millones de humanos en la mayor indigencia.

La astucia del capitalismo radicalizado actual nos conduce a perder conciencia de la *grandeza de las realizaciones humanas* en aras de que abandonemos nuestro sentido crítico en la alienación consumista, pero debemos evitar ese desvío. Los humanos somos *animales culturales*, es decir, proyectados de modo especial a valores, somos una especie de notoria *significación excepcional* en el valioso panorama de la vida y de lo conocido del Universo[3]. Sin embargo, el capitalismo radicalizado nos simplifica y nos disuelve.

---

2 Es posible ampliar en Ciuro Caldani, M. A., «Análisis cultural de la internacionalidad, la globalización y la integración», en *Revista del Centro de Investigaciones de Filosofía Jurídica y Filosofía Social*, n.° 24, 2000, pp.41/56, Centro de Investigaciones de Filosofía Jurídica y Filosofía Social, https://drive.google.com/file/d/1or97lpmGlyxNWoNyrV0KvDWf2VQS-BRTQ/view, 2-11-2023.

3 V. por ej. Ferrater Mora, J., *Diccionario de Filosofía*, nueva edición actualizada por TERRICABRAS, J.-M., Ariel, Barcelona 1994, «Cultura», t. I, pp. 762/766; Cultural strategy in a box, Local Government Association, https://www.local.gov.uk/sites/default/files/documents/12.24%20Cultural%20strategy%20in%20a%20box_04.2_2.pdf, Recuperado el 20-11-2023 («Culture is who we are. It is our heritage and future. It is how we live our lives and express our identities. It is art, music, film, fashion, design, even gaming. But it is much more: it is what defines us and how we are changing.», p. 4; «Culture can play a vital role in delivering positive outcomes for health and wellbeing. Culture is increasingly understood

La humanidad actual, alienada por la radicalización del consumo en un capitalismo que no solo produce objetos, sino consumidores, y que ha perdido el orgullo de su grandeza excepcional en el Universo, se encamina, a usar la técnica, por ejemplo, de la robótica y la inteligencia artificial, no para contribuir al desarrollo de una *superhumanidad*, como consideramos valioso, sino para sustituir a lo humano en una *posthumanidad*.

La *cultura*, en particular cuando es *humanista*, como puede serlo la nuestra, denominada a menudo «occidental», se nutre de la *complejidad pura* de la *universalidad* que *diferencia* e *integra*[4].

Los humanos tenemos especial capacidad *estratégica*, de ordenación de medios para la realización de fines. En este caso, se nos hace imprescindible utilizar de manera estratégica la integración cultural como vía para la universalidad planetaria[5].

2. Es importante establecer la integración cultural teniendo en claro *en qué consiste* la *cultura* a integrar, qué se entiende por el despliegue cultural de la *eurolatinoamericanidad* o tal vez mejor *iberolatinoamericanidad*[6]. Se trata, por ejemplo, de la geografía humana, la economía, la lengua, la religión, la ciencia, el arte, la historia, el Derecho, la educación, las concepciones del mundo, la filosofía y el deporte de nuestras dos regiones. Tales aspectos, aunque diferenciables, se influyen entre sí[7]. La cultura, en nuestro caso eurolatinoamericana, es al fin un *proyecto vital complejo*[8].

---

as providing value in preventative solutions (ie reducing the prospects of long-term health problems). Cultural prescribing is becoming better understood as a core service for healthy and happy communities. For example, loneliness, a key social challenge in many areas, can be reduced by engagement and participation in cultural activities.», p. 17)

4 Se puede *ampliar* en Ciuro Caldani, M. A., «La integración, un camino para superar la globalización/marginación en la universalización», en *Derecho de la Integración*, n.° 16, 2004, pp. 31/37.

5 Es posible *ampliar* en Ciuro Caldani, M. A., *El Derecho Universal (Perspectiva para la ciencia jurídica de una nueva era*, Rosario, FIJ, 2001, Centro de Investigaciones ... cit., https://drive.google.com/file/d/1th8ElC68xAm8qmlZ3RbDSkuucCO2lVLc/view, Recuperado el 1-11-2023. Vale tener en cuenta Molina del Pozo, C. F. — Saldaña, V. (comp.), *Los procesos de integración en Europa y América Latina*, Bs. As., Eudeba, 2023; Tinajero Romero, Sofía (entrevista a Molina del Pozo, C. F.), *Carlos Molina del Pozo: Los procesos de integración son el signo del futuro*, https://www.youtube.com/watch?v=x5r_hF0SFd0, 20-12-2023.

6 V. por ej. AS. VS., *Diccionario Enciclopédico Hispano-Americano de Literatura, Ciencias, Artes, Etc.*, 28 ts., Montaner y Simón – Sociedad Internacional, Barcelona, Bs. As., etc., 1912.

7 V. en cuanto a la relación entre la economía y el resto de la cultura por ej. Bayardo, Rubens, «Cultura, economía y economía de la cultura», en *Voces en el Fénix*, 1 de octubre de 2013, https://vocesenelfenix.economicas.uba.ar/cultura-economia-y-economia-de-la-cultura/, Recuperado el 1 de octubre de 2023. Creemos que los debates sobre infraestructura, estructura y superestructura deben resolverse en términos de influencias recíprocas no necesariamente determinantes.

8 Cabe c. *Revista Euro latinoamericana de Análisis Social y Político*, http://www.ojs.unsj.edu.ar/index.php/relasp/about, Recuperado el 1-11-2023.

Gran parte de la atención a las vinculaciones eurolatinoamericanas se dirige a la economía. Dada esa consideración, en este caso nos referiremos a la integración eurolatinoamericana en los aspectos *culturales no económicos*. Estos despliegues no económicos constituyen una realidad que, sea cual fuere el éxito de la integración en ese sentido, hay que preservar y desarrollar. Hay que evitar que el economicismo nos haga perder de vista las extraordinarias posibilidades de los otros aspectos de la eurolatinoamericanidad. Cualquier otro *«ismo»* que no sea al fin *humanismo* (economicismo, cientificismo, esteticismo, etc., incluso culturalismo) es al fin una mutilación de nuestra plenitud vital. Es cierto que cada eurolatinoamericano ha de participar en la mayor medida posible en la producción, la distribución y el consumo birregionales, pero también que debe tener conciencia participativa de la geografía, la historia, la ciencia y la técnica, el arte, el Derecho, la lengua, etc. de los espacios a integrar. Es verdad que lo que se haga con la economía influirá en el resto de la cultura y a la recíproca, lo que se haga en el resto de la cultura influirá en la economía, pero consideramos que la gran gravitación que tiene en sí lo no económico merece una especial consideración.

3. Las *situaciones* de los diversos espacios pueden ser de *aislamiento*, *dominación*, *coexistencia* de unidades independientes, *integración* y *desintegración*. La integración es un relacionamiento *igualitario*, distinto de la dominación, y más *profundo* y *humanista* que la mera coexistencia. En la integración avanza la consideración de los *denominadores comunes*. La integración meramente económica se hace con facilidad un espacio de dominación. La integración verdadera ha de referirse de modo imprescindible a la plenitud *cultural*, donde lo económico es solo una de las perspectivas.

La integración, en este caso cultural, tiene diferentes *modelos*, inspirados en los modelos de integración económica: zona cultural preferencial, zona cultural libre, fronteras culturales comunes, actividad cultural común, unión cultural e integración cultural plena. En el humanismo, objetivo último de la integración cultural, cada individuo ha de reconocer a los otros como *iguales*, con los que se desea *compartir la vida*, y debe desenvolver al menos cierta *solidaridad*.

Al fin, sobre todo a la luz de nuestra grandeza y fragilidad en el Cosmos, es imprescindible encaminarse a la *universalidad* respetuosa de las particularidades y este sendero requiere la integración, el reconocimiento de *denominadores* no solo particulares sino *comunes* de proximidad vital que son superados, de modo progresivo, hasta llegar a la plenitud planetaria.

El *Derecho de la Integración*, que en sus estadios más avanzados es *Comunitario*, es un sendero imperioso para construir mejor al fin el *Derecho Universal*[9].

---

9 Se puede *ampliar* por ej. en CIURO CALDANI, M. A., «Filosofía y sistema del Derecho de la Integración», en *Revista del Centro de Investigaciones de Filosofía Jurídica y Filosofía*

I.2. La integración eurolatinoamericana

4. En nuestro caso, el recorrido de universalidad conduce a la integración *eurolatinoamericana*. La eurolatinoamericanidad, más específicamente a través de la iberolatinoamericanidad, es nuestro recorrido concreto a la universalidad. Es más, la confluencia eurolatinoamericana es imprescindible para generar un espacio que no quede a merced de las dos *superpotencias* que ocupan el centro del escenario mundial. Es la manera de evitar que fuerzas extrañas impongan sus intereses destruyendo el legado humanista que Eurolatinoamérica posee y debe incrementar.

5. El relacionamiento profundo eurolatinoamericano es un emprendimiento de enorme valor *geoestratégico* para las dos zonas y el Planeta todo, al fin, para la continuidad del desenvolvimiento universalista de la especie humana y la vida en general. Es necesario desarrollar una *geopolítica* compartida birregional, integrando los diversos aspectos de la cultura[10]. La «geocultura», entendida como despliegue de la cultura con conciencia espacial, en este caso birregional y planetaria, ha de concretarse, en nuestro caso, en la integración y el desarrollo del legado complejo que pueden compartir las dos regiones.

6. Europa y América Latina, con más nitidez América Ibérica, tienen importantes *denominadores comunes* específicos respecto del resto del Planeta, pero para ser realmente tales e integrarse han de reconocerse también en sus diversidades, en sus *denominadores particulares*. Lo común se conoce mejor en relación con lo particular. Las referencias singulares que complejizan a Europa y a América Latina cubren diversidades de muy atendible significación.

Para recorrer los caminos de la humanidad concreta que significa la integración es imprescindible atender a las particularidades en diversos sentidos vitales que hay dentro de cada espacio a integrar. Existen *«Europas»* y *«Latinoaméricas»* (y «Caribes») con contenidos históricos, religiosos, económicos, científicos, artísticos, etc. diversos. No es la misma la relación que los latinoamericanos, específicamente iberoamericanos, podemos tener, por notorias razones históricas, con España, Portugal, Francia o Italia que con Hungría o Polonia. No es tampoco la misma, por razones económicas, la vinculación que países como Argentina pueden tener con España, Portugal e Italia que con la intensamente competidora Francia. Es notorio que los denominadores comunes históricos de países como la Argentina con Francia son

---

Social, n.° 29, 2006, pp. 27/48, Centro de Investigaciones de Filosofía Jurídica y Filosofía Social, https://drive.google.com/file/d/1ClFytv34XD2fYKpcdobG1l_SM_WzbnX8/view, Recuperado el 2-10-2023.

10 V. por ej. Arnal, J. y otros, *La España geopolítica y el sur global – 4X01*, Conversaciones Elcano, https://www.realinstitutoelcano.org/podcasts/conversaciones-elcano-la-espana-geopolitica-y-el-sur-global-4x01/, Recuperado el 2-11-2023.

tanto o más importantes que los que la unen por ejemplo a Portugal, pero los denominadores particulares económicos, especialmente agrícolas, generan distancias de muy atendible significación.

I.3. El Derecho

7. Al servicio de la integración hay que contar con una construcción *compleja* del *Derecho* y de la *cultura toda* que integre la tridimensionalidad de *hechos, lógica* y *valores*. Al fin, la clave está en la *vida plena*, en el servicio a la vida en su totalidad, que se abarca mejor con los tres despliegues.

Importa atender a la tridimensionalidad de la construcción *trialista* del mundo jurídico que, como despliegue *común*, se compone con *repartos* de potencia e impotencia, es decir, de lo que favorece o perjudica a la vida, captados por *normatividades* que los describen e integran, y valorados, los repartos y las normatividades, por un complejo de valores que culmina en la *justicia*. Asimismo, la juridicidad posee *especificidades* en cuanto a *alcances, situaciones* y *dinámicas*. Los alcances son *materiales, espaciales, temporales* y *personales* y las especificidades materiales son *ramas* del Derecho[11].

8. La comprensión profunda de la juridicidad ha de hacernos tener en cuenta que integrarse *no es solo firmar documentos*, es también, y *sobre todo, vivir valores* de integración. Importa considerar que hay fuentes formales de normatividades y normatividades reales y actuales, programáticas, de propaganda (que tratan de formar opinión) y meramente espectáculo (para quedar bien ante la opinión social). No se trata de la sola firma de acuerdos, que pueden ser espectáculos, sino de la posibilidad y la voluntad de cumplirlos y al fin de la realización en las vidas de las personas. Las fuentes formales y las normatividades pueden favorecer los procesos de integración, pero no pueden darles valores que no tengan, ni menos realizarlos.

II. El despliegue de la integración cultural eurolatinoamericana

9. Para llegar a fuentes y normatividades que sean reales o al menos programáticas, que al fin se cumplan en las vidas de las personas, contribuyendo a la justicia, es relevante conocer el *cuadro de situación*, con las *fortalezas*, las *debilidades*, las *amenazas* y las *oportunidades* que puede tener la integración birregional, apreciar los *costos* y los *beneficios* de la misma y adoptar las

---

11 Se puede ampliar en CIURO CALDANI, M. A., *Una teoría trialista del Derecho*, 2.ª ed., Astrea, Bs. As., 2020 (2.ª ed. de *Una teoría trialista del mundo jurídico*). En cuanto al trialismo siempre es relevante considerar GOLDSCHMIDT, W., *Introducción filosófica al Derecho*, 6.ª ed. 5.ª reimp., Depalma, Bs. As., 1987.

decisiones de *propio fortalecimiento*, *relacionamiento* y *enfrentamiento* que conduzcan al éxito.

Cada perspectiva ha de encararse en la tridimensionalidad de realidad social, normas y valores y en las especificidades. Mostraremos algunas de ellas.

II.1. Cuadro de situación

10. Entre las *fortalezas* más relevantes de la integración cultural eurolatinoamericana, y sobre todo la iberolatinoamericana están, por ejemplo:

a) En la *dimensión sociológica:*

a') La disponibilidad de *enormes territorios*, sobre todo americanos, ubicados en zonas excelentes y dotados de importantísimas riquezas minerales, vegetales y animales en las que apoyar la cultura.

b') Una *gran población*, en general dotada de capacidades culturales relevantes.

c') En nuestro caso, el uso de lenguas *latinas ibéricas*, denominador común de América Latina y la Península por donde hizo sus andanzas don Quijote. La lengua es, de modo destacado, constitutiva de las personas.

d') Una *historia compartida* durante muchos siglos, de modo que la trayectoria de parte de Europa durante diversas centurias, sobre todo de España y Portugal, que ha de ser integrada con la historia de los pueblos originarios latinoamericanos, es parte de nuestra historia. El 12 de octubre de 1492 se produjo un importantísimo y en parte violento, como era frecuente, contacto de culturas. Cristóbal Colón y su gente trajeron sus ambiciones y la cultura europea a la que en cierta medida pertenecemos, pero ese día no concluyó la historia de nuestros pueblos originarios ni comenzó la historia de América Latina. Colón trajo sus ambiciones, pero también, con las particularidades ibéricas, la filosofía, el arte antropocéntrico y la democracia *griegas*; el individualismo, el sentido práctico, el Derecho y la lengua de *Roma*; el *judeocristianismo*, con los Mandamientos, el Padrenuestro, las Bienaventuranzas y el *Credo*; el sentido de individualidad en colectividad de los *germanos*; el aporte distante de los *eslavos*, con limitado desarrollo de la propiedad persona[12], e incluso las influencias *musulmanas*, sobre todo árabe, pero también, en el Este (con un sentido más duro) otomana. Colón y su gente trajeron las posibilidades modernas y contemporáneas e incluso los enormes desafíos de la nueva era de la postmodernidad. Por ejemplo: para un argentino Sócrates, Moisés, San Francisco de Asís, Miguel Angel, Kant y Einstein significan lo mismo que para un español. Además, sin embargo, no es concebible eurolatinoamericanidad ni iberolatinoamericanidad sin la integración de nuestras *culturas originarias* que, por alguna razón digna de recuerdo,

12 V. por ej. *Origen de los Pueblos Eslavos: los Mongoles*, Historias y Biografías, https://historiaybiografias.com/eslavos/, Recuperado el 3-11-2023.

en América Latina sobreviven más que en Angloamérica. América Latina es en gran medida mestiza. Los Estados Unidos de América tienen, todavía, una base racista, que afecta sobre todo a los afrodescendiente[13]. y se evidencia además en las reservas indígenas. Por el humanismo de los reyes de España, sobre todo de Isabel I de Castilla y de los Austria, aunque haya sido en parte frustrado en los hechos, los indios eran vasallos libres de la Corona[14].

e') Hay que considerar, asimismo, un *arte* y un *derecho* compartidos, en los que cabe mencionar, en cuanto a la iberolatinoamericanidad, los tesoros del Siglo de Oro, las Partidas y las Leyes de Indias.

f') También vale atender a la muy antigua *tradición universitaria*, sobre todo hispanoamericana, donde España tuvo su primera Universidad en Palencia en 1212, Portugal poseyó la primera institución en Lisboa/Coimbra en 1290 y España dio a América su primera Universidad, la de Santo Domingo, en la Isla Española en 1538.

b) En la *dimensión normológica* hay un importante reflejo del acervo cultural común expresado en marcos *institucionales* como la Conferencia Intergubernamental sobre las Políticas Culturales en Europa, reunida en Helsinki en 1972; la Asamblea Parlamentaria Euro-Latinomericana[15].; la Organización de Estados Iberoamericanos para la Educación, la Ciencia y la Cultura[16].; el Real Instituto Elcano[17].; la Fundación Eu-Lac[18].; la Fundación Carolina[19]; el Instituto Eurolatinoamericano de Estudios para la Integración[20].; la Red Europea de Institutos de Cultura[21], etc[22].

---

13 *Los Estados deben dejar de negar el racismo y ponerle fin: Bachelet, 28 de junio de 2021*, Naciones Unidas, https://news.un.org/es/story/2021/06/1493792, Recuperado el 1-11-2023.

14 V. por ej. *Recopilación de las Leyes de los Reinos de las Indias mandadas imprimir y publicar por la Magestad del Rey don Carlos II Nuestro Señor*, t. II, 5.ª ed., Roix, Madrid, 1841, Libro VI, pp. 217/309, file:///C:/Users/mciur/Downloads/recopilacion-de-leyes-de-los-reinos-de-indias-mandadas-imprimir-y-publicar-por-la-magestad-catolica-don-carlos-ii-tomos-2-777027%20(1).pdf, 1-10-2023; Cervera, C., «Así fue la lucha en el Imperio español por defender los derechos de la población indígena», en ABC España, 14 de octubre de 2015, https://www.abc.es/espana/20151014/abci-leyes-espanolas-indias-conquistas-201510132047.html, Recuperado el 1-10-2023.

15 Eurolat, Parlamento del Mercosur, https://www.parlamentomercosur.org/innovaportal/v/109/1/parlasur/eurolat.html, Recuperado el 27-11-2023.

16 OEI, https://oei.int/quienes-somos/oei, Recuperado el 27-11-2023.

17 *Real Instituto Elcano*, https://www.realinstitutoelcano.org/, Recuperado el 3-11-2023.

18 V. EU-LAC, https://eulacfoundation.org/es/quienes-somos, Recuperado el 27-11-2023.

19 Fundación Carolina, https://www.fundacioncarolina.es/, Recuperado el 1-11-2023.

20 Instituto Eurolatinoamericano de Estudios para la Integración, Recuperado el https://ielepi.com/, 2-11-2023.

21 EUNIC Madrid, https://eunic-madrid.eu/, Recuperado el 27-11-2023.

22 C. asimismo por ej. *Patrimonio cultural. Asociación birregional UE-CELAC y Comunidad Iberoamericana de las Naciones*, https://www.youtube.com/watch?v=p67VGXiS8WY, Re-

c) En la *dimensión dikelógica*:

A lo ya expuesto en relación con esta dimensión cabe agregar:

a') El *desfraccionamiento* (la consideración) de exigencias de justicia que la actual situación fracciona innecesariamente. Como todo desfraccionamiento, la integración produciría cierta inseguridad a intereses que hoy resultan ilegítimamente beneficiados, pero se trata de una apertura imprescindible para realizar el valor con más plenitud.

b') Mayores posibilidades de concreción y reconocimiento de los títulos de legitimidad de los *repartidores* (conductores) en cuanto al acuerdo integral de los interesados (*autonomía*), el despliegue de la democracia (*infraautonomía*), los acuerdos en cuanto a quiénes han de repartir (*paraautonomía*, por ej. en el arbitraje), el acuerdo de interesados, a menudo futuros que no conocen los repartos (*criptoautonómía*) y la superioridad moral, científica y técnica (*aristocracia*).

c') Más oportunidades de reconocimiento de los títulos de legitimidad para ser *recipiendarios* de potencias referidos a las *conductas* (méritos) y a las *necesidades* (merecimientos) y para recibir impotencias por *responsabilidad* o por *posibilidades de aportar*.

d') Mayores posibilidades de despliegues de los *objetos* justos *vida*, *creatividad*, *propiedad*, *actividad*, *compañía*, etc.

e') Más espacios para la justicia de la *forma* de los repartos que se logra *audiencia* de los interesados.

f') Más oportunidades de *fundamentación* accesible a los recipiendarios y el resto de la sociedad que enaltecen las *razones* de los repartos.

g') Mayores posibilidades de que los humanos, considerados más «próximos», sean tomados como fines y no como medios, según lo exige el *huma-*

---

cuperado el 2-11-2023. Cabe recordar, con matices ideológicos a veces hoy inaceptables, el Consejo de la Hispanidad, el Instituto de Cultura Hispánica y la Agencia Española de Cooperación Internacional para el Desarrollo. Asimismo vale atender, v. gr., al *Protocolo de Integración Cultural del Mercosur*, https://normas.mercosur.int/public/normativas/2057, Recuperado el 2-11-2023, Schialer, Elmer, *Cultura en la Comunidad Andina*, Recuperado el https://www2.aladi.org/sitioAladi/documentos/JornadasCine/CAN.pdf, 2-11-2023 (v. por ej. Comité Andino de Industrias Culturales — Comité Andino de Patrimonio Material e Inmaterial); *Patrimonio Cultural*, Culture and Creativity, European Comission, https://culture.ec.europa.eu/es/policies/selected-themes/cultural-heritage#:~:text=El%20patrimonio%20cultural%20de%20Europa,debemos%20transmitir%20a%20las%20venideras., Recuperado el 1-11-2023.

También cabe mencionar, más allá de nuestro presente interés, los acuerdos comerciales entre la Unión Europea y México, Chile, Centroamérica, la Comunidad Andina (Colombia y Perú) y los países del Caribe (Cariforum). Se puede v. por ej. Universidad Internacional de Valencia, *Acuerdos Comerciales entre la Unión Europea y Latinoamérica*, https://eulacfoundation.org/system/files/digital_library/2023-07/informe-acuerdos-comerciales-entre-la-union-europea-y-latinoamerica.pdf, Recuperado el 1-11-2023.

nismo requerido para el régimen sea justo. En la integración, ninguno de los componentes es medio ni ajeno.

h') Más oportunidades de *protección* de los individuos contra todas las amenazas: de los demás individuos como tales y como régimen; excepcionalmente respecto de sí mismos y contra todo «lo demás» (enfermedad, miseria, rutina, ignorancia, soledad, desempleo, etc.)[23].

Una cultura más honda favorece la plenitud de la vida: si se avanza en la integración eurolatinoamericana, sobre todo iberolatinoamericana, se hace que la justicia y la vida sean más plenas.

d) En cuanto a las *especificidades* la integración eurolatinoamericana es vía para más realizaciones, no solo de las *ramas jurídicas* tradicionales, como el Derecho Constitucional, Administrativo, Penal, Procesal, Civil, Comercial, del Trabajo, Internacional, etc., sino de otras de más actual reconocimiento, como el Derecho de la Salud, de Niños, Niñas y Adolescentes, de Adultos Mayores (de la Ancianidad), de la Ciencia y la Técnica, del Arte, de la Educación, Ambiental, Universal, Espacial, etc. y, en lugar obviamente destacado, el despliegue del *Derecho de la Integración* (en ámbitos avanzados, Derecho Comunitario).

11. Entre las *debilidades* de la integración cultural eurolatinoamericana cabe mencionar, por ejemplo:

a) En la *dimensión sociológica*:

a') La *discontinuidad territorial*.

b') Las *asimetrías* en tamaños y desarrollos entre las dos regiones y en el interior de ambas, especialmente notorias en América Latina.

c') Las *diversidades históricas* entre las regiones, sobre todo anteriores al contacto intercultural por el viaje de Cristóbal Colón. Con cierto sentido lite-

23 V. FERNÁNDEZ, JOSÉ ANDRÉS, *La presidencia de EUNIC: ¿hacia una mayor cooperación cultural eurolatinoamericana?*, EUNIC, Fundación Carolina, https://www.fundacioncarolina.es/la-presidencia-de-eunic-hacia-una-mayor-cooperacion-cultural-eurolatinoamericana/, Recuperado el 27-11-2023 («En junio de 2021 dio inicio la presidencia española de la Red Europea de Institutos de Cultura (EUNIC), cuyo mandato pretende acentuar la dimensión iberoamericana de la cooperación cultural de la UE. Prueba de ello fue la celebración en Toledo, durante los días 11 y 12 del mismo mes, del primer encuentro de EUNIC con la Red Iberoamericana de Diplomacia Cultural (RIDCULT), creada a instancias de la SEGIB en junio de 2020, e integrada por sus 22 países miembros. Fruto del encuentro, se aprobó el "Compromiso de Toledo", que insta a ambas regiones a impulsar acciones conjuntas, compartir experiencias y reforzar las relaciones institucionales, haciéndose eco de las Conclusiones del Consejo de la UE sobre relaciones internacionales culturales (Consejo de la UE, 2019) y de la Estrategia Iberoamericana de Cultura y Desarrollo Sostenible aprobada en la Cumbre de Andorra de 2020.»); asimismo v. gr. *La Unión Europea y América Latina y el Caribe: Estrategias convergentes y sostenibles ante la coyuntura global*, Cepal, septiembre de 2018, https://www.cepal.org/es/publicaciones/43740-la-union-europea-america-latina-caribe-estrategias-convergentes-sostenibles-la, Recuperado: 3-10-2023.

rario cabe decir que si se mira a la tierra de la Península ibérica se encuentran más los restos de los cuerpos de los astures, los cántabros, los celtas, los íberos, los galaicos, etc. y si se mira a la tierra de América Latina se hallan más los huesos de los mexicas (aztecas), mayas, chibchas, incas, guaraníes, araucanos, etc.

d') La *excesiva referencia* de la unidad de España al catolicismo, adoptada por Isabel I de Castilla y Fernando II de Aragón y continuada por muchos de sus sucesores, de modo que al debilitarse esa fe se debilita la hispanidad.

e') La *escasa (no inexistente) participación* de España, Portugal y sus ex colonias en la *ciencia*, la *técnica* y la *industrialización* de la Modernidad[24]. La influencia de la Mesta, dificultando la agricultura en aras de la ganadería; la opción por la propuesta no industrializadora en aras del comercio entre regiones del Imperio de Carlos V (intercambio de España con los Países Bajos) y la riqueza originada en América, generadora de inflación y parasitismo, tuvieron graves consecuencias. La inclinación a consumir más de lo que realmente se produce, generó reiterada inflación, presente de manera repetida en países como la Argentina.

f') La *mala distribución* de las posibilidades vitales en gran parte de América Latina.

g') El *enfrentamiento de concepciones del mundo* entre sectores hispánicos extendidos a América: uno *tradicional*, más comunitario, católico y romántico; otro *angloafrancesado*, más individualista, ilustrado y ocultamente afín a la Reforma. Dos sectores que en España representaron, por ejemplo, en un caso, Felipe II (también rey de Portugal) y, en otro, Carlos III.

h') Las *conflictividades* que debieron afrontar los ámbitos hispanoamericanos, donde están, por ejemplo, la guerra de la «Reconquista» que duró el extraño período de casi ocho siglos, la Guerra de Sucesión y las guerras civiles de los siglos XIX y XX. Las tensiones por la mal resuelta *Guerra de Sucesión* entre la España de los Austrias y la de los Borbones, una más plural, la otra con tendencias afrancesadas unitarias, todavía se presentan en ciertos ámbitos de la hispanidad. Los Borbones eran enemigos de la hispanidad (cabe recordar, por ejemplo, al Cardenal Richelieu).

i') Las *desavenencias* internas y externas, en América Latina e incluso Europa, en cuanto a la birregionalidad. La vocación integradora, no solo en lo

24 V. Laín Entralgo, P., *La ciencia española*, https://www.cervantesvirtual.com/obra-visor/la-ciencia-espanola-789582/html/a009eab2-ea69-41c5-872a-09d75e36053a_2.html, Recuperado el 1-11-2023; *Historia de la ciencia y la tecnología en España*, Wikipedia, https://es.m.wikipedia.org/wiki/Historia_de_la_ciencia_y_la_tecnolog%C3%ADa_en_Espa%C3%B1a, Recuperado el 1-11-2023. Cabe c. no obstante Pimentel, J., *Fantasmas de la ciencia española*, Marcial Pons, Madrid, 2020; DIOGO, M. P. — SIMÕES, A. (coord.), *Ciência, Tecnologia e Medicina na Construção de Portugal*, Tinta da China, Lisboa, 2021.

birregional, es claudicante en algunos países, no solo de América Latina. La ampliación al Este ha complicado el porvenir europeo.

j') La frecuente tendencia a *vivir al margen de la ley*, tal vez de orígenes españoles e italianos. En relación con el tema, cabe recordar el «se acata, pero no se cumple» empleados en el Derecho castellano medieval y en el Derecho colonial[25]. Muchas personas se creen en el derecho de resolver siempre, según su conveniencia, qué se ha de cumplir y qué no.

k') El *enfrentamiento intergeneracional* actual en diversos países del mundo, promovido por el sentido de las generaciones jóvenes que entienden que los mayores son obsoletos y por la pandemia por Covid-19 que, afectando más a los ancianos y mucho menos a ellos, provocó que los jóvenes pensaran que los sacrificios, imprescindibles, eran por motivos ajenos.

l') El *bajo aprecio de sí misma* que siente parte de la humanidad de la nueva era en que vivimos, con la respectiva decadencia de los valores del humanismo occidental.

m') La creencia de que los intereses en la «birregionalidad» son *solo económicos*[26].

n') El *vaciamiento de la cultura* promovido por la *radicalización del capitalismo* que, si bien hace aportes relevantes, también impulsa el vaciamiento de los valores distintos de la utilidad.

ñ') La *envidia* de quienes en América Latina creen que afirman su personalidad repudiando la cultura occidental en la que «son», sin la cual desaparecen, y la *obsecuencia* de quienes en la misma región creen que deben someterse de modo indiscriminado a la europeidad.

o') Las *tentaciones neocolonialistas* y *aislacionistas* en Europa.

p') La *limitación del interés* de países protagónicos de Europa, por ejemplo, Alemania, en las relaciones con el Oeste, en este caso, latinoamericano. En cambio, esos países brindan destacada consideración a intereses en el Este, como lo muestra la guerra en Ucrania. Cabe recordar que los países europeos asumieron los riesgos de dos guerras mundiales «calientes» y una fría y toman parte en el actual conflicto en Ucrania para asegurar sus intereses en el Este del continente.

---

25 V. por ej. *El Mito del «Se Obedece, Pero No Se Cumple»*, Historia del Nuevo Mundo, https://www.historiadelnuevomundo.com/mito-del-se-obedece-no-se-cumple/, Recuperado el 2-11-2023.

26 C. en relación con el tema MALAMUD, C., «América Latina: lo que dejó la Cumbre Eu-CELAC», en *Clarín*, 24 de julio de 2023, https://www.clarin.com/opinion/america-latina-dejo-cumbre-ue-celac_0_5u4P52IYaT.html?gclid=CjwKCAiAs6-sBhBmEiwA1Nl8syVpXCt-YEkLzi8ui3T_7P11NP1S4UNJhl_GFhQfe1QeqD1juj8-e7hoC5X0QAvD_BwE, Recuperado el 1-10-2023; *III Cumbre UE-CELAC del 17 y 18 de julio de 2023 en Bruselas (Bélgica)*, Cumbres EU-CELAC, Eurolat Parlamento Europeo, https://www.europarl.europa.eu/eurolat/es/eu-latin-america/celac-eu-summits, Recuperado el 1-10-2023.

q') La *escasez de decisión política* en sectores de las élites y populares.

r') La falta de conciencia de *cuestiones de Estado* de interés permanente en diversos países.

b) En la *dimensión normológica*, las debilidades pueden referirse, por ejemplo, a:

a') Las grandes *dificultades* para alcanzar un acuerdo, aunque sea económico, entre la Unión Europea y el Mercosur.

b') Cierta vocación, sobre todo latinoamericana, a sancionar normas que *no se cumplen*.

c) En la *dimensión dikelógica* cabe referir los aspectos en cierta medida justos que podría ser necesario fraccionar para atender a la birregionalidad, por ejemplo, los vínculos valiosos no regionales de los que en alguna medida habría que prescindir.

12. Entre las *amenazas* para la integración cultural eurolatinoamericana importa remitirse, por ejemplo:

a) En la *dimensión sociológica*:

a') La *atracción* y la *influencia* que pueden tener en los dos sectores de laeurolatinoamericanidad las presencias de países hegemónicos del mundo actual, como los Estados Unidos de América y China, no solo en lo económico sino, sobre todo a través de ese despliegue, en el resto de la cultura.

b') La *presencia colonial* del Reino Unido y los Estados Unidos de América en el Atlántico Sur mediante el *enclave colonial de Malvinas*.

c') El *capitalismo radicalizado*, globalizador/marginador.

d') La *revolución científica y tecnológica* mundial de la *nueva era*, que margina la eficacia de las respuestas tradicionales.

e') Las *retracciones nacionalistas-populistas* generales, incluso en Estados Unidos de América, ante el debilitamiento o derrumbe de las inserciones tradicionales, incluso religiosas, que vive el nuevo tiempo. Salvando importantes diferencias, parte del mundo se radicaliza como en los orígenes de los totalitarismos de la primera mitad del siglo XX e incluso tal vez decaiga como en los fines del Imperio Romano de Occidente.

b) En la *dimensión normológica*:

a') La amenaza de la pertenencia de gran parte de los países de Europa a la *OTA*[27], una organización militar donde la potencia colonial del Reino Unido

27 NATO-OTAN, https://www.nato.int/nato-welcome/index_es.html, Recuperado el 1-11-2023; García Moritán, R., «Malvinas como enclave estratégico de la OTAN», en *Clarín*, 18 de mayo de 2021, https://www.clarin.com/opinion/malvinas-enclave-estrategico-otan_0_haTam-Pi3.html?gclid=CjwKCAiA-bmsBhAGEiwAoaQNmleGohp1UDDmMko048k_-SV-zOzbHTmhwCJuPBtPq6TkOnQN4piUHIxoCMnMQAvD_BwE, Recuperado el 2-11-2023. La *Constitución Nacional Argentina* dice: Disposiciones transitorias. Primera. «*La Nación*

tiene gran influencia y que es, en consecuencia, hostil a los legítimos intereses de la República Argentina en la zona de *Malvinas* y en general el *Atlántico Sur*. Vale recordar que los derechos reconocidos constitucionalmente de Argentina respecto de las Malvinas son heredados de España.

b') Las esferas de atracción centrífuga que significan el *ALCA* y el *ALBA*.

c') En la *dimensión dikelógica* la mayor amenaza a la integración cultural eurolatinoamericana está en el despliegue *arrogante* respecto del valor justicia y otros valores que puede desarrollar el valor *utilidad* a través del *economicismo*.

13. Las fortalezas corresponden a *posibilidades*; las debilidades y las amenazas pueden significar *límites necesarios*. En relación con las fortalezas, las debilidades y las amenazas surgen las *oportunidades*, en este caso, para la integración cultural eurolatinoamericana, sobre todo iberoamericana.

Entre las oportunidades de dicha integración son importantes, por ejemplo:

a) En la *dimensión sociológica*:

a') Para las dos regiones se dan, al menos hasta ahora, las condiciones (quizás no repetibles) de afirmar sus *identidades culturales* relativamente compartidas, es decir, al fin, las identidades personales de quienes las forman.

b') Para Europa la birregionalidad es una manera de acercarse al *espacio Pacífico*, que suele ser considerado el océano del porvenir. Una teoría no del todo descartable afirma que el escenario de la historia sigue el sentido de la marcha del Sol.

c') Para América Latina se trata de una manera de liberarse de las *injerencias* relativamente extrañas de China y los Estados Unidos de América.

d') Para el Planeta en general, la birregionalidad es una vía enriquecedora de la *universalidad*.

b) En la *dimensión normológica* cabe considerar la posibilidad de aprovechar los mecanismos de integración cultural existentes y concretar otros nuevos.

c) En la *dimensión dikelógica* las dos regiones pueden obtener, según hemos indicado, mejores posibilidades para realizar la cultura compartida, la justicia y al fin la humanidad.

Argentina ratifica su legítima e imprescriptible soberanía sobre las islas Malvinas, Georgias del Sur y Sandwich del Sur y los espacios marítimos e insulares correspondientes, por ser parte integrante del territorio nacional.-La recuperación de dichos territorios y el ejercicio pleno de la soberanía, respetando el modo de vida de sus habitantes, y conforme a los principios del derecho internacional, constituyen un objetivo permanente e irrenunciable del pueblo argentino.» (Infoleg, https://servicios.infoleg.gob.ar/infolegInternet/anexos/0-4999/804/norma.htm, Recuperado el 1-11-2023).

II.2. Costos y beneficios

14. Los *costos* de la integración birregional cultural significan, por ejemplo:

a) En la *dimensión sociológica*:

a') *Abandonar oportunidades* que podrían brindar de inmediato algunas relaciones externas referidas de maneras predominantes a la economía, pero también con proyecciones en la cultura en general.

b') *Ajustes internos* dentro de los países y en las zonas a integrar.

b) En la *dimensión normológica* los costos significan no solo un esfuerzo en la *redacción* de los instrumentos normativos sino eventualmente en la *adecuación* de las normatividades internas nacionales y regionales.

c) En la *dimensión dikelógica* los costos implican el fraccionamiento de realizaciones justas actuales o posibles en aras de otras integradoras superadoras. Siempre las decisiones humanas tienen un costo, también en el campo de la justicia, que hay que fraccionar para producir nuevos desfraccionamientos.

15. Los *beneficios* de la integración cultural eurolatinoamericana, sobre todo iberolatinoamericana, superan ampliamente a los *costos*, v.gr.:

a) En la dimensión sociológica:

a') Se amplían las *posibilidades de conducción* en múltiples aspectos, en cuanto a los repartos, sobre todo por incrementarse las potencias a adjudicar, y respecto al orden de repartos, con mejoras en las condiciones de planificación y de ejemplaridad.

b') Se acrecientan las posibilidades del *orden* encaminado a la *justicia*, que es paz.

b) En la *dimensión normológica*:

c') Se amplía la *lógica de la organización* cultural birregional y se habilitan las *posibilidades institucionales* al respecto, por ejemplo, en el desarrollo de *escuelas*, *universidades*, *institutos de investigación*, *observatorios*, *editoriales*, *bibliotecas*, *orquestas*, *talleres artísticos*, *museos*, *archivos*, *teatros*, *estudios de cine* y *de televisión*, *periódicos*, *redes*, entes *turísticos*, etc. de la eurolatinoamericanidad. Un lugar destacado corresponde a la posibilidad de una *Universidad Eurolatinoamericana*.

d') Se acrecientan las posibilidades de *coherencia* y la *armonía* interregionales.

c) En la *dimensión dikelógica*:

a') Se abren nuevas *posibilidades de legitimidad* por la realización del complejo de *valores* que culmina en la *justicia* y, al fin, del más alto valor a nuestro alcance, que es la *humanidad*, el deber ser cabal de nuestro ser.

b') Aumentan las posibilidades de *desfraccionar* la justicia.

c') Se abren mayores vías de legitimación de los *repartidores*: *autónoma* (v. gr. en contratos), *paraautónoma* (por ej. en arbitraje), *infraautónoma* (v. gr. mediante la democracia), *criptoautónoma* (por ej. por atención a la humanidad del futuro y el porvenir[28]). y *aristocrática* (por superioridad científica, técnica o moral).

d') Se incrementan los caminos de la justicia de los *recipiendarios* en cuanto a *méritos* de la conducta y *merecimientos* de la necesidad; *responsabilidad* y *posibilidades de aportar*. En la integración cultural los individuos no son solo clientes o socios, son *personas*.

e') Se viabilizan más los *objetos* justos: la *vida* en plenitud, la *creatividad*, la *propiedad* en sentido profundo, la *compañía*, el *trabajo*, etc.

f') Aumentan las posibilidades de *formas* con *audiencia*.

g') Se incrementa la viabilidad de las *razones* valiosas, por *mejor fundamentación* de los repartos.

h') Se despliegan las condiciones para el *humanismo*, que toma a los individuos como fines y no como medios.

i') Se favorece el equilibrio de la *unicidad*, la *igualdad* y la *comunidad* exigibles para que haya humanismo.

j') Se incrementan los medios para *proteger* al individuo contra todas las amenazas, como lo requiere el humanismo[29].

d) En cuanto a las *ramas* jurídicas, mejoran las posibilidades de despliegue del *Derecho de la Integración* que, en nuestra circunstancia birregional, es superior al Derecho Internacional.

II.3. Las decisiones

16. Las decisiones estratégicas con miras a la integración birregional cultural eurolatinoamericana han de afrontar grandes debilidades y amenazas,

28 El futuro es cercano, el porvenir es más distante.

29 V. por otra parte Borrell, J., «Latinoamérica y el Caribe, un socio fundamental para la Unión Europea», *European Union, External Action*, 15 de diciembre de 2020, https://www.eeas.europa.eu/eeas/latinoam%C3%A9rica-y-el-caribe-un-socio-fundamental-para-la-uni%C3%B3n-europea_en, Recuperado el 1-10-2023; «UE y América Latina y el Caribe: de socios naturales a socios preferentes», en *Delegation of the European Union to Argentina*, 25 de marzo de 2023, https://www.eeas.europa.eu/delegations/argentina/ue-y-am%C3%A9rica-latina-y-el-caribe-de-socios-naturales-socios-preferentes_en, Recuperado el 5-11-2023. Asimismo c. Bonilla, A. — Sanahuja, J. A. (eds.), *Unión Europea, América Latina y el Caribe: Cartografía de los Acuerdos de Asociación*, Fundación EU – LAC y Fundación Carolina, Madrid, 2022, https://www.fundacioncarolina.es/wp-content/uploads/2022/11/union-europea-america-latina-y-el-caribe-cartografia-los-acuerdos-asociacion.pdf, Recuperado el 2-10-2023.

pero estimamos que las fortalezas, en las que cabe destacar la eventual *voluntad política*, hacen que sea oportuno adoptarlas. Deben ser, básicamente:

a) De *propio fortalecimiento* de cada bloque, en Europa y en América Latina, en los diversos procesos internos, y de los vínculos culturales, entre ambos espacios.

b) De *relacionamiento* con fuerzas exteriores que puedan ser amigables con la integración, por ejemplo, con otros procesos integradores.

c) Eventualmente de *enfrentamientos* con las amenazas que se opongan a la integración.

d) Para concretar esas realizaciones de integración cultural es relevante contar con un *plan de acción jurídico* que aproveche las propuestas de construcción del tridimensionalismo de la *teoría trialista*.

III. Líneas de una estrategia trialista para la integración cultural eurolatinoamericana

17. Hay que hacerse cargo de las oportunidades antes señaladas en todos los despliegues de la juridicidad. Son necesarias la conciencia clara y la eficacia en cuanto a los *repartos* y su *orden* y las *normatividades* y su *ordenamiento* para lograr la *justicia* y su aporte a la *humanidad*. La plenitud se debe concretar a través de todas las *especificidades* jurídicas, de modo destacado, el *Derecho de la Integración*.

a) Dimensión sociológica

18. Para realizar la estrategia de la integración cultural eurolatinoamericana hay que considerar cuáles pueden y deben ser los *repartos* respectivos. Es imprescindible considerar quiénes pueden y deben ser los *repartidores* y los *recipiendarios*, en este caso, beneficiados y gravados; cuáles pueden y deben ser los *objetos* de reparto; cuáles pueden y deben ser las *formas* de los repartos y cuáles pueden y deben ser las *razones*, es decir, los móviles, las razones alegadas y las razones que atribuya en su caso la sociedad. Es de muy especial importancia establecer qué *potencias e impotencias* han de llegar a los habitantes de las dos zonas y lograr que las potencias sean las mayores posibles y las impotencias las mínimas. También es relevante contar con el *compromiso* de todos los individuos, en especial nutridos por la idoneidad del liderazgo.

En la estrategia de la integración cultural eurolatinoamericana importa establecer cuál puede y debe ser el *orden de repartos* a través de la *planificación gubernamental*, que indica quiénes son los supremos repartidores y cuáles son los criterios supremos de reparto, y en el curso de la *ejemplaridad*, que se forma con el seguimiento de repartos considerados razonables. Sobre todo, para el propio fortalecimiento de la birregionalidad, hay que construir *razona-*

bilidad social respecto de la cultura eurolatinoamericana. La birregionalidad debe ser instalada en la *agenda permanente* de los dos espacios, a niveles de gobiernos y de individuos.

La integración birregional ha de constituir un *suborden de repartos* sólido. Si el orden debe ser sólido no tiene que ser solo de grupos gobernantes, debe ser vivido como propio por todos los individuos. Hay que construir la personalidad eurolatinoamericana de cada habitante de los dos espacios, tarea relativamente difícil, en especial fuera de la iberolatinoamericanidad. Es necesario integrar voluntades vitales de los pueblos. Un instrumento de gran valor es la *educación*, en la que corresponde incluir todos los niveles, tal vez partiendo de inmediato del fortalecimiento del universitario de posgrado y de grado en relación con la integración[30]. El desarrollo de la birregionalidad cultural requiere medios económicos adecuados, por ejemplo, a través de *programas de fomento*. En todo caso, hay que advertir que la integración cultural aporta a la integración económica y ésta ha de contribuir a la integración cultural.

b) Dimensión normológica

19. En la dimensión normológica de la integración cultural eurolatinoamericana habrá que procurar que las normatividades sean *fieles*, es decir, expresen con acierto los contenidos de la voluntad de sus autores; *exactas*, o sea, se cumplan en las vidas de las personas y *adecuadas*, es decir, usen los conceptos que necesiten los autores y el resto de la sociedad[31]. Es necesario emplear *fuentes formales* que correspondan a los requerimientos de la tarea a realizar, de manera principal, tratados internacionales, pero también fuentes constitucionales de los países, legales, administrativas, judiciales, contractuales, etc. También importa que las normatividades *funcionen* de manera correcta; hay que prever un sistema adecuado de *solución de controversias*.

El *ordenamiento normativo* de la integración birregional cultural ha de constituirse con *relaciones* verticales y horizontales entre normatividades, en ambos casos, de producción y de contenido. La integración debe ser comprendida como un *subordenamiento normativo* con las instituciones que sean necesarias. Habrá que considerar que, por cierto tiempo al menos, la integración no tendrá una norma hipotética fundamental propia y deberá someterse a las que rijan en las dos áreas.

c) Dimensión dikelógica

20. En la *dimensión dikelógica* de la integración cultural eurolatinoamericana han de realizarse todas las fortalezas que hemos referido. Se deberá

30 V. en relación con el tema por ej. CROCE, A. C., «Cooperación Iberoamericana en Educación. La experiencia de las metas educativas 2021», en *Revista Iberoamericana de Educación*, N| 61, 2013, pp. 15/28, https://rieoei.org/RIE/article/view/597/1126, Recuperado el 1-10-2023.

31 Por ejemplo, los conceptos de patrimonio cultural, industria cultural, etc.

atender a los valores que deben contribuir a la justicia, sin desconocer la utilidad, propia de la economía, la verdad, la belleza, la solidaridad, el amor, etc.

Las vías de pensamiento de la justicia, es decir las *clases de justicia*, han de aprovechar en la mayor medida todos los senderos, en especial equilibrios entre justicia consensual y extraconsensual (pensada mediante el acuerdo o sin él); sin y con consideración de personas (de meros roles o plenitudes personales); simétrica y asimétrica (de fácil o difícil comparación de las potencias e impotencias); monologal y polilogal (de una o más razones); conmutativa y gubernamental (con y sin «contraprestación); «partial» y gubernamental (proveniente de partes o el todo); sectorial e integral (referida a partes o el todo); de aislamiento y de participación y particular y general. La justicia particular predomina en el *Derecho Privado* y la justicia general predomina en el *Derecho Público*. La integración cultural eurolatinoamericana ha de integrar las dos ramas.

Para llegar a los objetivos estratégicos habrá que *desfraccionar* la justicia, atendiendo a exigencias antes no consideradas, y fraccionar otras que se consideren menos relevantes. Habrá ciertos costos de «inseguridad» de lo que ahora se atiende con miras a realizar una justicia más plena. Es notorio, por ejemplo, que la apertura puede significar ciertos ingresos de tecnologías o estilos artísticos antes exteriores.

La integración cultural birregional debe realizar todos los despliegues que hacen a los *repartos* y el *orden de repartos justos* a los que nos hemos referido. La integración requiere *desarrollo*; *responsabilidad*; *solidaridad*; *creatividad*; *humanismo*; respeto integrado a la *unicidad*, la *igualdad* y la *comunidad*; *protección* de los individuos en todos los frentes, etc. Hay que atender a la *gobernanza* de la cultura birregional.

Cada eurolatinoamericano ha de ser *protagonista integrador de la cultura eurolatinamericana en todas sus realidades y posibilidades*, sin desconocer la economía, pero sabiendo que todo «ismo» que no sea interpretable al fin como *humanismo* es una mutilación de nuestra condición suprema de humanos. El capitalismo y el economicismo e incluso el culturalismo radicalizados no son humanistas.

Hay que desplegar el *arte*[32], la *historia*, la *ciencia* y la *técnica*, la *filosofía*, etc. de la eurolatinoamericanidad. Con todos los recursos disponibles se han de *vincular* y en lo posible *desarrollar escuelas*, *universidades*, *institutos de investigación*, *observatorios*, *editoriales*, *bibliotecas*, *orquestas*, *talleres artísticos*, *museos*, *archivos*, *teatros*, *estudios de cine* y *de televisión*, *periódicos*, *redes sociales*, *despliegues turísticos*, etc. Un lugar muy destacado corresponde

32 C. por ej. *Red Eurolatinoamericana de Artes Escénicas*, https://redelae.org/quienes-somos/, Recuperado el 30-10-2023; AS. VS., *op. cit.*

al despliegue pleno inmediato de una *Universidad Eurolatinoamericana*[33]. Hay que «eurolatinoamericanizar» las *ciudades* y las *regiones*[34].

Vale superar la materia, el espacio y el tiempo mediante *subsidios*; fomento del *partenariado*[35]; despliegue de la *transversalidad*; *acceso*, aunque sea virtual, a todas las manifestaciones de la cultura, etc. Es imperioso que cada eurolatinoamericano tenga ya a su alcance real todos los despliegues de la cultura de las dos regiones integrada. La integración, en este caso, de la cultura eurolatinoamericana, no debe ser solo de los gobiernos sino de *todos los sectores* de las sociedades, incluso de *cada persona*[36].

---

33 Es posible ampliar en Ciuro Caldani, M. A., «Universidad Eurolatinoamericana», en *Revista de Filosofía Jurídica y Social*, N° 38, 2021, pp. 226/232, Centro de Investigaciones ... cit., https://drive.google.com/file/d/1gwzk_M7Pj-bWOcSH7ak85JfnyhOrjYXx/view, Recuperado el 31-10-2023.

34 V. en relación con el tema *Unión de Universidades de América Latina y el Caribe*, https://udualc.org/, Recuperado el 2-11-2023; *European University Association*, https://eua.eu/, Recuperado el 2-11-2023.

35 V. por ej. *Estrategia iberoamericana de cultura y desarrollo sustentable*, OEI, https://oei.int/oficinas/secretaria-general/publicaciones/estrategia-iberoamericana-de-cultura-y-desarrollo-sustentable, Recuperado el 1-11-2023; *Alianzas para el Desarrollo*, Unesco, https://es.unesco.org/creativity/capacity-building/programmes/alianzas-para-desarrollo, Recuperado el 3-11-2023; Insa Ares, José Ramón, «La cultura como estrategia para el desarrollo», v. 6, mayo 2009, https://www.zaragoza.es/contenidos/cultura/observatorio/LA_CULTURA_COMO_ESTRATEGIA_DE_DESARROLLO.pdf, Recuperado el 2-11-2023 («Diversas conferencias posteriores fueron afianzando el concepto y determinando la absoluta necesidad contemplar la cultura desde este sentido. Solo por citar las más relevantes mencionaremos las siguientes: • En junio de 1972, en Helsinki, Finlandia, la Conferencia Intergubernamental sobre las Políticas Culturales en Europa • En diciembre de 1973, en Yogyakarta, Indonesia, la Conferencia Intergubernamental sobre las Políticas Culturales en Asia • Dos años después, la Conferencia Intergubernamental sobre las Políticas Culturales en África • En enero de 1978, en Bogotá, Colombia, la Conferencia Intergubernamental sobre las Políticas Culturales en América Latina y el Caribe • En 1982, en México D.F., la Conferencia Mundial sobre las Políticas Culturales (MONDIACULT) mencionada al principio. A partir de estas conferencias la UNESCO plasmó la idea del Decenio Mundial para el Desarrollo Cultural (1988-1997) en pro de cuatro objetivos a través de su programa sobre "cultura y desarrollo" ...»). En la órbita de la UNESCO en 1998 se aprobó la Convención Internacional sobre la Protección de la Diversidad en los Contenidos Culturales y las Expresiones Artísticas. También cabe mencionar la Conferencia Intergubernamental sobre Políticas Culturales para el Desarrollo reunida en Estocolmo del 30 de marzo al 2 de abril de 1998.

36 Cabe c. v. gr., *Congreso Internacional Eurolatinoamericano y Caribeño «La necesaria creación de un Espacio Cultural Eurolatinoamericano: Valores, Principios y Propuestas»*, Fundación Eu-Lac, https://eulacfoundation.org/sites/default/files/attachments/Criterios%20de%20seleccion%20Comunica%20ciones.%20Congreso%20URJC-EU-LAC_0.pdf, Recuperado el 3-11-2023; *Patrimonio cultural. Asociación birregional UE-CELAC y Comunidad Iberoamericana de las Naciones*, https://www.youtube.com/watch?v=p67VGXiS8WY, Recuperado el 1-11-2023; Rodríguez, L. I., *Espacio Cultural Iberoamericano*, noviembre 2020, Unesco, https://www.segib.org/memoria2016/wp-content/uploads/2017/10/04-espacio-cultural.pdf, Recuperado el 2-11-2023, *Estrategia de cultura como palanca de la integración hacia 2030*, Unesco, https://unesdoc.unesco.org/ark:/48223/pf0000375075, Recuperado el 1-11-2023; Estevaderodal, A. y otros, «Acuerdo UE-Mercosur: una oportu-

d) Especificidades

21. En cuanto a las *especificidades* jurídicas materiales, nuestro objetivo de integración cultural eurolatinoamericana requiere un importante despliegue del *Derecho de la Integración* enriquecido por las relaciones con las otras ramas jurídicas, por ejemplo, el Derecho Internacional, Universal, Constitucional, Administrativo, Civil, Comercial, del Trabajo, Procesal, de la Ciencia y la Técnica, del Arte, de la Educación, Ambiental, etc.

IV. Conclusión

22. La integración cultural en plenitud, más allá de lo económico, es nuestra responsabilidad para contribuir a la universalidad que reclama, con especial fuerza en la actual nueva era, nuestra condición humana. Para concretarla es valioso contar con los recursos estratégicos necesarios esclarecidos, en nuestro caso, por la teoría trialista del mundo jurídico.

Bibliografía

LIBROS

AS. VS., *Diccionario Enciclopédico Hispano-Americano de Literatura, Ciencias, Artes, Etc.*, 28 ts., Montaner y Simón — Sociedad Internacional, Barcelona, Bs. As., etc., 1912.

Bonilla, A. — Sanahuja, J. A. (eds.), *Unión Europea, América Latina y el Caribe: Cartografía de los Acuerdos de Asociación*, Fundación EU – LAC y Fundación Carolina, Madrid, 2022,https://www.fundacioncarolina.es/wp-content/uploads/2022/11/union-europea-america-latina-y-el-caribe-cartografia-los-acuerdos-asociacion.pdf, Recuperado el 2-10-2023.

Ciuro Caldani, M. A., *El Derecho Universal (Perspectiva para la ciencia jurídica de una nueva era*, Rosario, FIJ, 2001, Centro de Investigaciones ... cit., https://drive.google.com/file/d/1th8EIC68xAm8qmIZ3RbDSkuucCO2IVLc/view, Recuperado el 1-11-2023.

nidad estratégica de primer orden para la Unión Europea y América Latina», *ARI 83/2023*, 12 de septiembre de 2023, Real Instituto Elcano, https://media.realinstitutoelcano.org/wp-content/uploads/2023/08/acuerdo-ue-mercosur-una-oportunidad-estrategica-de-primer-orden-para-la-union-europea-y-america-latina-real-instituto-elcano.pdf, Recuperado el 30-11-2023; Escribano Úbeda-Portugués, J., *El Espacio Eurolatinoamericano: Perspectivas para la Cooperación y el Comercio*, CIDEAL, Madrid, 2007, https://www.cideal.org/wp-content/uploads/2019/05/indice_espacio.pdf, Recuperado el 30-11-2023.

Diogo, M. P. — Simões, A. (coord.), *Ciência, Tecnologia e Medicina na Construção de Portugal*, Tinta da China, Lisboa, 2021.

Escribano Úbeda-Portugués, J., *El Espacio Eurolatinoamericano: Perspectivas para la Cooperación y el Comercio*, CIDEAL, Madrid, 2007, https://www.cideal.org/wp-content/uploads/2019/05/indice_espacio.pdf, Recuperado el 30-11-2023.

Ferrater Mora, J., *Diccionario de Filosofía*, nueva edición actualizada por TERRICABRAS, J. M., Ariel, Barcelona, 1994.

Goldschmidt, W., *Introducción filosófica al Derecho*, 6.ª ed. 5.ª reimp., Depalma, Bs. As., 1987.

Molina del Pozo, C. F. — Saldaña, V. (comp.), *Los procesos de integración en Europa y América Latina*, Bs. As., Eudeba, 2023.

Pimentel, J., *Fantasmas de la ciencia española*, Marcial Pons, Madrid, 2020.

— *Recopilación de las Leyes de los Reinos de las Indias mandadas imprimir y publicar por la Magestad del Rey don Carlos II Nuestro Señor*, t. II, 5.ª ed., Roix, Madrid, 1841, Libro VI, pp. 217/309, file:///C:/Users/mciur/Downloads/recopilacion-de-leyes-de-los-reinos-de-indias-mandadas-imprimir-y-publicar-por-la-magestad-catolica-don-carlos-ii-tomos-2-777027%20(1).pdf, 1-10-2023.

— *Una teoría trialista del Derecho*, 2.ª ed., Astrea, Bs. As., 2020 (2.ª ed. de *Una teoría trialista del mundo jurídico*).

REVISTAS

Cervera, C., «Así fue la lucha en el Imperio español por defender los derechos de la población indígena», en *ABC España*, 14 de octubre de 2015, https://www.abc.es/espana/20151014/abci-leyes-espanolas-indias-conquistas-201510132047.html, Recuperado el 1-10-2023.

Ciuro Caldani, M. A.: «Análisis cultural de la internacionalidad, la globalización y la integración», en *Revista del Centro de Investigaciones de Filosofía Jurídica y Filosofía Social*, n.º 24, 2000, pp. 41-56, Centro de Investigaciones de Filosofía Jurídica y Filosofía Social, https://drive.google.com/file/d/1or97lpmGIyxNWoNyrV0KvDWf2VQSBRTQ/view, 2-11-2023.

— «Filosofía y sistema del Derecho de la Integración», en *Revista del Centro de Investigaciones de Filosofía Jurídica y Filosofía Social*, n.º 29, 2006, pp. 27/48, Centro de Investigaciones de Filosofía Jurídica y Filosofía Social, https://drive.google.com/file/d/1CIFytv34XD2fYKpcdobG1I_SM_WzbnX8/view, Recuperado el 2-10-2023.

— «La integración, un camino para superar la globalización/marginación en la universalización», en *Derecho de la Integración*, n.º 16, 2004, pp. 31/37.

— «Universidad Eurolatinoamericana», en *Revista de Filosofía Jurídica y Social*, n.º 38, 2021, pp. 226/232, Centro de Investigaciones ... cit., https://drive.google.com/file/d/1gwzk_M7Pj-bWOcSH7ak85JfnyhOr-jYXx/view, Recuperado el 31-10-2023.

Croce, A. C., «Cooperación Iberoamericana en Educación. La experiencia de las metas educativas 2021», en *Revista Iberoamericana de Educación*, n.º 61, 2013, pp. 15/28, https://rieoei.org/RIE/article/view/597/1126, Recuperado el 1-10-2023.

Estevaderodal, A. y otros, «Acuerdo UE-Mercosur: una oportunidad estratégica de primer orden para la Unión Europea y América Latina», *ARI 83/2023*, 12 de septiembre de 2023, Real Instituto Elcano, https://media.realinstitutoelcano.org/wp-content/uploads/2023/08/acuerdo-ue-mercosur-una-oportunidad-estrategica-de-primer-orden-para-la-union-europea-y-america-latina-real-instituto-elcano.pdf, Recuperado el 30-11-2023.

García Moritán, R., «Malvinas como enclave estratégico de la OTAN», en *Clarín*, 18 de mayo de 2021, https://www.clarin.com/opinion/malvinas-enclave-estrategico-otan_0_haTam-Pi3.html?gclid=CjwKCAiA-bmsBhAGEiwAoaQNmleGohp1UDDmMko048k_-SVzOzbHTmhwCJuPBtPq6TkOnQN4piUHIxoCMnMQAvD_BwE, Recuperado el 2-11-2023.

— *Revista Euro latinoamericana de Análisis Social y Político*, http://www.ojs.unsj.edu.ar/index.php/relasp/about, Recuperado el 1-11-2023.

DOCUMENTOS Y RECURSOS EN LÍNEA

Alianzas para el Desarrollo, Unesco, https://es.unesco.org/creativity/capacity-building/programmes/alianzas-para-desarrollo, Recuperado el 3-11-2023.

Arnal, J. y otros, *La España geopolítica y el sur global – 4X01*, Conversaciones Elcano, https://www.realinstitutoelcano.org/podcasts/conversaciones-elcano-la-espana-geopolitica-y-el-sur-global-4x01/, Recuperado el 2-11-2023

Bayardo, R., «Cultura, economía y economía de la cultura», en *Voces en el Fénix*, 1 de octubre de 2013, https://vocesenelfenix.economicas.uba.ar/cultura-economia-y-economia-de-la-cultura/, Recuperado el 1 de noviembre de 2023.

Borrell, J., «Latinoamérica y el Caribe, un socio fundamental para la Unión Europea», *European Union, External Action*, 15 de diciembre de 2020, https://www.eeas.europa.eu/eeas/latinoam%C3%A9rica-y-el-caribe-un-socio-fundamental-para-la-uni%C3%B3n-europea_en, Recuperado el 1-10-2023.

Congreso Internacional Eurolatinoamericano y Caribeño «La necesaria creación de un Espacio Cultural Eurolatinoamericano: Valores, Principios y Propuestas», Fundación Eu-Lac, https://eulacfoundation.org/sites/default/files/attachments/Criterios%20de%20seleccion%20Comunica%20ciones.%20Congreso%20URJC-EU-LAC_0.pdf, Recuperado el 3-11-2023.

Cultural strategy in a box, Local Government Association, https://www.local.gov.uk/sites/default/files/documents/12.24%20Cultural%20strategy%20in%20a%20box_04.2_2.pdf, Recuperado el 20-11-2023.

«UE y América Latina y el Caribe: de socios naturales a socios preferentes», en *Delegation of the European Union to Argentina*, 25 de marzo de 2023, https://www.eeas.europa.eu/delegations/argentina/ue-y-am%C3%A9rica-latina-y-el-caribe-de-socios-naturales-socios-preferentes_en, Recuperado el 5-11-2023.

El Mito del «Se Obedece, Pero No Se Cumple», Historia del Nuevo Mundo, https://www.historiadelnuevomundo.com/mito-del-se-obedece-no-se-cumple/, Recuperado el 2-11-2023.

Estrategia de cultura como palanca de la integración hacia 2030, Unesco, https://unesdoc.unesco.org/ark:/48223/pf0000375075, Recuperado el 1-11-2023.

Estrategia iberoamericana de cultura y desarrollo sustentable, OEI, https://oei.int/oficinas/secretaria-general/publicaciones/estrategia-iberoamericana-de-cultura-y-desarrollo-sustentable, Recuperado el 1-11-2023.

EU-LAC, https://eulacfoundation.org/es/quienes-somos, Recuperado el 27-11-2023.

Eurolat, Parlamento del Mercosur, https://www.parlamentomercosur.org/innovaportal/v/109/1/parlasur/eurolat.html, Recuperado el 27-11-2023.

EUNIC Madrid, https://eunic-madrid.eu/, Recuperado el 27-11-2023.

Fernández, J. A., *La presidencia de EUNIC: ¿hacia una mayor cooperación cultural eurolatinoamericana?*, EUNIC, Fundación Carolina, https://www.fundacioncarolina.es/la-presidencia-de-eunic-hacia-una-mayor-cooperacion-cultural-eurolatinoamericana/, Recuperado el 27-11-2023.

Fundación Carolina, https://www.fundacioncarolina.es/, Recuperado el 1-11-2023.

Historia de la ciencia y la tecnología en España, Wikipedia, https://es.m.wikipedia.org/wiki/Historia_de_la_ciencia_y_la_tecnolog%C3%ADa_en_Espa%C3%B1a, Recuperado el 1-11-2023.

Infoleg, https://servicios.infoleg.gob.ar/infolegInternet/anexos/0-4999/804/norma.htm, Recuperado el 1-11-2023.

Insa Ares, J. R., «La cultura como estrategia para el desarrollo», v. 6, mayo 2009, https://www.zaragoza.es/contenidos/cultura/observatorio/LA_CULTURA_COMO_ESTRATEGIA_DE_DESARROLLO.pdf, Recuperado el 2-11-2023.

Instituto Eurolatinoamericano de Estudios para la Integración, Recuperado el https://ielepi.com/, 2-11-2023.

Laín Entralgo, P., *La ciencia española*, https://www.cervantesvirtual.com/obra-visor/la-ciencia-espanola-789582/html/a009eab2-ea69-41c5-872a-09d75e36053a_2.html, Recuperado el 1-11-2023.

La Unión Europea y América Latina y el Caribe: Estrategias convergentes y sostenibles ante la coyuntura global, Cepal, septiembre de 2018, https://www.cepal.org/es/publicaciones/43740-la-union-europea-america-latina-caribe-estrategias-convergentes-sostenibles-la, Recuperado: 3-10-2023.

Los Estados deben dejar de negar el racismo y ponerle fin: Bachelet, 28 de junio de 2021, Naciones Unidas, https://news.un.org/es/story/2021/06/1493792, Recuperado el 1-11-2023.

Malamud, C., «América Latina: lo que dejó la Cumbre Eu-CELAC», en *Clarín*, 24 de julio de 2023, https://www.clarin.com/opinion/america-latina-dejo-cumbre-ue-celac_0_5u4P52IYaT.html?gclid=CjwKCAiAs6-sBhBmEiwA1NI8syVpXCtYEkLzi8ui3T_7P11NP1S4UNJhl_GFhQfe1QeqD1juj8-e7hoC5X0QAvD_BwE, Recuperado el 1-10-2023.

Origen de los Pueblos Eslavos: los Mongoles, Historias y Biografías, https://historiaybiografias.com/eslavos/, Recuperado el 3-11-2023.

OEI, https://oei.int/quienes-somos/oei, Recuperado el 27-11-2023.

NATO-OTAN, https://www.nato.int/nato-welcome/index_es.html, Recuperado el 1-11-2023

Patrimonio cultural. Asociación birregional UE-CELAC y Comunidad Iberoamericana de las Naciones, https://www.youtube.com/watch?v=p67V-GXiS8WY, Recuperado el 2-11-2023.

Patrimonio Cultural, Culture and Creativity, European Comission, https://culture.ec.europa.eu/es/policies/selected-themes/cultural-heritage#:~:-text=El%20patrimonio%20cultural%20de%20Europa,debemos%20transmitir%20a%20las%20venideras., Recuperado el 1-11-2023.

Protocolo de Integración Cultural del Mercosur, https://normas.mercosur.int/public/normativas/2057, Recuperado el 2-11-2023.

Real Instituto Elcano, https://www.realinstitutoelcano.org/, Recuperado el 3-11-2023.

Red Eurolatinoamericana de Artes Escénicas, https://redelae.org/quienes-somos/, Recuperado el 30-10-2023.

Rodríguez, L. I., *Espacio Cultural Iberoamericano*, noviembre 2020, Unesco, https://www.segib.org/memoria2016/wp-content/uploads/2017/10/04-espacio-cultural.pdf, Recuperado el 2-11-2023.

Schialer, Elmer, *Cultura en la Comunidad Andina*, Recuperado el https://www2.aladi.org/sitioAladi/documentos/JornadasCine/CAN.pdf, 2-11-2023.

Tinajero Romero, Sofía (entrevista a Molina del Pozo, C. F.), *Carlos Molina del Pozo: Los procesos de integración son el signo del futuro*, https://www.youtube.com/watch?v=x5r_hF0SFd0, 20-12-2023.

Universidad Internacional de Valencia, *Acuerdos Comerciales entre la Unión Europea y Latinoamérica*, https://eulacfoundation.org/system/files/digital_library/2023-07/informe-acuerdos-comerciales-entre-la-union-europea-y-latinoamerica.pdf, Recuperado el 1-11-2023.

Unión de Universidades de América Latina y el Caribe, https://udualc.org/, Recuperado el 2-11-2023; European University Association, https://eua.eu/, Recuperado el 2-11-2023.

III Cumbre UE-CELAC del 17 y 18 de julio de 2023 en Bruselas (Bélgica), Cumbres EU-CELAC, Eurolat Parlamento Europeo, https://www.europarl.europa.eu/eurolat/es/eu-latin-america/celac-eu-summits, Recuperado el 1-10-2023.

CAPÍTULO VI

LOS PROCESOS DE INTEGRACIÓN REGIONAL Y LA PROTECCIÓN DE DERECHOS DE LAS PERSONAS EN SITUACIÓN DE MOVILIDAD HUMANA EN SUDAMÉRICA[1]

Prof.ª Mg. Georgina A. Guardatti[2]

Sumario: I. Contexto migratorio en Sudamérica. I.1. Emigración e inmigración extranjera o extrarregional en América del Sur. I.2. Migración intrarregional en Sudamérica. II. Procesos consultivos sobre migración en Sudamérica. II.1. Conferencia Sudamericana de Migraciones (CSM). II.2. Otros procesos con-

1 Este artículo resulta de una revisión de la presentación que se llevó a cabo bajo modalidad virtual en el Seminario Internacional Eurolatinoamericano sobre integración jurídica, económica y político-social: a propósito de las relaciones UE-CELAC. Homenaje a la vida y obra de Carlos Francisco Molina del Pozo, organizado por el Instituto Eurolatinoamericano de Estudios para la Integración, los días 28 y 29 de noviembre de 2023, en la Universidad Andina Simón Bolívar.

2 Abogada, Diplomada en Tecnología e Innovación Educativa y Especialista en Docencia Superior (UM). Máster en Especialización e Investigación en Derecho y Doctoranda en Derechos Humanos y Libertades fundamentales (U. Zaragoza). Coordinadora de Extensión y Vinculación, Investigadora, Docente de Posgrado en Metodología Jurídica y Profesora Titular de Derecho Internacional Público y de la Integración «A» en Universidad de Mendoza (U. Mendoza). Miembro titular y directora de la Sección de Derecho de la Integración de la Asociación Argentina de Derecho Internacional (AADI). Secretaria General de la Asociación Española para el Derecho Internacional de los Derechos Humanos (AEDIDH). Coordinadora Regional para Cuyo de la Red Federal de Estudios sobre el Derecho Humano a la Paz (ReFEPAZ), creada en el ámbito del Consejo Federal de Estudios Internacionales (CoFEI). Secretaria de la Comisión de Juristas para la Integración Regional del Consejo Consultivo de la Sociedad Civil (CJIR). Asociada activa y representante de la Barra Latinoamericana de Juristas y Peritos A.C. en Argentina.
georgina.guardatti@um.edu.ar

Resumen: La movilidad humana en Sudamérica exhibe rasgos distintivos. Se caracteriza por ser una región tanto de origen como de destino de migraciones, incluso de tránsito y de retorno. Presenta sistemas migratorios de larga data, como así también algunos recientes corredores migratorios. Muestra movimientos de diversa naturaleza, provocados por distintos factores y constituidos por una variedad de perfiles de migrantes que han generado nuevos desafíos para la región.

En búsqueda de respuestas comunes para la gestión de la movilidad humana, los Estados crearon mecanismos que favorecen la movilidad intrarregional mediante la aprobación de nuevos marcos normativos e institucionales a nivel nacional y de acuerdos de integración a nivel regional. Así, a través de los diversos procesos de integración regional y mecanismos de consulta alentaron particularmente la migración intrarregional al promover la libre circulación y la residencia permanente de los ciudadanos en la región, facilitando la entrada, los procedimientos migratorios y el acceso a la documentación y los derechos sociales de los migrantes en el marco de la creación de mercados comunes y, posteriormente, de espacios comunitarios.

Sin embargo, dado el carácter intergubernamental de los diversos proyectos de integración suramericanos, son los gobiernos de los Estados miembro en el ejercicio del poder quienes fijan de manera unilateral las pautas del proceso integracionista. Por ello, además del MERCOSUR, que se erige como el proceso de mayor desarrollo, el bloque más avanzado y relevante, se abordan otros procesos de integración y mecanismos de consulta que también promueven acciones con el fin de buscar criterios que faciliten la movilidad humana en la región.

Palabras clave: Movilidad humana, migración regional, procesos de integración, Sudamérica, MERCOSUR, CELAC, derechos humanos.

I. Contexto migratorio en Sudamérica

La movilidad humana ha sido una actividad constante en la historia de la sociedad. Diversos motivos han incentivado a las personas a moverse más allá de sus fronteras. Desde la última década del siglo XX y comienzos del siglo XXI, existe acuerdo en general que las migraciones internacionales han aumentado por diversos factores, entre los cuales se suelen indicar tres grupos. Primero, aquellos derivados de la dinámica social del proceso migratorio, que comprende a la movilidad humana como un fenómeno sociocultural, producto de una larga interacción entre los pueblos más allá de las fronteras nacionales. Segundo, aquellos que llevan como impronta situaciones coyunturales de política, usualmente fuera de un contexto democrático. Y, por último, aquellos en los que se enfatizan en los cambios económicos que en el corto y mediano plazo favorecen nuevas configuraciones de mercados laborales[3]. Por ello, se instala la necesidad de adoptar una nueva manera de organizar, clasificar y controlar los movimientos internacionales de población. Como señalan algunos autores, dichos movimientos están «transformando los Estados y las sociedades de todo el planeta, de manera que afectan las relaciones bilaterales y regionales, la seguridad, la identidad y la soberanía nacional»[4].

Sin embargo, tal como sostienen diversos autores[5], se hace difícil ignorar a los derechos humanos ante la tendencia hacia la democratización y la legalidad. De hecho, con el propósito de obtener la legitimidad para su instrumentación y lograr mayores resultados en la administración eficaz de las migraciones, la perspectiva de la gobernabilidad migratoria se apoya en el discurso de los derechos humanos de los migrantes[6]. Sin embargo, estas políticas que se enmarcan en el amparo y defensa de los derechos humanos desplazan, sin eliminar, a los mecanismos y formas de regulación y control restrictivas y coercitivas con las cuales conviven[7].

En este sentido, por ejemplo, el Pacto Mundial para una Migración Segura, Ordenada y Regular[8] se presenta como una oportunidad para mejorar la

---

3 Castles, S. y Miller, M.: *La era de la migración. Movimientos internacionales de población en el mundo moderno*. Zacatecas, Porrúa-SEBOG-INM, 2004. Castles, S.: «Factores que hacen y deshacen las políticas migratorias», en *Repensando las migraciones. Nuevas perspectivas teóricas y empíricas*. Portes, A. y Dewind, J. Porrúa. México, 2006. Castles, S., De Haas, H. y Miller, M. J.: *The Age of Migration*. Palgrave Macmillan. New York, 5th ed., 2014. Mondol López, L.: «Políticas públicas migratorias: consideraciones preliminares para su discusión», *Estado actual y perspectivas de las políticas migratorias en el MERCOSUR*. Zurbriggen, C. y Mondol López, L. Flacso. Montevideo, 2010. Disponible en: https://unesdoc.unesco.org/ark:/48223/pf0000192508 (Recuperado el 28 de febrero de 2024).

4 Castles, S. y Miller, M.: *La era de la migración..., op. cit*, p. 5.

5 *Ibidem*, p. 217.

6 Rho, M. G.: «Visiones políticas y perspectivas de MERCOSUR, CAN y UNASUR en la construcción de una ciudadanía regional (2002-2016)», en *Estudios Fronterizos*, 19, e015. 2018, p. 4. DOI: https://doi.org/10.21670/ref.1815015.

7 Domenech, E.: «Las migraciones son como el agua»: Hacia la instauración de políticas de «control con rostro humano»: La gobernabilidad migratoria en la Argentina, en *Polis*, vol.12, n.35, ISSN 0718-6568, 2013, p. 2. Disponible en http://dx.doi.org/10.4067/S0718-65682013000200006 (Recuperado el 28 de febrero de 2024).

8 Si bien jurídicamente no es vinculante, se basa en los valores de la soberanía del estado, la responsabilidad compartida, la no discriminación y los derechos humanos y reconoce que se requiere de un enfoque cooperativo para optimizar los beneficios generales de la migración, al tiempo que se abordan los riesgos y desafíos para las personas y las comunidades en los países de origen, tránsito y destino. *Pacto Mundial para una Migración Segura, Ordenada y Regular y del Pacto Mundial sobre Refugiados (A/RES/73/195)* Resolución aprobada por la Asamblea General el 19 de diciembre de 2018. Disponible en https://undocs.org/es/A/RES/73/195 (Recuperado el 28 de febrero de 2024).

gobernabilidad de la migración y afrontar los desafíos asociados con la migración, así como para reforzar la contribución de los migrantes y la migración al desarrollo sostenible. Resulta el primer acuerdo intergubernamental, negociado bajo el auspicio de las Naciones Unidas, cuyo objetivo es cubrir todas las dimensiones de la migración internacional de una manera completa y holística.

Ahora bien, en la región sudamericana, a partir del siglo XXI, se produce una serie de transformaciones significativas respecto del discurso político dominante de los años noventa que se encontraba articulado sobre la base de la «retórica de la exclusión» y se configura una nueva manera de abordar la cuestión migratoria bajo una «retórica de la inclusión». Por un lado, de acuerdo con Domenech[9], la «retórica de la exclusión» refiere a las migraciones regionales como un «problema» que amenaza al empleo, a las condiciones sanitarias, al orden público y a la integración territorial; por lo tanto, se plasma en mecanismos de control de fronteras y residencia restrictivos y coercitivos, así como en prácticas de carácter persecutorio y represivo en relación con la presencia migrante. En un mismo sentido, Mármora[10] indica que ese tipo de retórica, que él llama modelo de la «securitización», es el que tiene como eje la seguridad nacional, social cultural y laboral del país receptor, en el cual se desarrollan las tecnologías más avanzadas de control de fronteras y de residencia de extranjeros. Por otro lado, la «retórica de la inclusión», siguiendo a Domenech[11], está compuesta básicamente por tres elementos: la perspectiva de los derechos humanos, la ciudadanía comunitaria (o bien, la «integración regional») y el pluralismo cultural (o bien, la «integración de los extranjeros»). Los lineamientos y políticas migratorias encuadradas en este enfoque promueven un proceso de accesibilidad desigual, ya que reconocen algunos derechos propios de los ciudadanos, en particular los vinculados al mercado laboral, pero restringen el acceso a otros, como los derechos políticos y de participación. Ello supone una inclusión diferencial, es decir, incluye excluyendo a los migrantes de las estructuras de los Estados nación[12]. Por ello, la inclusión de los migrantes nunca resulta completa, se encuentra sujeta a diferentes grados de subordinación[13].

---

9 DOMENECH, E.: «La visión estatal sobre las migraciones en la Argentina reciente. De la retórica de la exclusión a la retórica de la inclusión», en *Migración y política: el Estado interrogado. Procesos actuales en Argentina y Sudamérica*, DOMENECH, E. (Coord.). Editorial de la Universidad Nacional de Córdoba. Córdoba, Argentina, 2009, pp. 26 y ss.

10 MÁRMORA, L.: «Modelos de gobernabilidad migratoria. La perspectiva política en América del Sur», en *Revista Interdisciplinar da Mobilidade Humana*, vol. 18, núm. 35, julio - diciembre, 2010, p. 76

11 DOMENECH, E.: «La visión estatal sobre las migraciones en la Argentina reciente. De la retórica de la exclusión a la retórica de la inclusión», en ..., *op. cit.*, pp. 22 y ss.

12 MEZZADRA, S. y NEILSON, B.: *La frontera como método, o, la multiplicación del trabajo*, 1ra ed . Tinta Limón. Ciudad Autónoma de Buenos Aires, 2016, p. 249.

13 RHO, M. G.: «Visiones políticas y perspectivas de MERCOSUR, CAN y UNASUR en ..., *op. cit.*, p. 4.

En varios Estados de la región se comenzó a derogar aquellas leyes migratorias que se sustentaban en visiones punitivas, que criminalizaban y estigmatizaban a los migrantes, muchas de ellas adoptadas durante las dictaduras militares. Con el retorno a la democracia, se promovieron leyes que reconocen nuevos derechos a las personas en situación de movilidad. Además, surgen diversos movimientos y organizaciones sociales de migrantes que inician el debate en torno a las nuevas políticas migratorias. En década del 2000, la perspectiva de la gobernabilidad migratoria en la región comienza a acentuarse con la inauguración de la Conferencia Sudamericana de Migraciones (CSM). Incluso, esas transformaciones impactan también en los procesos de integración sudamericanos más relevantes, como en la Comunidad Andina de Naciones (CAN), en el Mercado Común del Sur (MERCOSUR) y en la Unión de Naciones Suramericanas (UNASUR), los cuales comienzan a elaborar propuestas políticas de construcción de una ciudadanía regional[14].

En síntesis, a partir del año 2000, existe un importante consenso entre los autores que consideran que las políticas migratorias regionales desarrolladas en Sudamérica, y el MERCOSUR en particular, son abiertas, liberales, progresistas y se alejan de los paradigmas seguritizas y restrictivos predominantes en Europa y Estados Unidos[15]. Sin embargo, otros autores[16] sostienen que se trata de una brecha discursiva entre declaraciones políticas liberales y leyes nacionales comparativamente restrictivas. La liberalización de las políticas para la circulación de las personas en la región estaría dada por un cambio en el paradigma ideológico[17], como así también, por un

14 *Ibidem*, p. 2.

15 Acosta Arcarazo, D. y Freier, L.: «Turning the Immigration Policy Paradox Upside Down? Populist Liberalism and Discursive Gaps in South America», en *International Migration Review*, 49 (3), 2015, pp. 659-696; Acosta Arcarazo, D. y Freier, L.: «Regional governance of migration in South America», en *Handbook of Migration and Globalisation* A. Triandafyllidou (Ed.). Edward Elgar, Cheltenham, 2018, pp. 69-85; Brumat, L. y Acosta, D.: «Three generations of free movement of regional migrants in MERCOSUR. Any influence from the EU?», en *The Dynamics of Regional Migration Governance*. Geddes, M. Vera Espinoza, L. Hadj Abdou, y L. Brumat (Eds.). Edward Elgar. Cheltenham, 2019, pp. 54-72; Cantor, D.; Freier, L. y Gauci, J. P. (Eds.): *A Liberal Tide? Immigration and Asylum Law and Policy in Latin America*. Institute of Latin American Studies. London, 2015; Lavenex, S.: «Regional migration governance – building block of global initiatives?», en *Journal of Ethnic and Migration Studies*, 45 (8), 2019, pp. 1275-1293; Pérez Vichich, N.: *El Mercosur ampliado: un enfoque alternativo de las políticas públicas sobre movilidad de personas*. Cerqueira Filho, G. (Org.), 2011, pp. 331-343.

16 Acosta Arcarazo, D. y Freier, L.: «Discursos y políticas de inmigración en Sudamérica: ¿hacia un nuevo paradigma o la confirmación de una retórica sin contenido?», en *REMHU: Revista Interdisciplinar da Mobilidade Humana*, 23 (44), 2015, pp. 171-189.

17 Acosta Arcarazo, D. y Freier, L.: «Regional governance of migration in South America», ...*op. cit*.

cambio en las políticas exteriores de los principales referentes regionales, que comenzaron a priorizar a Sudamérica[18].

Luego de este breve recorrido por la dimensión política de las migraciones regionales, que permite replantear y revisar los lineamientos migratorios y así reconfigurar de manera singular la perspectiva de la gobernabilidad migratoria, resulta importante destacar que en la región sudamericana la movilidad humana presenta rasgos distintivos. Se caracteriza por ser una región tanto de origen como de destino de migraciones, incluso de tránsito y de retorno. Frente a los cambios en los contextos locales, regionales y global, la movilidad humana en Sudamérica ha sufrido variaciones en su dirección e intensidad como así también en la composición de la población migrante. En este sentido, se distinguen tres patrones migratorios principales en América del Sur que han protagonizado los recientes cambios: por un lado, la emigración extrarregional y la inmigración extranjera o extrarregional y, por otro lado, la migración intrarregional[19].

I.1. Emigración e inmigración extranjera o extrarregional en América del Sur

En primer lugar, en términos cuantitativos, la región se caracteriza por ser principalmente emisora[20]. La *emigración extrarregional,* es decir, la emigración de nacionales sudamericanos fuera de la región tiene una larga historia en América del Sur. Sin embargo, durante las últimas décadas, las carencias

---

18 BRUMAT, L.: «Four Generations of Regional policies for the (free) movement of persons in South America (1977-2016)», en *Regional Integration and Migration in the Global South*, K. Marchand, G. Rayp, y R. Ilse (Eds.). Springer- United Nations University. New York, 2020.

19 De acuerdo con la información estadística oficial que recoge la Unidad de Análisis Migratorio de la Oficina Regional de la ORGANIZACIÓN INTERNACIONAL PARA LAS MIGRACIONES en el *Informe Migratorio Sudamericano Tendencias Migratorias en América del Sur*, N°1, 2017. Disponible en https://robuenosaires.iom.int/es/resources/sp/en-tendencias-migratorias-en-america-del-sur-no1-2017 (Recuperado el 28 de febrero de 2024), como así también en el *Informe Anual 2022 sobre Movimientos migratorios recientes en América del Sur* de la ORGANIZACIÓN INTERNACIONAL PARA LAS MIGRACIONES (OIM) y del FORO ESPECIALIZADO MIGRATORIO DEL MERCOSUR Y ESTADOS ASOCIADOS (FEM), ISBN 978-92-9268-492-1 (PDF), Buenos Aires, 2022. Disponible en https://www.mercosur.int/movimientos-migratorios-recientes-en-america-del-sur-2022/ (Recuperado el 28 de febrero de 2024).

20 Según las estimaciones publicadas por el Departamento de Asuntos Económicos y Sociales de Naciones Unidas respecto de la población migrante en América del Sur, entre 2015 y 2020 se registró un aumento de 5,8 millones en el número total de emigrantes de origen sudamericano a nivel mundial, pasando de 11,8 millones a 17,6 millones en un lustro, implicando un crecimiento del 49 %. DEPARTAMENTO DE ASUNTOS ECONÓMICOS Y SOCIALES DE NACIONES UNIDAS (DAES). *International Migrant Stock*, 2020. Disponible en Disponible en https://www.un.org/development/desa/pd/content/international-migrant-stock (Recuperado el 28 de febrero de 2024).

sociales, las desigualdades económicas y la inestabilidad política han contribuido al aumento de la población que emigra de la región. Entre los Estados con mayor población emigrada fuera de sus territorios, hasta mediados del año 2020, se encuentra la República Bolivariana de Venezuela con 5,4 millones, seguida por Colombia con 3 millones y, en tercer lugar, el Brasil, con casi 1,9 millones de emigrados. Entre los principales destinos de la población sudamericana emigrada fuera de la región continúan siendo los países del norte desarrollado, principalmente Estados Unidos, España, Italia, Canadá y Japón[21].

En cuanto a la *inmigración extranjera extrarregional* en Sudamérica también ha experimentado un crecimiento considerable en los últimos años y una diversificación de los países de origen y destino. Así, por ejemplo, según los informes de la Organización Internacional para las Migraciones (OIM)[22], entre la migración caribeña hacia el Sur se destaca la emigración de nacionales de República Dominicana, de Haití y de Cuba. Además, la inmigración Sur-Sur que, si bien no es un fenómeno nuevo en la región, exhibe un aumento de la migración desde África y Asia como consecuencia de las políticas más restrictivas en Europa y América del Norte, junto con la liberalización de visados de algunos países sudamericanos. Por otro lado, la migración Norte–Sur presenta procesos con bajo impacto poblacional, pero a su vez crecientes por el componente de nacionales de la región con doble ciudadanía entre los recién llegados (migración de retorno de ciudadanos sudamericanos a sus lugares de origen).

Los flujos migratorios extrarregionales comprenden diversos tipos de migrantes, entre los cuales se encuentran migrantes económicos, migrantes irregulares y refugiados o solicitantes de asilo. La inmigración no sudamericana presenta rasgos de mayor vulnerabilidad en comparación con los migrantes regionales, toda vez que deben enfrentar desafíos relacionados con el acceso a la condición migratoria regular, al trabajo formal y protegido, a las barreras lingüísticas y culturales, entre otros aspectos.

21 De acuerdo con la información estadística oficial que recoge la Unidad de Análisis Migratorio de la Oficina Regional de la ORGANIZACIÓN INTERNACIONAL PARA LAS MIGRACIONES en el *Informe Migratorio Sudamericano Tendencias Migratorias en América del Sur*, N°1, 2017. Disponible en https://robuenosaires.iom.int/es/resources/sp/en-tendencias-migratorias-en-america-del-sur-no1-2017 (Recuperado el 28 de febrero de 2024), como así también en el Informe Anual 2022 sobre Movimientos migratorios recientes en América del Sur de la Acuerdo de Integración Subregional Andino ASOCIADOS (FEM), ISBN 978-92-9268-492-1 (PDF), Buenos Aires, 2022. Disponible en https://www.mercosur.int/movimientos-migratorios-recientes-en-america-del-sur-2022/

22 ORGANIZACIÓN INTERNACIONAL PARA LAS MIGRACIONES, *Informe Migratorio Sudamericano Tendencias Migratorias en América del Sur*, N°1, 2017. Disponible en https://robuenosaires.iom.int/es/resources/sp/en-tendencias-migratorias-en-america-del-sur-no1-2017 (Recuperado el 28 de febrero de 2024).

I.2. Migración intrarregional en Sudamérica

La *migración intrarregional* en América del Sur ha sido una constante a lo largo de su historia. La conformación de los Estados independientes en Latinoamérica trajo aparejada la delimitación de las fronteras políticas que provocó, en algunos casos, la división artificial de regiones cuyas poblaciones compartían identidades e historias comunes, así como frecuentes desplazamientos de población y complementariedad territorial. La consolidación de estos nuevos Estados nacionales promovió el abordaje de la cuestión migratoria en las relaciones entre los Estados limítrofes, siendo en algunos casos fuente de conflictos y tensiones[23].

Desde finales del siglo XIX la región sudamericana ha atravesado diversas etapas migratorias. Con motivo de la Segunda Guerra Mundial, la región recibió una abundante migración transatlántica, en particular, en países como Argentina[24] y Brasil, pero también, aunque en menor medida, Uruguay, Chile, Perú y Venezuela. En esa etapa, los movimientos migratorios transfronterizos intrarregionales, motivados en algunos casos por demandas laborales estacionales en el sector agrario, tuvieron lugar con una menor magnitud[25].

La migración intrarregional adquiere notoriedad una vez finalizada la etapa de la migración transatlántica durante las guerras mundiales y a partir del rápido crecimiento económico de postguerra en algunos Estados de la región. Se fueron conformando sistemas migratorios subregionales, uno en el Cono Sur, con el centro de atracción en la Argentina, y luego otro con centro de atracción en Venezuela[26]. Sin embargo, dada la crisis política, social y económica que atraviesa Venezuela desde el año 2013, ello cambió rotundamente[27].

---

23 COMISIÓN ECONÓMICA PARA AMÉRICA LATINA Y EL CARIBE (CEPAL). *Migración internacional, derechos humanos y desarrollo*, 2006, p. 87 y ss. Disponible en https://www.cepal.org/es/publicaciones/4206-migracion-internacional-derechos-humanos-desarrollo (Recuperado el 28 de febrero de 2024).

24 El proceso migratorio argentino ha sido muy comentado por diversos especialistas El país recibió un notable impacto desde el punto de vista demográfico y social, dado que la población creció de 1.7 millones de habitantes en 1869 a casi 7.9 millones en 1914, explicándose más de la mitad de dicho crecimiento por la migración, todo ello conforme revela el estudio llevado a cabo por RECCHINI DE LATTES, Z. y LATTES, A. Migraciones en la Argentina, estudio de las migraciones internas e internacionales, basado en datos censales, 1869-1960. Centro de Investigaciones Sociales, Instituto Torcuato di Tella. Buenos Aires, 1969.

25 CEVA, M.: «La migración limítrofe hacia Argentina en la larga duración» en *Migraciones regionales hacia la Argentina. Diferencia, desigualdad y derechos*. Eds. Grimson A. and Jelin E. Prometeo. Buenos Aires, 2006.

26 ORGANIZACIÓN INTERNACIONAL PARA LAS MIGRACIONES: «Evaluación del Acuerdo de Residencia del MERCOSUR y su incidencia en el acceso a derechos de los migrantes», en *Cuadernos Migratorios*, Núm. 9. OIM. Buenos Aires, enero, 2018, p. 23.

27 FITZ PATRICK, M.: «Las radicaciones de venezolanos en Argentina se quintuplicaron en los últimos dos años», en *Infobae*. 25 de febrero de 2019.

En las últimas décadas, los flujos migratorios en la región, no sólo entre países limítrofes o cercanos, se han transformado, intensificado y complejizado[28]. Los cambios políticos y económicos acaecidos han forjado un aceleramiento de la movilidad de personas en Sudamérica. Esa dinámica ha conducido a nuevas formas y estructuras de las sociedades, repercutiendo directamente en los procesos de desarrollo de los países y de la región en su conjunto[29].

La migración intrarregional se ha consolidado a lo largo de los últimos años principalmente por diversos factores: políticas restrictivas de ingreso y acceso a la residencia en países desarrollados (como la intensificación de barreras migratorias en los Estados del Norte), en especial para los migrantes en situación administrativa irregular; la crisis económica internacional (en particular, en los Estados Unidos y en Europa) y sus impactos en los sectores que generan oportunidades laborales para los migrantes en países ricos; los contextos económicos, sociales y demográficos más favorables de la región (mayores oportunidades laborales y marcos normativos más benéficos); los desplazamientos forzosos como producto de conflictos armados (en países como Colombia y Venezuela); movilidades territoriales asociadas a desastres naturales y el cambio climático, entre otros[30]. Hacia mediados del año 2020, el carácter intrarregional de la migración en América del Sur señala un aumento significativo: el 79 % de la población migrante es de origen sudamericano. Incluso, también se ha intensificado el número de personas residiendo en le región (tanto extrarregionales como sudamericanos)[31].

La movilidad territorial en la región se caracteriza por sistemas migratorios de larga data y la conformación de algunos corredores migratorios recientes, como así también, por la flexibilidad y sensibilidad a las coyunturas eco-

28 INSTITUTO DE POLÍTICAS EN DERECHOS HUMANOS DEL MERCOSUR y ORGANIZACIÓN INTERNACIONAL PARA LAS MIGRACIONES: *Migración, derechos humanos y política migratoria*. Serie Migración y Derechos Humanos. IPPDH y OIM. Primera edición, Ciudad de Buenos Aires, 2016, p. 7.

29 Ver el trabajo coordinado por Zurbriggen, C. y Mondol, L.: *Estado actual y perspectivas de las políticas migratorias en el MERCOSUR*. FLACSO. Montevideo, 2010. Disponible en: https://unesdoc.unesco.org/ark:/48223/pf0000192508 (Recuperado el 28 de febrero de 2024).

30 ORGANIZACIÓN INTERNACIONAL PARA LAS MIGRACIONES: «Evaluación del Acuerdo de Residencia del MERCOSUR ..., *op. cit.*, p. 23 y 24; e *Informe Migratorio Sudamericano Tendencias Migratorias en América del Sur*, N°1, 2017. Disponible en https://robuenosaires.iom.int/es/resources/sp/en-tendencias-migratorias-en-america-del-sur-no1-2017. (Recuperado el 28 de febrero de 2024).

31 Según las estimaciones publicadas por el Departamento de Asuntos Económicos y Sociales de Naciones Unidas en los últimos 5 años, se pasó de 6 millones a casi 11 millones, casi una duplicación. DEPARTAMENTO DE ASUNTOS ECONÓMICOS Y SOCIALES DE NACIONES UNIDAS (DAES). *International Migrant Stock*, 2020. Disponible en Disponible en https://www.un.org/development/desa/pd/content/international-migrant-stock (Recuperado el 28 de febrero de 2024).

nómicas de expansión y retracción[32]. Por ello, ante un escenario migratorio en el que se advierten movimientos de diversa naturaleza, provocados por distintos factores y constituidos por una variedad de perfiles de migrantes se han generado nuevos desafíos en materia de gobernanza migratoria[33]. Los Estados de la región han actuado frente a estos cambios mediante una serie de medidas normativas e institucionales, facilitando que las migraciones tiendan a desarrollarse de manera regular y segura para las personas migrantes[34].

En los últimos años se ha producido un giro humanístico, tanto a nivel doméstico como interregional, así como en los procesos de integración (CAN, MERCOSUR, UNASUR) y en los mecanismos consultivos de migraciones (como por ejemplo la Conferencia Sudamericana de Migraciones). Dichos procesos confluyen y se retroalimentan, e incorporan la cuestión de migrar con derechos en la normativa local, heredada en gran medida de gobiernos no democráticos, reemplazada por marcos regulatorios diseñados bajo la perspectiva de los derechos humanos[35] y de carácter internacional. Es decir que, la perspectiva de derechos humanos ha sido adoptada paulatinamente en diversos niveles, no sólo en el ámbito internacional y en los procesos de integración regional, sino también en los procesos consultivos de migración y en políticas y legislaciones locales.

II. Procesos consultivos sobre migración en Sudamérica

Existen varios espacios de diálogo sobre migraciones que se reconocen como «parte vital de los procesos de integración»[36], toda vez que adoptan

---

32 ORGANIZACIÓN INTERNACIONAL PARA LAS MIGRACIONES: «Evaluación del Acuerdo de Residencia del MERCOSUR ...,*op. cit.*, p. 24.

33 La gobernabilidad migratoria se define, conforme indica Mármora, como «el ajuste entre las percepciones y demandas sociales sobre las causas, características, y efectos de los movimientos migratorios; y las posibilidades e intencionalidad de los Estados para dar respuestas a dichas demandas en un marco de legitimidad y eficacia». Mármora, L. «Modelos de gobernabilidad migratoria... *op. cit.*, p. 71.

34 Presentación del Director Regional de la OIM, Diego Beltrand en ORGANIZACIÓN INTERNACIONAL PARA LAS MIGRACIONES: «Evaluación del Acuerdo de Residencia del MERCOSUR ..., *op. cit.*, p. 11.

35 García, L.: «Migraciones, Estado y una política del derecho humano a migrar: ¿hacia una nueva era en América Latina?», en Colombia Internacional, Universidad de Los Andes, núm. 88, 2016, pp. 107-133. Disponible en https://www.redalyc.org/journal/812/81247545006/html/ (Recuperado el 28 de febrero de 2024).

36 INSTITUTO DE POLÍTICAS EN DERECHOS HUMANOS DEL MERCOSUR y ORGANIZACIÓN INTERNACIONAL PARA LAS MIGRACIONES: *Migración, derechos humanos y política migratoria...*, *op. cit.*, p. 33.

la perspectiva de la gobernabilidad migratoria[37] que incluye el abordaje de los derechos humanos[38]. Esta perspectiva se presenta como «contrapeso» de la idea de «gestión» migratoria, más cercana al control o «contención» de la migración[39].

Los Mecanismos de Consulta Interestatales sobre Migración[40] son instancias de diálogos permanentes entre los Estados para compartir información y políticas en el ámbito regional, interregional (entre dos o más regiones) o mundial, con interés en promover la cooperación en el ámbito de la migración. Asimismo, con el objetivo de consolidar la visión global de gobernabilidad de las migraciones, la OIM conforma Procesos Regionales Consultivos (PRC) sobre Migración, es decir, mecanismos interestatales de consulta sobre temas migratorios que consisten en diálogos regionales permanentes entre los Estados que comparten políticas y datos con el objetivo de discutir alguna cuestión migratoria en particular.

Los procesos consultivos regionales, iniciados la mayoría de ellos hacia mediados de la década de los noventa, especialmente a partir de la Conferencia Internacional sobre la Población y el Desarrollo realizada en El Cairo en 1994, conforme sostiene Domenech[41] «son la cristalización de procesos

---

37 Entendida como «un proceso en el que el marco conjunto de normas jurídicas y estructuras orgánicas regulan y determinan el actuar de los Estados en respuesta a la migración internacional al abordar derechos y obligaciones y fomentar la cooperación internacional» conforme ALTO COMISIONADO DE NACIONES UNIDAS PARA LOS DERECHOS HUMANOS, MIGRACIÓN Y DERECHOS HUMANOS. *Mejoramiento de la gobernanza basada en los derechos humanos de la migración internacional*, 2013. Disponible en: http://bit.ly/2cBABKo (Recuperado el 28 de febrero de 2024).

38 Los derechos humanos tienen un rol central, sea como la «dimensión ética en el planteo y desarrollo de las políticas migratorias» (conforme indica Mármora), como un factor de «rebalanceo» que permitiría inclinar la política hacia una de fronteras abiertas (según Bruch) o hasta como el «eslabón perdido» para generar políticas migratorias más eficaces (como indica Ghosh), en INSTITUTO DE POLÍTICAS EN DERECHOS HUMANOS DEL MERCOSUR y ORGANIZACIÓN INTERNACIONAL PARA LAS MIGRACIONES: *Migración, derechos humanos y política migratoria..., op. cit.*, p. 34.

39 *Conferencia Sudamericana de Migraciones, Plan sudamericano de desarrollo humano de las migraciones, contexto y perspectivas*, Documento aprobado en la Décima Conferencia Sudamericana de Migraciones Cochabamba, Estado Plurinacional de Bolivia, 25 y 26 de octubre de 2010. Disponible en: http://bit.ly/2dsi992 (Recuperado el 28 de febrero de 2024).

40 Ver *Mecanismos de Consulta Interestatales sobre Migración* https://www.iom.int/es/mecanismos-de-consulta-interestatales-sobre-migracion#:~:text=Los%20Mecanismos%20de%20Consulta%20Interestatales,en%20el%20campo%20de%20la (Recuperado el 28 de febrero de 2024). Una de las estrategias de la OIM en el ámbito de las políticas migratorias consiste en contribuir al diálogo. Su participación en estos mecanismos apunta a proveer apoyo técnico basado en evidencias, otorgando información y promoviendo la elaboración de políticas en el ámbito de la gobernanza migratoria, con el fin de avanzar en la comprensión multilateral y en la acción concreta sobre temas migratorios.

41 DOMENECH, E.: «Las migraciones son como el agua»..., *op. cit.*, p. 124.

y proyectos de más amplio alcance» que «surgieron frente a la constatación de que los Estados no pueden manejar la migración de manera unilateral»[42].

II.1. Conferencia Sudamericana de Migraciones (CSM)

En el ámbito sudamericano, la perspectiva de la gobernabilidad migratoria se acentúa a comienzos de la década del 2000 con la inauguración de la Conferencia Sudamericana de Migraciones (CSM)[43], también conocido como «Proceso de Lima». Este espacio de diálogo y coordinación de políticas migratorias integrado por los doce Estados de la región impulsa una dinámica de regionalización de las políticas migratorias, generando mayores grados de compatibilización y convergencia en los lineamientos impulsados por los procesos de integración en Sudamérica.

Los Estados de la región han entendido este espacio como un complemento de los esquemas de integración regional, como la CAN y el MERCOSUR[44]. Incluso, a partir del año 2006, se presentan dos instancias en los mecanismos de diálogo entre los procesos de integración regional y la CSM. Por un lado, los acuerdos alcanzados en la CSM comienzan a considerarse puntos centrales y las bases para avanzar en debates al interior de los foros migratorios o de los lineamientos impulsados por CAN, MERCOSUR y UNASUR. Y, por otro lado, con el fin de tener mayor incidencia y poder de negociación en la CSM, tanto el MERCOSUR, la CAN y la UNASUR empiezan a coordinar agendas de trabajo para proponer en las reuniones de la CSM, pasando a ocupar un rol protagónico en el planteo de los temas por tratar, como así también en las orientaciones de los lineamientos consensuados[45].

Siguiendo las visiones globales, la agenda de la CSM enfatizó la gestión de los flujos migratorios a través de la gobernabilidad migratoria, incluyendo

---

42 Hansen, R.: «An Assessment of Principal Regional Consultative Processes on Migration» en *IOM Migration Research*, Series, N° 38. OIM. Ginebra, 2010.

43 Ver *Conferencias Suramericanas sobre Migraciones (Proceso Lima)* https://www.iom.int/es/conferencia-suramericana-sobre-migraciones (Recuperado el 28 de febrero de 2024). La CSM cuenta con una Secretaría Técnica que recibe apoyo técnico y administrativo de la OIM.

44 Santi Pereyra, S.: «El nuevo orden migratorio global: El papel de la Organización Internacional para las Migraciones (OIM) en la Conferencia Sudamericana sobre Migraciones», trabajo presentado en el *V Encuentro del Centro de Reflexión en Política Internacional (CERPI)*/ III Jornadas del Centro de Estudios Sudamericanos (CENSUD), Universidad Nacional de La Plata, Argentina, 2011, p. 5. Disponible en https://www.researchgate.net/publication/322103570_El_nuevo_orden_migratorio_global_el_papel_de_la_Organizacion_Internacional_para_las_Migraciones_OIM_en_la_Conferencia_Sudamericana_sobre_Migraciones (Recuperado el 28 de febrero de 2024).

45 Rho, M. G.: «Visiones políticas y perspectivas de MERCOSUR, CAN y UNASUR en ..., *op. cit.*, p. 5.

el tratamiento tanto del desarrollo como de los derechos humanos. En este sentido, como sostiene Santi, «la gobernabilidad migratoria ha sido un foco de desarrollo teórico y de atención para la OIM en Latinoamérica desde los noventa», y ha continuado en esa dirección[46]. Sin embargo, la perspectiva de la gobernabilidad migratoria no es necesariamente una visión integral y unívoca, toda vez que su desarrollo difiere según los intereses de los actores políticos implicados y de las especificidades del contexto sociohistórico en las que se arraiga[47].

En la región sudamericana, durante los últimos años se han acentuado los elementos vinculados con la defensa de los derechos humanos del migrante como centro de sus propuestas y se impulsan lineamientos y políticas orientadas a la regularización de los migrantes, como así también, se incorpora la categoría de ciudadanía para enmarcar la ampliación de derechos en el marco de los organismos de integración regional[48], avanzando en la perspectiva de la libre movilidad en la región.

II.2. Otros procesos consultivos regionales

Existen también otros procesos consultivos en los que participan Estados de la región[49] como, por ejemplo, la Conferencia Regional sobre Migraciones (CRM), conocida también como «Proceso Puebla», creada en 1996 en ocasión de la Cumbre Presidencial Tuxtla II, con el fin de coordinar políticas y promover la cooperación sobre migración entre sus once Países Miembros[50].

Otro foro interregional sobre migración que comprende países de la región sudamericana es la Red Iberoamericana de Autoridades Migratorias (RIAM)[51], creada en el año 2012 en el marco del II Congreso Iberoamericano de Autoridades Migratorias realizado en Medellín, Colombia. Esta red fue concebida como un espacio para el intercambio de buenas prácticas y cooperación entre las autoridades migratorias participantes. Sus objetivos principales son el fortalecimiento de la cooperación técnica y científica de

46 Santi Pereyra, S.: «El nuevo orden migratorio global ..., *op. cit.* p. 5.

47 Domenech, Eduardo: «Las migraciones son como el agua» ..., *op. cit.*, p. 125.

48 Rho, M. G.: «Visiones políticas y perspectivas de MERCOSUR, CAN y UNASUR en ..., *op. cit.*, p. 5.

49 Tienen estatus de observadores: Argentina; Colombia; Ecuador; Jamaica; Perú.

50 En la actualidad son Países Miembro: Belice, Canadá, Costa Rica, El Salvador, Estados Unidos, Guatemala, Honduras, México, Nicaragua, Panamá y República Dominicana. Ver *Conferencia Regional sobre Migración (CRM)* https://crmsv.org/ (Recuperado el 28 de febrero de 2024).

51 Ver *Red Iberoamericana de Autoridades Migratorias (RIAM).* Disponible en https://www.iom.int/es/red-iberoamericana-de-autoridades-migratorias-riam (Recuperado el 28 de febrero de 2024).

carácter migratorio; la consolidación de mecanismos para el intercambio de información; la capacitación de funcionarios; el intercambio de buenas prácticas en el control migratorio; la institucionalización de la operativización de los procesos migratorios en los países miembros; y el establecimiento de alianzas estratégicas para la lucha contra los delitos transnacionales asociados a la migración.

Como se observa existe una multiplicidad de foros, mecanismos y espacios que tienen el mismo fin que la RIAM, como la CSM, la CRM y el Foro Especializado Migratorio de MERCOSUR. Además, el carácter informal y no vinculante de este espacio genera un bajo nivel de compromiso por parte de los Estados miembros, al momento de impulsar internamente los compromisos adquiridos[52]. Por ello, resulta apropiado considerar en cada espacio los compromisos asumidos para la región a fin de evitar la duplicidad o incongruencia sobre los mismos temas, y promover los esfuerzos en asociarse oficialmente con instituciones regionales que permitan cooperar en la gestión migratoria.

III. Procesos de integración regional y movilidad humana en Sudamérica

La integración en la región resulta una constante aspiración latinoamericana. Diversos intentos, algunos más efectivos que otros y con diferente vocación de permanencia y/o perdurabilidad, han sucedido en las últimas décadas. En general, los Estados sudamericanos reconocen que el «mercado regional» es un objetivo estratégico ante las diezmadas economías nacionales que se presentan, en más de una ocasión, como un obstáculo cuasi permanente para el desarrollo y crecimiento de sus pueblos, aunque no sea este el único[53]. De hecho, la integración suramericana presenta innumerables conquistas que han contribuido a la consolidación de la de-

52 Ver ORGANIZACIÓN INTERNACIONAL PARA LAS MIGRACIONES (OIM) MISIÓN COLOMBIA: Fortalecimiento de la Red Iberoamericana de Autoridades Migratorias -RIAM Oportunidades para el Desarrollo. Bogotá, Colombia, 2020. Disponible en http://hdl.handle.net/20.500.11788/2295 (Recuperado el 28 de febrero de 2024).

53 Barón Knoll, S.: «Fortalezas y debilidades del MERCOSUR a 25 años de su creación. Alternativas para su desarrollo», en *Anuario Argentino de Derecho Internacional*, Vol. XXV, 2016, p. 265. Sobre la integración latinoamericana en general ver Guerra Borges, A.: *Globalización e integración latinoamericana*, Siglo XXI, Buenos Aires, 2002. Zelada Castedo, A.: «Perspectiva histórica del proceso de integración latinoamericana», en *Revista Ciencia y cultura*, 17, 2005, pp. 113-120. Briceño Ruiz, J.; Quintero Rizzuto, M. L.; Ruiz, D.: «El pensamiento estructuralista de la CEPAL sobre el desarrollo y la integración latinoamericana: reflexiones sobre su vigencia actual», en *Aportes para la integración latinoamericana*, 19, 2013, pp. 1-34. Barrenengoa, A.: «El proceso de integración latinoamericana: claves, conflictos y perspectivas de análisis», en *Cuestiones de Sociología*, 13, 2015.

mocracia, el respeto del Estado de derecho, los derechos humanos y la construcción y consolidación de una zona de paz en la región[54].

En búsqueda de respuestas comunes para la gestión de la movilidad humana en la región, los Estados crearon mecanismos que favorecen la movilidad intrarregional mediante la aprobación de nuevos marcos normativos e institucionales a nivel nacional y de acuerdos de integración a nivel regional. Así, a través de los diversos procesos de integración regional y mecanismos de consulta alentaron particularmente la migración intrarregional al promover la libre circulación y la residencia permanente de los ciudadanos en la región, facilitando la entrada, los procedimientos migratorios y el acceso a la documentación y los derechos sociales de los migrantes en el marco de la creación de mercados comunes y, posteriormente, de espacios comunitarios[55].

Dado el carácter intergubernamental de los diversos proyectos de integración suramericanos son los gobiernos de los Estados miembro en el ejercicio del poder quienes fijan de manera unilateral las pautas del proceso integracionista. Por ello, además del MERCOSUR, que se erige como el proceso de mayor desarrollo, el bloque más avanzado y relevante[56], otros procesos de integración también promueven acciones con el fin de buscar criterios que faciliten la movilidad humana en la región, la libre circulación y la residencia de los ciudadanos de los Estados Parte, como la Comunidad Andina de Naciones (CAN) o la Unión de Naciones Suramericanas (UNASUR). Si bien presentan algunos matices respecto de los derechos que resguardan a los migrantes regionales, en general, los requisitos que se solicitan para tramitar la residencia, el alcance de los acuerdos y las formas de conceptualizar la ciudadanía regional, conllevan a nuevas formas de adhesión e «inclusión» de los migrantes regionales a los Estados nación[57]. No obstante, si se analiza la normativa respectiva, aún restan algunos aspectos sin resolver.

---

54 GUARDATTI, G. A.: «Breve reseña sobre el derecho humano de libre circulación de personas y su reconocimiento en el MERCOSUR», en FERNÁNDEZ SOLA, N.: *Fronteras del siglo XXI ¿Obstáculos o puentes? In memoriam Profesor Ángel G. Chueca Sancho*. Tirant lo Blanch. Valencia, 2018, p. 87. MUSSO, J. A.: «El MERCOSUR como zona de paz y cuestiones conexas», en *La integración iberoamericana (SICA y MERCOSUR) y europea (UE) ante la Alianza del Pacífico (AP)*, dirección de PÉREZ SÁNCHEZ, G. A. e IGLESIAS SEGURA, R.. Ediciones universitarias de Valparaíso, Pontificia Universidad Católica de Valparaíso, Primera Edición, ISBN: 978-956-17-1013-9. Santiago de Chile, 2022, pp. 463 y ss.

55 COMISIÓN ECONÓMICA PARA AMÉRICA LATINA Y EL CARIBE (CEPAL). *Migración internacional, derechos humanos y desarrollo*, 2006, p. 87 y ss. Disponible en https://www.cepal.org/es/publicaciones/4206-migracion-internacional-derechos-humanos-desarrollo (Recuperado el 28 de febrero de 2024).

56 MODOLO, V.: «La movilidad territorial en el Mercado Común Europeo y Mercosureño», en *Migraciones y Mercosur: una relación inconclusa*. Catálogos. Buenos Aires, 2010, pp. 29-50.

57 RHO, M. G.: «Visiones políticas y perspectivas de MERCOSUR, CAN y UNASUR en ..., *op. cit.*, p. 3.

III.1. La Comunidad Andina de Naciones (CAN)

La Comunidad Andina de Naciones (CAN) surge con la firma del Acuerdo de Integración Subregional Andino[58] el 26 de mayo de 1969 en la Ciudad de Cartagena, entre Bolivia, Colombia, Chile, Ecuador y Perú. Este Tratado Constitutivo puso en marcha el proceso andino de integración (conocido también como Pacto Andino, Grupo Andino o Acuerdo de Cartagena)[59], con el propósito de mejorar el nivel de vida de sus habitantes mediante la integración y la cooperación económica y social. En la actualidad, Bolivia, Colombia, Ecuador y Perú son Países miembros[60]; mientras que Argentina, Brasil, Chile, Paraguay y Uruguay son Países asociados.

El principal objetivo de la CAN consiste en lograr un desarrollo integral, igualitario y autónomo, a través de la integración andina, sudamericana y latinoamericana. Para ello, los Estados miembros acuerdan políticas y proyectos conjuntos en áreas políticas, sociales, culturales, ambientales y comerciales, entre otros.

Entre algunos de sus logros se destaca el reconocimiento de una «ciudadanía andina», toda vez que permite que los ciudadanos andinos puedan participar de forma activa en el proceso de integración a través de diferentes instituciones e instancias del Sistema Andino de Integración de la Comunidad Andina, como son las mesas y consejos andinos, espacios en los cuales las autoridades de gobierno y representantes de la sociedad civil acuerdan y definen, diferentes asuntos de su interés. Por ejemplo, mediante el Consejo Consultivo de los Pueblos Indígenas de la Comunidad Andina, instancia consultiva creada por la Decisión 674 de 2007[61].

La CAN comienza a impulsar lineamientos en clave de ciudadanía a partir del año 2008, cuando se crea el Foro Andino Migratorio (FAM). En este espacio se promueven nuevas perspectivas para abordar temáticas migrato-

58 El Acuerdo de Cartagena fue modificado luego por el Protocolo de Trujillo del 10 de marzo de 1996 y por el Protocolo de Sucre del 25 de mayo de 1997. Disponible en Acuerdo de Cartagena (Pacto Andino) - Acuerdo de Integración Subregional (1969) - Derecho Internacional Público - dipublico.org (Recuperado el 28 de febrero de 2024).Ver CONTIPELLI, E.: «La Comunidad Andina de Naciones y la evolución del proceso de integración socioeconómico en Latinoamérica», en *Estudios de Deusto: Revista de Derecho Público*, 64, 2016, pp. 261-280.

59 Maraniello, P. A. y Cohn, S. N.: *Tratado de Derecho de la Integración*. Cathedra Jurídica. Tomos II. Buenos Aires, 2014, p. 287.

60 Chile se retiró en el año 1976. Venezuela se incorporó en el año 1973 y se retiró en el año 2006.

61 Decisión 674 del Consejo Consultivo de los Pueblos Indígenas de la Comunidad Andina, adoptada en la XI Reunión Extraordinaria del Consejo Andino de Ministros de Relaciones Exteriores, el 26 de Setiembre de 2007, en Nueva York, Estados Unidos de América. Disponible en https://www.comunidadandina.org/StaticFiles/DocOf/DEC674.pdf (Recuperado el 28 de febrero de 2024).

rias, las que se materializan en el año 2015 con la aprobación de la Decisión 1343 Estatuto Andino de la Movilidad Humana[62]. Esta propuesta normativa reúne y sistematiza los avances alcanzados respecto a la movilidad humana en instrumentos tales como: Decisiones, Convenios, Tratados, Decretos, Recomendaciones, Estatutos Migratorios Binacionales, instrumentos normativos internacionales aprobados por otros organismos de integración como el MERCOSUR y Leyes Nacionales. Sin embargo, esta Decisión 1343 no logra superar la vinculación entre migración, trabajo y residencia. Entre otros aspectos, al igual que en el MERCOSUR, tampoco se avanza de forma significativa y novedosa en la ampliación de derechos políticos, toda vez que no elabora una propuesta que tensione lo establecido en las legislaciones nacionales y que cuestione la perspectiva que reduce los derechos políticos a la participación electoral[63].

Es en el año 2021, cuando la CAN aprobó el Estatuto Migratorio Andino[64] que establece las disposiciones en relación con la circulación de los ciudadanos andinos. Para ello determina criterios y definiciones sobre la Residencia Temporal Andina y la Residencia Permanente Andina, como así también los requisitos para cada una de estas calidades migratorias. En el primer caso, aquellos ciudadanos andinos que deseen residir en un País Miembro, distinto al de su nacionalidad podrás solicitarla hasta 2 años. Luego de esos 2 años, los ciudadanos podrán solicitar la Residencia Permanente Andina que deberá ser tramitada dentro de los noventa (90) días anteriores al vencimiento de la primera.

Por otro lado, el Estatuto Migratorio Andino establece en el Capítulo II los derechos y deberes vinculados con la circulación y la residencia, entre los cuales se encuentran el derecho a la no discriminación, la prohibición de la criminalización, el trato nacional, la reunificación familiar, el derecho a la educación, el derecho al sufragio en el ámbito local y la transferencia de remesas. Y aclara en el artículo 11 que: «Los ciudadanos andinos que hayan ejercido el derecho de circulación o de residencia reconocido en el presente Estatuto, se encuentran obligados al cumplimiento de la normativa interna de cada País Miembro».

62 Decisión 1343 Estatuto Andino de Movilidad Humana, aprobado por el Parlamento Andino, Comunidad Andina de Naciones, el 24 de abril de 2015, en Medellín, Colombia. Disponible en https://biblioteca-parlamentoandino.janium.net/janium/Referen/Marcos_Normativos/Movilidad_humana_web.pdf(Recuperado el 28 de febrero de 2024).

63 Rho, M. G.: «Visiones políticas y perspectivas de MERCOSUR, CAN y UNASUR en ..., *op. cit.*, p. 9.

64 Decisión N° 878 Estatuto Migratorio Andino, aprobado por el Consejo Andino de Ministros de Relaciones Exteriores, el 12 de mayo de 2021, en Lima, Perú. Disponible en https://www.comunidadandina.org/DocOficialesFiles/Gacetas/Gaceta%204239.pdf (Recuperado el 28 de febrero de 2024).

Además, los Países Miembros de la CAN han implementado el uso de la Tarjeta Andina de Migración (TAM)[65] electrónica para facilitar y simplificar el control del movimiento de personas que ingresan y salen del territorio andino, entre otras decisiones que buscan brindar protección y asistencia a los ciudadanos andinos.

III.2. El Mercado Común del Sur (MERCOSUR)

El Mercado Común del Sur (MERCOSUR) constituye el proceso de integración de mayor historia, dinámico[66] y abierto[67] para los pueblos de Sudamérica en materia comercial, política, educativa y migratoria, entre otros pilares fundamentales. Este proceso tiene su origen con la firma del Tratado de Asunción (TA) el 26 de marzo de 1991. La República de Argentina, la República Federativa del Brasil, la República del Paraguay y la República Oriental del Uruguay son los Estados Parte signatarios y fundadores del MERCOSUR. Luego, la República Bolivariana de Venezuela[68] se constituyó en el primer Estado en adherirse en 2006 y, posteriormente, el Estado Plurinacional de Bolivia[69] en 2015. Actualmente, son Estados Asociados al MERCOSUR la República de Chile, la República de Colombia, la República del Ecuador, la República Cooperativa de Guyana, la República de Perú y la República de Surinam.

65 De acuerdo con las condiciones y características previstas en la Decisión 397 y de la Resolución 527 de la CAN.

66 Es un proceso dinámico porque, a lo largo de los años y como respuesta a las distintas etapas del proceso de integración, se han creado otros órganos que trascienden la perspectiva económica.

67 Es un proceso abierto porque desde el año 2004 está prevista la posibilidad de que sean Estados Asociados aquellos Estados o áreas económicas de América Latina que suscriban tratados con el MERCOSUR, en el marco del artículo 25 del Tratado de Montevideo de 1980.

68 La República Bolivariana de Venezuela concluyó el proceso de adhesión y adquirió la condición de Estado Parte a partir de 2013, participando con todos los derechos y obligaciones en el MERCOSUR. No obstante, el 5 de agosto de 2017 en São Paulo, los Estados Parte decidieron suspender a Venezuela en todos los derechos y obligaciones inherentes a su condición de Estado Parte del MERCOSUR ya que, de acuerdo con lo establecido en el Protocolo de Ushuaia sobre Compromiso Democrático en el MERCOSUR (suscripto el 24 de julio de 1998), la plena vigencia de las instituciones democráticas es condición esencial para el desarrollo del proceso de integración. Por tanto, la suspensión cesará cuando se verifique el pleno restablecimiento del orden democrático en la República Bolivariana de Venezuela, conforme lo establecido en el artículo 7° del Protocolo de Ushuaia. Sin embargo, señala que los Estados Parte definirán medidas con vistas a minimizar los impactos negativos de la suspensión para el pueblo venezolano.

69 El Protocolo de Adhesión del Estado Plurinacional de Bolivia al MERCOSUR fue firmado por la totalidad de los Estados Parte en 2015. En la actualidad se encuentra en vías de incorporación por los congresos respectivos de cada Estado Parte.

Es importante destacar que los Estados que conforman el MERCOSUR comprenden una región geográfica que históricamente ha sido el marco de continuos e intensos movimientos migratorios, incluso desde tiempos anteriores a la construcción de las naciones independientes que la componen[70]. La movilidad humana ha sido esencial en la constitución de la identidad cultural y política de sus pueblos[71], toda vez que comparten una comunión de valores que encuentra expresión en sus sociedades democráticas, pluralistas, defensoras de las libertades fundamentales, de los derechos humanos, de la protección del medio ambiente y del desarrollo sustentable. Son precisamente estos valores los que cimientan el compromiso con la consolidación de la democracia, la seguridad jurídica, la lucha contra la pobreza y el desarrollo económico y social con equidad[72].

El contexto migratorio del MERCOSUR sigue siendo de intensa movilidad intrarregional. Los movimientos migratorios entre los Estados del MERCOSUR tienen una continuidad histórica, basada en la cercanía geográfica, la afinidad cultural y los factores de atracción y expulsión fomentados por las situaciones económicas del momento. Por ello, son los que determinan al MERCOSUR la necesidad de atender una realidad preexistente de relevancia, cuyas características son modificadas por el mismo proceso de integración[73]. De hecho, como señala Alfonso[74], suele afirmarse que «el MERCOSUR es el resultado de la geografía potenciada por la historia y por la vocación política de integración».

En un primer momento, la dimensión migratoria y específicamente la libertad de circulación y residencia de los ciudadanos nacionales de países del MERCOSUR no aparecen como objetivos programáticos e institucionales del bloque regional en su texto constitutivo, sino más bien de manera «implícita», tal como observa Lages[75]. En ese sentido, agrega la autora que la referencia a la libre circulación de personas varía en los tratados constitutivos de otros

70 Entre 1809 y 1825 todos los países que conforman el MERCOSUR y Estados Asociados se registran movimientos independentistas.

71 Litterio, L. y García, O. A.: «La dimensión migratoria en el MERCOSUR: ¿Hacia la construcción de una ciudadanía suramericana?», en *El Mercosur. Una geografía en disputa*, Vazquez Vázquez, Mariana(compiladora). Editorial Ciccus. Buenos Aires, 2019, p. 1.

72 MERCOSUR. *Cartilla de la Ciudadanía del MERCOSUR*. Compilación de normas relacionadas con el Ciudadano y la Ciudadana del MERCOSUR. Disponible en https://www.mercosur.int/cartilla-de-la-ciudadania-compila-normas-relacionadas-con-los-derechos-de-los-mercosurenos/ (Recuperado el 28 de febrero de 2024).

73 Brumat, L. y Artola, J.: *Circulación de personas e integración regional: ¿dónde está el Mercosur?* ARI 43/2015, Real Instituto Elcano. Madrid, 2015, p. 1.

74 Alfonso, A.: «Integración y migraciones. El tratamiento de la variable migratoria en el MERCOSUR y su incidencia en la política argentina» en *Cuadernos Migratorios*, Núm. 3. Organización Internacional para las Migraciones. Buenos Aires, 2012, p. 21.

75 Lages, R.: «Breves notas sobre la libre circulación de personas y la política comunitaria de inmigración en los procesos regionales de integración económica. Una visión comparada

espacios de integración. Así, en el caso de la Unión Europea, la referencia ha sido «expresa», aunque circunscrita a la circulación de trabajadores[76], toda vez que ha sido considerada un pilar esencial para el desarrollo del mercado común y de la propia integración económica. Incluso considerada como una libertad fundamental por el Tribunal de Justicia[77]. Mientras que, por el contrario, en la CAN la referencia es «omisa»[78]. Aunque para el Superior Tribunal de Justicia de la Comunidad Andina (STJCA) es un «parámetro de primer orden»[79], es también el «paradigma para el avance de la integración a nivel andino y latinoamericano»[80] o, incluso, es considerado el «instrumento para la interpretación y aplicación del derecho comunitario»[81]. No obstante, la

---

de las experiencias europea y sudamericana», en *Escenarios Actuales. Centro de Estudios e Investigaciones Militares*. Año 18, Nro. 2. ISSN 0717-6805. Santiago de Chile, septiembre, 2013, pp. 13 y 14.

76 El Tratado de Roma de 1957 establecía un marco regulador sobre la gestión de los flujos intracomunitarios y, especialmente, sobre la movilidad interna de la fuerza de trabajo, un poco a la medida de lo que preveía ya el Tratado de la Comunidad Europea del Carbón y del Acero (CECA), en el marco de los inicios del mercado común europeo. Conf. Lages, R.: «Breves notas sobre la libre circulación de personas ...*op. cit.*, p. 14.

77 TJUE. Sentencia de 1 de febrero de 1979, *Knoors*, 115/78, ECR (1979), p. 00409, párr. 20; Sentencia de 31 de marzo de 1993, *Kraus*, C-19/92,Rec. 1993, p. I-1693, párr. 6; Sentencia de 30 de noviembre de 1995, *Reinhard Gebhard c. Consiglio dell'Ordine degli Avvocati e Procuratori di Milano*, C-55/94, Rec. 1995, p. I-04197, párr. 37.

78 El Acuerdo de Cartagena de 1969, a diferencia de los bienes (regulado en el artículo 72) y de los capitales (regulado en el capítulo 107, letra d), no hace referencia expresa o implícita a la libre circulación de personas, en ninguna de sus calidades (trabajador, estudiante o investigador, turista, residente).Ver el *Acuerdo de Integración Subregional Andino*, firmado el 26 de mayo de 1969 en la Ciudad de Cartagena, Colombia. Disponible en Acuerdo de Cartagena (Pacto Andino) - Acuerdo de Integración Subregional (1969) - Derecho Internacional Público - dipublico.org (Recuperado el 28 de febrero de 2024).

79 STJCA. Sentencia de 24 de marzo de 1997. *Acción de incumplimiento interpuesta por la Junta del Acuerdo de Cartagena contra la República de Venezuela*. Proceso 3-AI-96, p. 16.

80 STJCA. Sentencia de 20 de junio de 1997. *Acción de incumplimiento interpuesta por la República de Venezuela contra la República del Ecuador*. Proceso 2-AI-96, p. 30. Aunque el Tribunal en concreto se pronuncia sobre la libre circulación de mercancías, la verdad es que el juez comunitario no olvida que «La organización del mercado común incluye la eliminación de los obstáculos que se oponen a la libre circulación de bienes, de personas, de servicios y de capitales, como punto de partida preponderante para el desarrollo de una estrategia común caracterizada por la coordinación delas políticas de los Estados Miembros, que se fundamente en la búsqueda de grados superiores de integración para hacer tránsito hacia el mercado común latinoamericano establecido por el artículo 1 del Acuerdo de Cartagena como meta primordial del proceso de integración andina».

81 STJCA. Sentencia de 8 de diciembre de 1998, Acción de incumplimiento interpuesta por la Secretaría General de la Comunidad Andina contra la República de Colombia. Proceso 03-AI-97, p. 16, en la cual se alega tratamiento discriminatorio por parte de los Departamentos de dicho país contra los alcoholes y licores originarios de los Países Miembros de la Comunidad Andina, incumpliendo la obligación de trato nacional establecida en el artículo 74 del Acuerdo de Cartagena.

ausencia de una base jurídica específica y directa no ha impedido el posterior y progresivo desarrollo del marco jurídico específico sobre la libre circulación de personas.

Se observa también que, en sus comienzos, la agenda política del MERCOSUR se encontraba condicionada por una fuerte creencia en la liberalización comercial como factor preponderante para el establecimiento de vínculos entre los países. En ese sentido, Alfonso[82] indica que el MERCOSUR rápidamente advirtió la necesidad de incluir la variable social y construir una estructura institucional que pudiese canalizarla para avanzar hacia la integración. La efectividad de la libre circulación de «factores productivos», en los que se incluye el trabajo, también exigió la adopción de un marco institucional y jurídico sociolaboral, en general, y migratorio, en particular[83], toda vez que reúne a diez países de América del Sur. De esta manera, el llamado MERCOSUR laboral, social, migratorio y político demuestra desde el inicio su gran potencial. Sin embargo, hay consenso entre diversos autores que, durante estos primeros años del proceso de integración hubo un retroceso en los debates y pocos avances institucionales vinculados a las cuestiones sociales.

Entre los avances iniciales vinculados con las dimensiones sociolaborales y políticas migratorias se destaca la Reunión de Ministros del Interior (RMI). Este órgano dependiente del CMC se creó en 1996 como un espacio destinado a trabajar en la adopción de medidas consensuadas sobre migraciones y seguridad. En este espacio, entre otras cosas, se acordó en noviembre de 2003 la creación de un Foro Especializado Migratorio (FEM) del MERCOSUR y Estados asociados. Entre sus funciones se destaca el estudio del impacto de las migraciones en la región y fuera de ella, el análisis y desarrollo de proyectos de normas y acuerdos en materia migratoria que regirán para los países del bloque[84]. De esta manera, se separan las cuestiones migratorias de temas tales como seguridad y justicia.

Otro de los avances que se observan en esta etapa es el Foro Consultivo Económico Social (FCES), como ámbito de representación de los sectores económicos y sociales de los Estados parte del MERCOSUR, que comienza a trabajar en 1996. Luego, en 1998 se crea el Foro de Consulta y Concertación Política (FCCP), como órgano auxiliar del Consejo del Mercado Común para consolidar y expandir la creciente dimensión política del MERCOSUR y para profundizar el diálogo entre sus Estados Parte y Asociados.

También en 1998 se firmó la Declaración Sociolaboral del MERCOSUR (DSLM), durante la Cumbre de Mandatarios de Río de Janeiro, Brasil, en

82 ALFONSO, A.: «Integración y migraciones. ..., *op. cit.*,, p. 11 y 27.

83 LAGES, R.: «Breves notas sobre la libre circulación de personas ..., *op. cit.*, p. 16.

84 MODOLO, V.: «Política migratoria regional. El caso de la residencia MERCOSUR (2002-2011)», en *Revista Aportes para la Integración Latinoamericana*, ISSN 1667-8613. RNPI 699.864, Año XVIII, Nº 26, Junio 2012, p. 46.

el marco del CMC. El texto original fue una propuesta de la Coordinadora de Centrales Sindicales del Cono Sur (CCSCS) y constituyó un «hito» en la participación sindical en el MERCOSUR. Si bien esta Declaración no es vinculante, resultó ser una resolución que incluye nuevos y amplios derechos laborales. En particular, su artículo 4 titulado *Trabajadores Migrantes y Fronterizos*[85] proclama la igualdad de derechos de extranjeros y nacionales, sin alusión explícita a su condición migratoria y sin mención a la posibilidad de libre circulación de estos; además, sostiene la importancia de las normativas domésticas y la soberanía nacional en cuestiones migratorias.

Como bien señala Lages, la libre circulación de personas por razones laborales ha sido una fuerza impulsora de la dimensión social de la integración, que tuvo en la igualdad de trato y no discriminación (máxime, en razón de la nacionalidad) su principio rector, denominador común de un acervo de derechos de matriz social, no solamente laboral, y fundamento para la ampliación de la protección conferida por dichos derechos sociales otorgados en un Estado Parte a los trabajadores en ese Estado, nacionales de otro Estado miembro. Y ello, agrega la autora, porque el principio de la igualdad de trato y de no discriminación asume en el ámbito laboral y de la seguridad social, una relevante dimensión económica, toda vez que es percibido como un instrumento jurídico eficaz para garantizar el efectivo ejercicio de la libre circulación de trabajadores[86].

Ahora bien, durante las últimas décadas en el MERCOSUR se han incorporado y jerarquizado nuevos temas y actores, por ejemplo: la dimensión social, la integración de estructuras productivas, la agricultura familiar, el cooperativismo, la temática indígena y muchos otros temas ausentes en la etapa inicial. Este proceso de integración se presenta como «un proyecto profundo, solidario y estratégico que prioriza la adopción de políticas públicas regionales destinadas al fortalecimiento de la democracia y del estado de derecho; al respeto irrestricto de los derechos humanos; a la erradicación de la pobreza y a garantizar la igualdad de condiciones de acceso a la educación, al trabajo y a la salud. Un proyecto que promueve la inclusión social, política, productiva y económica de los sectores más vulnerables de la población»[87].

Como consecuencia de la creciente relevancia de la agenda social que experimentó el proceso de integración en la región, en diciembre de 2010,

85 *Declaración Sociolaboral del MERCOSUR*. Firmada en Río de Janeiro, Brasil, el 10 de diciembre de 1998. Disponible en http://www.sice.oas.org/labor/mercosur_sociolab.pdf (Recuperado el 28 de febrero de 2024).

86 LAGES, R.: «Breves notas sobre la libre circulación de personas ... *op. cit.*, p. 16.

87 MERCOSUR. *Cartilla de la Ciudadanía del MERCOSUR*. Compilación de normas relacionadas con el Ciudadano y la Ciudadana del MERCOSUR. Disponible en https://www.mercosur.int/cartilla-de-la-ciudadania-compila-normas-relacionadas-con-los-derechos-de-los-mercosurenos/ (Recuperado el 28 de febrero de 2024).

el CMC[88] decidió impulsar la conformación progresiva de un Estatuto de la Ciudadanía del MERCOSUR con el objetivo de promover la integración regional y fortalecer la identidad de los ciudadanos de los Estados Parte del MERCOSUR. Esta decisión se funda en la implementación de una política de libre circulación de personas en la región; igualdad de derechos y libertades civiles, sociales, culturales y económicas para los ciudadanos de los Estados Parte y en la igualdad de condiciones de acceso al trabajo, a la salud y a la educación. El Estatuto se presentó con motivo de celebrar el 30° aniversario del Tratado de Asunción (1991-2021). Como se analizará en el último capítulo, en él se reúnen los derechos y beneficios para nacionales y residentes de los Estados Parte que se fueron alcanzando durante los 30 años de integración regional, abordados desde una perspectiva transversal de Derechos Humanos, igualdad y no discriminación.

Desde su creación, el MERCOSUR ha atravesado ciclos de paralización y relanzamiento, sin alcanzar cambios sustanciales en su funcionamiento o en su marco regulatorio. Sin embargo, en el MERCOSUR se han aprobado una serie de normas que han logrado su entrada en vigor mediante la ratificación de los Estados Parte y, en algunos casos, de sus Asociados, tendientes a favorecer la movilidad de personas y su residencia en el espacio regional, resultando conveniente fijar estándares comunes en base a la reciprocidad y en beneficio de los ciudadanos de la región. En particular, el MERCOSUR incorporó los derechos humanos en el proceso de integración regional, «dando pasos hacia la consolidación de los consensos políticos basados en los principios de paz, democracia y derechos humanos, entendiendo de esta manera que para lograr el desarrollo es necesario incorporar el desarrollo inclusivo con derechos»[89]. En este sentido, se destaca la labor del Instituto de Políticas Públicas de Derechos Humanos (IPPDH)[90], que constituye una instancia técnica de investigación e implementación de las líneas estratégicas con miras a contribuir a la consolidación de la dimensión social como un eje central en el proceso de integración del MERCOSUR[91].

---

88 Decisión MERCOSUR/CMC/DEC N° 64/10, Texto actualizado conforme Decisión MERCOSUR/CMC/DEC N°32/17, Estatuto de la Ciudadanía del MERCOSUR. Disponible en https://www.mercosur.int/estatuto-ciudadania-mercosur/ (Recuperado el 28 de febrero de 2024).

89 MERCOSUR en el Día Internacional de los Derechos Humanos, 10 de diciembre de 2018. Disponible en https://www.mercosur.int/mercosur-en-el-dia-internacional-de-los-derechos-humanos/ (Recuperado el 28 de febrero de 2024).

90 El IPPDH tiene su sede en la Ciudad Autónoma de Buenos Aires, Argentina. Actúa en el ámbito de la Reunión de Altas Autoridades en el Área de Derechos Humanos y Cancillerías del MERCOSUR (RAADH)

91 En ese sentido el IPPDDHH realizó una compilación con algunos de los hitos del bloque en materia de derechos humanos, destacándose: en 1997 el Acuerdo Multilateral de Seguridad Social del MERCOSUR; en 1998 la Declaración Sociolaboral del MERCOSUR; en 1998 el Protocolo de Ushuaia; en 2000 la Declaración Presidencial de los Derechos Fundamentales de los Consumidores; en 2002 los Acuerdos sobre Residencia para Nacionales de los

III.3. La Unión de Naciones Suramericanas (UNASUR)

Desde las primeras reuniones de presidentes de América del Sur en el año 2000 cobró notoriedad la necesidad de establecer una continuidad geográfica y una comunidad de valores que concurran en una agenda común. En el 2002, se adoptó la Declaración sobre Zona de Paz Sudamericana[92], que declara a América del Sur como zona de paz y cooperación, y reitera para la región los principales compromisos internacionales asumidos por los Estados de la región. Pero es recién con la Declaración de Cusco de 2004, en el marco de la III Reunión de Presidentes de América del Sur, que se consolidan los objetivos de la entonces Comunidad Suramericana de Naciones (CSN). Para ello, se fomentó el fortalecimiento de las instituciones de los procesos de integración regional ya iniciados, como ALADI, CAN y MERCOSUR, y se planteó la convergencia de esos procesos en un área de libre comercio sudamericano. No obstante, las comisiones designadas para trabajar sobre dichos objetivos se concentraron en el fortalecimiento de las instituciones de la CSN y en la búsqueda de la integración económica, a través de diversos mecanismos de cooperación política, social y cultural. Por ello, definieron como áreas prioritarias el diálogo político, la integración energética, los mercados financieros, las telecomunicaciones y la justicia social[93].

A partir del año 2005 se celebraron tres reuniones ordinarias de Jefas y Jefes de Estado y de Gobierno de la CSN, en las cuales se definió, entre otros aspectos: una agenda prioritaria y el plan de acción; el cambio de nombre

---

Estados Partes del MERCOSUR, Bolivia y Chile; en 2004 la Creación de la Reunión de Altas Autoridades en Derechos Humanos y Cancillerías del MERCOSUR y sus Estados Asociados (RAADH); en 2005 la Declaración de Asunción sobre Compromiso con la Promoción y Protección de los Derechos Humanos en el MERCOSUR y Estados Asociados; en 2010 el Estatuto de Ciudadanía del MERCOSUR y en el 2014 las Directrices de las Políticas de Igualdad de Género.

92 Firmada en Guayaquil con ocasión de la II Reunión de Presidentes de América del Sur, los días 26 y 27 de julio del 2002.

93 Baroni, P. A. y Rubiolo, M. F.: «UNASUR : alternativa de integración frente a desafíos internacionales emergentes», en *Estudios Internacionales,* Vol. 42, Nro. 165, 2010, pp. 129–151. https://doi.org/10.5354/0719-3769.2010.12620 (Recuperado el 28 de febrero de 2024). Sobre la integración sudamericana puede consultarse Frenkel, A.: «Prosur: el último Frankenstein de la integración sudamericana», en *Revista Nueva Sociedad*, 16/06/2019, pp. 1-3. Turienzo Carracedo, R.: «Procesos de integración en Sudamérica. Un proyecto más ambicioso: la Comunidad Sudamericana de Naciones», *Documento de Trabajo del Instituto Universitario de Estudios Europeos*, 27, 2007. Giacalone, R.: «La Comunidad Sudamericana de Naciones: ¿una alianza entre izquierda y empresarios?», en *Revista Nueva Sociedad*, 202, pp. 74-86. Giacalone, R.: «La toma de decisiones secuenciales durante el auge y la crisis del regionalismo sudamericano», en *Regionalismo sudamericano en transformación: instituciones y políticas en el auge y la crisis*, Buenos Aires, Lerner Editora, 2020, pp. 93-122.

a UNASUR; el establecimiento de un modelo de integración basado en la solidaridad, cooperación, soberanía, paz, respeto, democracia, pluralismo y desarrollo sostenible; etc. Finalmente, el Tratado constitutivo de la Unión de Naciones Suramericanas (UNASUR) fue firmado el 23 de mayo de 2008 en Brasilia[94]. Es considerado un hecho histórico, toda vez que se trata del primer tratado suscripto por todos los países sudamericanos[95]: Argentina, Bolivia, Perú, Ecuador, Colombia, Venezuela, Chile, Brasil, Paraguay, Uruguay, Surinam y Guyana[96]. Instituye a la UNASUR como una organización regional con personalidad jurídica internacional[97]. Entre sus propósitos establece «construir, de manera participativa y consensuada, un espacio de integración y unión en lo cultural, social, económico y político entre sus pueblos, otorgando prioridad al diálogo político, las políticas sociales, la educación, la energía, la infraestructura, el financiamiento y el medio ambiente, entre otros, con miras a eliminar la desigualdad socioeconómica, lograr la inclusión social y la participación ciudadana, fortalecer la democracia y reducir las asimetrías en el marco del fortalecimiento de la soberanía e independencia de los Estados»[98].

Se diseñó, entonces, un nuevo esquema de integración en el que varios de sus principios y objetivos comunes con otros procesos de integración presentes en la región latinoamericana y caribeña, surgieron como propios

94 El *Tratado constitutivo de UNASUR* fue firmado el 23 de mayo de 2008 en el marco de la Reunión Extraordinaria de Jefas y Jefes de Estado y de Gobierno, realizada en la ciudad de Brasilia, Brasil. Entró en vigor a partir del 11 de marzo de 2011 después de que Uruguay hiciera entrega del documento de ratificación al Gobierno de Ecuador, depositario del referido Tratado, por lo cual adquirió personería jurídica internacional y en octubre de 2011 UNASUR fue reconocida como miembro observador de las Naciones Unidas. Disponible en http://www.iirsa.org/admin_iirsa_web/Uploads/Documents/rp_brasilia08_cumbre_unasur_tratado_constitutivo.pdf . (Recuperado el 28 de febrero de 2024).

95 Conformada por los doce Estados sudamericanos, luego de diversas crisis entre los años 2018 y 2020, se produjo la salida de siete de sus miembros (Argentina, Brasil, Colombia, Chile, Ecuador, Paraguay y Uruguay). A pesar de que se encuentra paralizada por atravesar una crisis institucional y de membresía, aún existen posibilidades de un relanzamiento, toda vez que algunos Estados han anunciado su regreso. Long, G.: «La Unasur aún existe y es la mejor plataforma para integrarnos», en *Revista Raya*, 24 de agosto de 2022. Disponible en https://revistaraya.com/guillaume-long/44-la-unasur-aun-existe-y-es-la-mejor-plataforma-para-integrarnos.html (Recuperado el 28 de febrero de 2024).

96 Las naciones de Suriname y Guyana hasta ese momento no se habían sumado a los proyectos integracionistas de la región.

97 Para ello se inspiró en las Declaraciones de Cusco de 2004, Brasilia de 2005 y Cochabamba de 2006 de la CSN.

98 Artículo 2 del *Tratado constitutivo de UNASUR*, firmado el 23 de mayo de 2008, en la ciudad de Brasilia, Brasil, en vigor desde el 11 de marzo de 2011. Disponible en http://www.iirsa.org/admin_iirsa_web/Uploads/Documents/rp_brasilia08_cumbre_unasur_tratado_constitutivo.pdf (Recuperado el 28 de febrero de 2024).

y característicos de la región suramericana[99]. Si bien por sus características se identifica más con un espacio de cooperación o un foro político que con un proceso de integración, tanto en su preámbulo y como en sus objetivos se define como un espacio en el que se desarrollará una integración en lo social, económico y político entre los pueblos de los Estados parte[100].

Así, en su Tratado constitutivo, la UNASUR se propone «la cooperación en materia de migración, con un enfoque integral, bajo el respeto irrestricto de los derechos humanos y laborales para la regularización migratoria y la armonización de políticas»[101]. Al respecto, uno de sus logros consistió en consensuar un documento de posicionamiento frente a la Directiva Europea de Retorno, por el cual reconoce expresamente que la libre movilidad es un derecho humano[102]. Luego, la Conferencia Sudamericana de Migraciones (CSM) se expresaría en el mismo sentido, como muestra de la confluencia entre procesos regionales de integración y consultivos en migración[103].

Si bien no se han realizado acuerdos ni dispuesto normativas vinculantes (esto es, que obliguen a los Estados) desde su origen plantea de manera clara la necesidad de buscar una identidad y crear una ciudadanía sudamericana. Expresa que aspira a «la consolidación de una identidad suramericana a través del reconocimiento progresivo de derechos a los nacionales de un Estado Miembro residentes en cualquiera de los otros Estados Miembros, con el fin de alcanzar una ciudadanía suramericana»[104].

---

99 Cano Linares, M. A.: «La Unión de Naciones Suramericanas: un ambicioso e Innovador proceso de construcción de integración regional», en *Revista electrónica Iberoamericana*, Vol. 4, N°1. Centro de Estudios de Iberoamérica. Madrid, 2010, p. 21. Disponible en https://www.researchgate.net/publication/277260501_La_union_de_naciones_suramericanas_un_ambicioso_e_innovador_proceso_de_construccion_de_integracion_regional (Recuperado el 28 de febrero de 2024).

100 Insignares Cera, S.: «La UNASUR:¿ integración regional o cooperación política?», en *Revista de Derecho*, Número 40, 2013, p. 181.

101 Artículo 3, apartado k) *Tratado constitutivo de UNASUR*, firmado el 23 de mayo de 2008, en la ciudad de Brasilia, Brasil, en vigor desde el 11 de marzo de 2011. Disponible en http://www.iirsa.org/admin_iirsa_web/Uploads/Documents/rp_brasilia08_cumbre_unasur_tratado_constitutivo.pdf (Recuperado el 28 de febrero de 2024).

102 Declaración de la UNASUR frente a la propuesta de Directiva de la Unión Europea para sancionar a empleadores de inmigrantes irregulares, 12 de febrero de 2009. Disponible en http://sedici.unlp.edu.ar/bitstream/handle/10915/46438/UNASUR_-_Declaraci%C3%B3n_de_la_UNASUR_frente_a_la_propuesta_de_directiva...__1_p._.pdf?sequence=6&isAllowed=y (Recuperado el 28 de febrero de 2024).

103 García, L.: «Migraciones, Estado y una política del derecho humano a migrar..., *op. cit.*, pp. 107-133.

104 Artículo 3, apartado i) *Tratado constitutivo de UNASUR*, firmado el 23 de mayo de 2008, en la ciudad de Brasilia, Brasil, en vigor desde el 11 de marzo de 2011. Disponible en http://www.iirsa.org/admin_iirsa_web/Uploads/Documents/rp_brasilia08_cumbre_unasur_tratado_constitutivo.pdf (Recuperado el 28 de febrero de 2024).

III.4. La Comunidad de Estados Latinoamericanos y Caribeños (CELAC)

La Comunidad de Estados Latinoamericanos y Caribeños (CELAC) surge con el compromiso de avanzar en un proceso gradual de integración de la región, buscando el equilibrio entre la unidad y la diversidad política, económica, social y cultural de los habitantes de América Latina y el Caribe. Si bien fue creada en 2010, su puesta en marcha se produce en diciembre de 2011. Constituye un mecanismo intergubernamental de concertación, unidad y diálogo político que incluye a los 33 Estados de América Latina y el Caribe, en virtud de los lazos históricos, los principios y valores compartidos por sus pueblos. Asimismo, contribuye a profundizar el respeto por las diferencias, a enfrentar los retos comunes y avanzar en la unidad en la diversidad a partir del consenso regional. Para ello se ha manifestado a través de acuerdos, principios consagrados en el acervo y patrimonio histórico de la Comunidad, que se encuentra constituido, entre otros, por declaraciones políticas, declaraciones especiales, comunicados especiales, etc.

Si bien con motivo de la I Cumbre, no se hizo mención alguna del tema migratorio en la Declaración final, en ocasión de la II Cumbre de la Comunidad de Estados Latinoamericanos y Caribeños (CELAC) celebrada en 2014[105], las Jefas y los Jefes de Estado y de Gobierno de América Latina y el Caribe, reunidos en La Habana, se comprometieron a «continuar consolidando sólidos principios regionales en materia de reconocimiento de los derechos de los migrantes, así como a profundizar la coordinación de políticas migratorias regionales y de posiciones comunes en las negociaciones globales e interregionales sobre migraciones, y en especial, en la promoción del debate internacional sobre el nexo entre la migración, el desarrollo y los derechos humanos». Al finalizar dicha Cumbre, resulta importante subrayar que fue firmada la Proclama de América Latina y el Caribe como Zona de Paz. Este documento es considerado como uno de los acuerdos más avanzados de la política internacional regional latinoamericana y caribeña y el punto de partida para la construcción de una cultura de paz.

Posteriormente, en la Declaración Política de Belén que se firmó en ocasión de la III Cumbre de Jefas y Jefes de Estado y de Gobierno de la CELAC, que se celebró en 2015 en la Ciudad de Belén en Costa Rica[106], expresamente

---

105 II Cumbre de la Comunidad de Estados Latinoamericanos y Caribeños (CELAC), celebrada los días 28 y 29 de enero de 2014, en La Habana, Cuba. Disponible en https://www.cancilleria.gob.ar/userfiles/2022/2014-declaracion-la-habana.pdf (Recuperado el 28 de febrero de 2024).

106 III Cumbre de Jefas y Jefes de Estado y de Gobierno de la CELAC, celebrada los días 28 y 29 de enero de 2015, en la Ciudad de Belén, Costa Rica. Disponible en https://www.cancilleria.gob.ar/userfiles/2022/2015-declaracion-politica-de-belen.pdf (Recuperado el 28 de febrero de 2024).

se reconoce «la necesidad de fortalecer el vínculo entre migración internacional y desarrollo, el aporte de los migrantes al desarrollo de los países de destino, colocando en el centro del tema a la persona migrante y su familia y no a su condición migratoria, entendiendo que es obligación de todos los Estados —de origen, tránsito y destino— garantizar el pleno respeto de todos los derechos humanos de las personas migrantes independientemente de su estatus migratorio, incluyendo la migración de niños, niñas y adolescentes, acompañados y no acompañados y su interés superior, evitando la exacerbación de las vulnerabilidades». Además, se reconoce «la necesidad de desarrollar acciones encaminadas a intercambiar experiencias sobre los procesos migratorios seguros de nuestros connacionales, tanto en los países a los que se dirigen como el retorno a sus países de origen en nuestra región».

Las Jefas y Jefes de Estado y de Gobierno de la CELAC), con motivo de la IV Cumbre de la CELAC, que se llevó a cabo en la ciudad de Quito en 2016[107], declaran compartir «una visión integral de la migración internacional basada en un enfoque de derechos humanos, que rechaza la criminalización de la migración irregular, así como toda forma de racismo, xenofobia y discriminación contra las personas migrantes; que reconoce a la persona migrante como sujeto de derechos, independientemente de su situación migratoria, y en condiciones de igualdad con los nacionales del país de recepción; que provee a la integración de las personas migrantes en nuestras sociedades; que promueve los vínculos con los nacionales residentes en el exterior; y que favorece la reintegración de las personas retornadas en sus países de origen». Asimismo, reiteran «la necesidad de que la migración sea regular, ordenada y segura y destacamos los aportes sociales, culturales y económicos de los migrantes» y subrayan «la importancia de la cooperación internacional de todos los países involucrados en el flujo migratorio para atender los retos de la migración, incluidos el combate al tráfico ilícito de migrantes, la trata de personas, así como toda discriminación contra ellos». Recuerdan «los aportes de las Reuniones de Migraciones de la CELAC, así como la necesidad de continuar el diálogo sobre todos los asuntos relevantes en la materia, incluidos los referentes a niñas, niños y adolescentes migrantes». Instan «a los países receptores de migrantes a poner fin a las políticas que dan tratamiento selectivo a los migrantes sobre la base de su país de origen». Apoyan «la posibilidad de promover el intercambio, la cooperación y los diálogos diaspóricos, de conformidad con los lineamientos señalados en el Plan de Acción para el Decenio de los Afrodescendientes Latinoamericanos y Caribeños», como así también, apoyan «la elaboración de un proyecto de declaración de las Naciones Unidas sobre la promoción y el pleno respeto de los derechos humanos de las personas afrodescendientes, subrayando la importancia de

107 IV Cumbre de Jefas y Jefes de Estado y de Gobierno de la CELAC, celebrada el 27 de enero de 2016, en la ciudad de Quito, Ecuador. Disponible en https://www.cancilleria.gob.ar/userfiles/2022/2016-declaracion-politica-de-quito.pdf (Recuperado el 28 de febrero de 2024).

iniciar con los trabajos a la brevedad posible, así como de trasladar aportes sustantivos a su redacción e instamos a la Asamblea General de las Naciones Unidas a, en el marco del Decenio Internacional, convocar la IV Conferencia Mundial contra el Racismo, la Discriminación Racial, la Xenofobia y las Formas Conexas de Intolerancia». Por otro lado, subrayan «la importancia de fortalecer la coordinación y articulación entre los Mecanismos Regionales y Subregionales de Integración, para consolidar a la CELAC en complementariedad con otros foros internacionales, basado en los principios del Derecho Internacional, la complementariedad, la solidaridad, y la promoción de una cooperación soberana que responda a las necesidades de nuestros países».

También, las Jefas y Jefes de Estado y de Gobierno de la CELAC, reunidos con motivo de la V Cumbre de la CELAC, celebrada en la ciudad de Punta Cana, República Dominicana, en 2017[108], declaran compartir «una visión integral de la migración internacional basada en un enfoque de derechos humanos que rechaza la criminalización de la migración irregular, así como todas las formas de racismo, xenofobia y discriminación contra los migrantes y que reconoce las contribuciones de los migrantes en los países de origen y destino y reiteramos nuestro compromiso para promover una migración ordenada, regular y segura». Se compromete «a participar activamente en el proceso preparatorio de la Conferencia Intergubernamental que se considerará el Pacto Global de las Migraciones en el 2018 y damos la bienvenida al ofrecimiento de México de organizar una reunión preparatoria». Asimismo, saludan «la decisión de algunos gobiernos de eliminar políticas migratorias discriminatorias y selectivas que afectan los flujos migratorios en la región, así como insta a la eliminación de mecanismos de esta naturaleza en concordancia con la declaración Especial sobre Migración y Desarrollo».

En la Ciudad de México, con motivo de la VI Cumbre de Jefas y Jefes de Estado y de Gobierno de la CELAC en 2021[109], se reiteró el compromiso con la unidad e integración política, económica, social y cultural, y la decisión de continuar trabajando conjuntamente para hacer frente a la crisis sanitaria, social, económica y ambiental. Además, decidió seguir colaborando por el bienestar de sus pueblos, para lo cual destacó los acuerdos y principios consagrados y plasmados en el acervo y patrimonio histórico de la Comunidad, que se encuentra constituido, entre otros, por las declaraciones políticas, las declaraciones especiales, la Proclama de América Latina y el Caribe como Zona de Paz (firmado por las jefas y jefes de Estado y Gobierno de la CELAC

108 V Cumbre de Jefas y Jefes de Estado y de Gobierno de la CELAC, celebrada el 25 de enero de 2017, en la ciudad de Punta Cana, República Dominicana. Disponible en https://www.cancilleria.gob.ar/userfiles/2022/2017-declaracion-politica-de-punta-cana.pdf (Recuperado el 28 de febrero de 2024).

109 VI Cumbre de Jefas y Jefes de Estado y de Gobierno de la CELAC, celebrada el 18 de septiembre de 2021, en la Ciudad de México. Disponible en https://www.cancilleria.gob.ar/userfiles/2022/2021-declaracion-poltica-de-la-ciudad-de-mxico.pdf (Recuperado el 28 de febrero de 2024).

al finalizar la Cumbre que tuvo lugar los días 28 y 29 de enero del 2014), los comunicados especiales, etc. En los puntos 31 a 34 de la Declaración que se firmó en la Ciudad de México en 2021, la CELAC: «31. Reafirma su compromiso de proteger los derechos humanos de las personas migrantes, promover esfuerzos regionales integrales para fortalecer la gobernanza migratoria efectiva, bajo los principios de una migración responsable, segura, ordenada y regular, trabajando por erradicar las causas de la migración irregular, facilitando las vías para la regularización migratoria, sobre la base de un enfoque transversal cuyo centro sean las personas migrantes, la protección de sus derechos humanos y la integración socioeconómica. 32. Hace un llamado, tomando en consideración la coyuntura actual, para intensificar el trabajo coordinado, a fin de manejar los movimientos migratorios en la región, que garanticen la protección de los derechos humanos, para una recepción digna y segura de los retornados. 33. Rechaza la criminalización de la migración irregular y de toda forma de racismo, discriminación racial, xenofobia, discursos de odio y otras formas conexas de discriminación e intolerancia contra personas migrantes y solicitantes de refugio. 34. Reconoce que, solo por estas vías y mediante la cooperación e intercambios de información entre nuestros países, se concretarán, de forma exitosa, los procesos migratorios que optimicen el desarrollo de los países de origen, tránsito, destino y retorno. De igual forma, reconoce los esfuerzos institucionales e iniciativas conjuntas orientadas a fortalecer los sistemas de protección internacional de los países de tránsito y destino en toda la región para garantizar el derecho de las personas a solicitar protección internacional acorde al derecho internacional de los refugiados».

En 2023, durante la VII Cumbre, las Jefas y los Jefes de Estado y de Gobierno de la CELAC se reunieron en la Ciudad de Buenos Aires[110] y firmaron la Declaración de Buenos Aires por la cual coinciden en que «la migración es un proceso social que contribuye positivamente al desarrollo social, cultural y económico, tanto de los países de acogida como de los países de origen y tránsito de migrantes, y que debe abordarse desde un punto de vista integral, con el fin de potenciar sus beneficios y reducir los riesgos y desafíos a la capacidad de respuesta que conllevan los flujos migratorios por canales irregulares y promover políticas migratorias nacionales y regionales para su adecuada integración socioeconómica. En este sentido, manifestamos nuestra voluntad para continuar avanzado en la inserción e integración de las personas migrantes, la prevención ante redes trasnacionales de tráfico ilícito de migrantes y la asistencia a las comunidades de acogida, incluyendo en la gestión a nuevos actores de cambio, como los gobiernos locales».

110 VII Cumbre de Jefas y Jefes de Estado y de Gobierno de la CELAC, celebrada el 24 de enero de 2023, en la Ciudad de Buenos Aires, Argentina. Disponible en https://www.cancilleria.gob.ar/userfiles/prensa/declaracion_de_buenos_aires_-_version_final.pdf (Recuperado el 28 de febrero de 2024).

También reafirmaron su «compromiso con una migración segura, ordenada y regular, mientras reiteramos nuestra voluntad para seguir enfrentando las causas multidimensionales de la migración por canales irregulares. Asimismo, destacamos la necesidad de contar con principios permanentes para la gestión de las migraciones internacionales, tales como el pleno respeto a los derechos humanos de las personas migrantes, independientemente de su estatus migratorio, así como la integración de dichos migrantes a través de procedimientos adecuados y expeditos para acceder a la regularidad migratoria y el retorno voluntario seguro y digno a los países de origen o de domicilio habitual, como base de las políticas migratorias nacionales y regionales». En ese marco, rechazan «toda forma de racismo, discriminación racial, xenofobia, discursos de odio y otras formas conexas de discriminación e intolerancia contra las personas migrantes. Resaltamos la importancia de mantener un diálogo fluido y permanente sobre la gobernanza migratoria en los foros especializados establecidos, para promover los principios de solidaridad, cooperación internacional y responsabilidad compartida en la gestión de las migraciones, en respeto a las normativas y políticas migratorias de cada país».

Finalmente, cabe destacar que reconocen «la relevancia de la reactivación de las Reuniones sobre Migraciones de la CELAC y del Diálogo Estructurado e Integral CELAC-UE sobre Migraciones permitiendo la renovación de compromisos establecidos con anterioridad»[111].

La Cumbre Unión Europea, América Latina y el Caribe es una reunión bienal de jefes de Estado y de gobierno de América Latina y el Caribe (ALC) y la Unión Europea (UE). Se celebró por primera vez en 1999 con el fin de forjar una alianza estratégica centrada en el fortalecimiento de la democracia, el estado de derecho, la paz internacional y la estabilidad política. Desde su fundación en diciembre de 2011, la CELAC (Comunidad de Estados Latinoamericanos y Caribeños) actúa como asociada en este proceso birregional.

IV. Algunas reflexiones finales

En Sudamérica la circulación de personas se encuentra en proceso de pleno desarrollo y aún resta un largo camino. Si bien, la región se caracteriza por considerar la integración como uno de los medios necesarios para lograr el afianzamiento de la toma de conciencia democrática y alcanzar un desarrollo sustentable, sigue dependiendo de los avatares de la voluntad política y de las coyunturas económicas de expansión y retracción. Pero, no se debe olvidar que los Estados que integran la región históricamente han sido prota-

111 El Diálogo Estructurado e Integral CELAC-UE sobre Migraciones es un Foro interregional sobre migración. Más información disponible en https://www.iom.int/es/dialogo-comprensivo-y-estructurado-ue-alc-sobre-migracion (Recuperado el 28 de febrero de 2024).

gonistas de continuos e intensos movimientos migratorios. Incluso, la movilidad humana ha sido esencial para consolidar la identidad cultural y política de sus pueblos.

Por ello, es importante destacar que, a pesar de los avances y retrocesos de los diversos mecanismos de consulta y procesos de integración en Sudamérica, se promueven acciones con el fin de buscar criterios que faciliten la movilidad humana en la región. En ese sentido, se han aprobado una serie de instrumentos tendientes a favorecer la circulación de personas en el espacio regional, resultando conveniente fijar estándares comunes en base a la reciprocidad y en beneficio de los ciudadanos de la región. En particular, la movilidad humana abordada desde una perspectiva de derechos es un componente fundamental, un eje esencial en la construcción de la dimensión social de los procesos de integración regional que intenta avanzar y consolidarse en Sudamérica.

Recursos bibliográficos

ARTÍCULOS DE REVISTAS Y CAPÍTULOS DE LIBRO

Acosta Arcarazo, D. y **Freier, L.**: «Turning the Immigration Policy Paradox Upside Down? Populist Liberalism and Discursive Gaps in South America», en *International Migration Review*, 49 (3), 2015, pp. 659-696.

Acosta Arcarazo, D. y **Freier, L.**: «Regional governance of migration in South America», en *Handbook of Migration and Globalisation* A. Triandafyllidou (Ed.). Edward Elgar, Cheltenham, 2018, pp. 69-85.

Acosta Arcarazo, D. y **Freier, L.**: «Discursos y políticas de inmigración en Sudamérica: ¿hacia un nuevo paradigma o la confirmación de una retórica sin contenido?», en *REMHU: Revista Interdisciplinar da Mobilidade Humana*, 23 (44), 2015, pp. 171–189.

Alfonso, A.: «Integración y migraciones. El tratamiento de la variable migratoria en el MERCOSUR y su incidencia en la política argentina» en *Cuadernos Migratorios*, Núm. 3. Organización Internacional para las Migraciones. Buenos Aires, 2012, p. 21.

Barón Knoll, S.: «Fortalezas y debilidades del MERCOSUR a 25 años de su creación. Alternativas para su desarrollo», en *Anuario Argentino de Derecho Internacional*, Vol. XXV, 2016, p. 265.

Baroni, P. A. y **Rubiolo, M. F.**: «UNASUR : alternativa de integración frente a desafíos internacionales emergentes», en *Estudios Internacionales, Vol. 42, Nro. 165, 2010, pp. 129–151.* https://doi.org/10.5354/0719-3769.2010.12620 (Recuperado el 28 de febrero de 2024).

Barrenengoa, A.: «El proceso de integración latinoamericana: claves, conflictos y perspectivas de análisis», en *Cuestiones de Sociología*, 13, 2015.

Briceño Ruiz, J.; **Quintero Rizzuto, M. L.**; **Ruiz, D.**: «El pensamiento estructuralista de la CEPAL sobre el desarrollo y la integración latinoamericana: reflexiones sobre su vigencia actual», en *Aportes para la integración latinoamericana*, 19, 2013, pp. 1-34.

Brumat, L.: «Four Generations of Regional policies for the (free) movement of persons in South America (1977-2016)», en *Regional Integration and Migration in the Global South*, K. Marchand, G. Rayp, y R. Ilse (Eds.). Springer- United Nations University. New York, 2020.

Brumat, L. y **Acosta, D.**: «Three generations of free movement of regional migrants in MERCOSUR. Any influence from the EU?», en *The Dynamics of Regional Migration Governance*. Geddes, M. Vera Espinoza, L. Hadj Abdou, y L. Brumat (Eds.). Edward Elgar. Cheltenham, 2019, pp. 54-72.

Brumat, L. y **Artola, J.**: *Circulación de personas e integración regional: ¿dónde está el Mercosur?* ARI 43/2015, Real Instituto Elcano. Madrid, 2015, p. 1.

Cano Linares, M. A.: «La Unión de Naciones Suramericanas: un ambicioso e Innovador proceso de construcción de integración regional», en *Revista electrónica Iberoamericana*, Vol. 4, N°1. Centro de Estudios de Iberoamérica. Madrid, 2010, p. 21. Disponible en https://www.researchgate.net/publication/277260501_La_union_de_naciones_suramericanas_un_ambicioso_e_innovador_proceso_de_construccion_de_integracion_regional (Recuperado el 28 de febrero de 2024).

Cantor, D.; **Freier, L.** y **Gauci, J. P.** (Eds.): *A Liberal Tide? Immigration and Asylum Law and Policy in Latin America*. Institute of Latin American Studies. London, 2015; Lavenex, S.: «Regional migration governance — building block of global initiatives?», en *Journal of Ethnic and Migration Studies*, 45 (8), 2019, pp. 1275-1293.

Castles, S.: «Factores que hacen y deshacen las políticas migratorias», en *Repensando las migraciones. Nuevas perspectivas teóricas y empíricas*. **Portes, A.** y **Dewind, J.** Porrúa. México, 2006.

Castles, S., **De Haas, H.** y **Miller, M. J.**: *The Age of Migration*. Palgrave Macmillan. New York, 5th ed., 2014.

Castles, S. y **Miller, M.**: *La era de la migración. Movimientos internacionales de población en el mundo moderno*. Zacatecas, Porrúa-SEBOG-INM, 2004.

CEVA, M.: «La migración limítrofe hacia Argentina en la larga duración» en *Migraciones regionales hacia la Argentina. Diferencia, desigualdad y derechos*. Eds. Grimson A. and Jelin E. Prometeo. Buenos Aires, 2006.

CONTIPELLI, E.: «La Comunidad Andina de Naciones y la evolución del proceso de integración socioeconómico en Latinoamérica», en *Estudios de Deusto: Revista de Derecho Público*, 64, 2016, pp. 261-280.

DOMENECH, E.: «La visión estatal sobre las migraciones en la Argentina reciente. De la retórica de la exclusión a la retórica de la inclusión», en *Migración y política: el Estado interrogado. Procesos actuales en Argentina y Sudamérica*, DOMENECH, E. (Coord.). Editorial de la Universidad Nacional de Córdoba. Córdoba, Argentina, 2009.

DOMENECH, E.: «Las migraciones son como el agua»: Hacia la instauración de políticas de «control con rostro humano»: La gobernabilidad migratoria en la Argentina, en *Polis*, vol.12, n.35, ISSN 0718-6568, 2013, p. 2. Disponible en http://dx.doi.org/10.4067/S0718-65682013000200006 (Recuperado el 28 de febrero de 2024).

FRENKEL, A.: «Prosur: el último Frankenstein de la integración sudamericana», en *Revista Nueva Sociedad*, 16/06/2019, pp. 1-3. TURIENZO CARRACEDO, R.: «Procesos de integración en Sudamérica. Un proyecto más ambicioso: la Comunidad Sudamericana de Naciones», *Documento de Trabajo del Instituto Universitario de Estudios Europeos*, 27, 2007.

GARCÍA, L.: «Migraciones, Estado y una política del derecho humano a migrar: ¿hacia una nueva era en América Latina?», en Colombia Internacional, Universidad de Los Andes, núm. 88, 2016, pp. 107-133. Disponible en https://www.redalyc.org/journal/812/81247545006/html/ (Recuperado el 28 de febrero de 2024).

GIACALONE, R.: «La Comunidad Sudamericana de Naciones: ¿una alianza entre izquierda y empresarios?», en *Revista Nueva Sociedad*, 202, pp. 74-86. **GIACALONE, R.**: «La toma de decisiones secuenciales durante el auge y la crisis del regionalismo sudamericano», en *Regionalismo sudamericano en transformación: instituciones y políticas en el auge y la crisis*, Buenos Aires, Lerner Editora, 2020, pp. 93-122.

GUARDATTI, G. A.: «Breve reseña sobre el derecho humano de libre circulación de personas y su reconocimiento en el MERCOSUR», en FERNÁNDEZ SOLA, N.: *Fronteras del siglo XXI ¿Obstáculos o puentes? In memoriam Profesor Ángel G. Chueca Sancho*. Tirant lo Blanch. Valencia, 2018, p. 87.

GUERRA BORGES, A.: *Globalización e integración latinoamericana*, Siglo XXI, Buenos Aires, 2002. ZELADA CASTEDO, A.: «Perspectiva histórica del proceso de integración latinoamericana», en *Revista Ciencia y cultura*, 17, 2005, pp. 113-120.

Hansen, R.: «An Assessment of Principal Regional Consultative Processes on Migration» en *IOM Migration Research*, Series, n.º 38. OIM. Ginebra, 2010.

Insignares Cera, S.: «La UNASUR:¿ integración regional o cooperación política?», en *Revista de Derecho*, Número 40, 2013, p. 181.

Lages, R.: «Breves notas sobre la libre circulación de personas y la política comunitaria de inmigración en los procesos regionales de integración económica. Una visión comparada de las experiencias europea y sudamericana», en *Escenarios Actuales. Centro de Estudios e Investigaciones Militares*. Año 18, Nro. 2. ISSN 0717-6805. Santiago de Chile, septiembre, 2013.

Litterio, L. y **García, O. A.**: «La dimensión migratoria en el MERCOSUR: ¿Hacia la construcción de una ciudadanía suramericana?», en *El Mercosur. Una geografía en disputa*, Vazquez Vázquez, M (compiladora). Editorial Ciccus. Buenos Aires, 2019, p. 1.

Long, G.: «La Unasur aún existe y es la mejor plataforma para integrarnos», en *Revista Raya*, 24 de agosto de 2022. Disponible en https://revistaraya.com/guillaume-long/44-la-unasur-aun-existe-y-es-la-mejor-plataforma-para-integrarnos.html (Recuperado el 28 de febrero de 2024).

Maraniello, P. A. y **Cohn, S. N.**: *Tratado de Derecho de la Integración*. Cathedra Jurídica. Tomos II. Buenos Aires, 2014.

Mármora, L.: «Modelos de gobernabilidad migratoria. La perspectiva política en América del Sur», en *Revista Interdisciplinar da Mobilidade Humana*, vol. 18, núm. 35, julio - diciembre, 2010.

Mezzadra, S. y **Neilson, B.**: *La frontera como método, o, la multiplicación del trabajo*, 1ra ed . Tinta Limón. Ciudad Autónoma de Buenos Aires, 2016.

Mondol López, L.: «Políticas públicas migratorias: consideraciones preliminares para su discusión», *Estado actual y perspectivas de las políticas migratorias en el MERCOSUR*. Zurbriggen, C. y Mondol López, L. FLACSO. Montevideo, 2010. Disponible en: https://unesdoc.unesco.org/ark:/48223/pf0000192508 (Recuperado el 28 de febrero de 2024).

Modolo, V.: «La movilidad territorial en el Mercado Común Europeo y Mercosureño», en *Migraciones y Mercosur: una relación inconclusa*. Catálogos. Buenos Aires, 2010, pp. 29-50.

Modolo, V.: «Política migratoria regional. El caso de la residencia MERCOSUR (2002-2011)», en *Revista Aportes para la Integración Latinoamericana*, ISSN 1667-8613. RNPI 699.864, Año XVIII, Nº 26, Junio 2012, p. 46.

Musso, J. A.: «El MERCOSUR como zona de paz y cuestiones conexas», en *La integración iberoamericana (SICA y MERCOSUR) y europea (UE) ante la Alianza del Pacífico (AP)*, dirección de Pérez Sánchez, G. A. e Iglesias Segura, R. Ediciones universitarias de Valparaíso, Pontificia Universidad Católica de Valparaíso, Primera Edición, ISBN: 978-956-17-1013-9. Santiago de Chile, 2022, pp. 463 y ss.

Pérez Vichich, N.: *El Mercosur ampliado: un enfoque alternativo de las políticas públicas sobre movilidad de personas*. Cerqueira Filho, G. (Org.), 2011, pp. 331-343.

Recchini de Lattes, Z. y **Lattes, A.** *Migraciones en la Argentina, estudio de las migraciones internas e internacionales, basado en datos censales, 1869-1960*. Centro de Investigaciones Sociales, Instituto Torcuato di Tella. Buenos Aires, 1969.

Rho, M. G.: «Visiones políticas y perspectivas de MERCOSUR, CAN y UNASUR en la construcción de una ciudadanía regional (2002-2016)», en *Estudios Fronterizos*, 19, e015. 2018, p. 4. DOI: https://doi.org/10.21670/ref.1815015 (Recuperado el 28 de febrero de 2024).

Santi Pereyra, S.: «El nuevo orden migratorio global: El papel de la Organización Internacional para las Migraciones (OIM) en la Conferencia Sudamericana sobre Migraciones», trabajo presentado en el *V Encuentro del Centro de Reflexión en Política Internacional (CERPI)/* III Jornadas del Centro de Estudios Sudamericanos (CENSUD), Universidad Nacional de La Plata, Argentina, 2011, p. 5. Disponible en https://www.researchgate.net/publication/322103570_El_nuevo_orden_migratorio_global_el_papel_de_la_Organizacion_Internacional_para_las_Migraciones_OIM_en_la_Conferencia_Sudamericana_sobre_Migraciones (Recuperado el 28 de febrero de 2024).

Zurbriggen, C. y **Mondol, L.**: *Estado actual y perspectivas de las políticas migratorias en el MERCOSUR*. FLACSO. Montevideo, 2010. Disponible en: https://unesdoc.unesco.org/ark:/48223/pf0000192508 (Recuperado el 28 de febrero de 2024).

DOCUMENTOS Y RECURSOS EN LÍNEA

ALTO COMISIONADO DE NACIONES UNIDAS PARA LOS DERECHOS HUMANOS, MIGRACIÓN Y DERECHOS HUMANOS. *Mejoramiento de la gobernanza basada en los derechos humanos de la migración internacional*, 2013. Disponible en: http://bit.ly/2cBABKo (Recuperado el 28 de febrero de 2024).

ASOCIADOS (FEM): *Informe Anual 2022 sobre Movimientos migratorios recientes en América del Sur*, ISBN 978-92-9268-492-1 (PDF), Buenos Aires, 2022. Disponible en https://www.mercosur.int/movimientos-migratorios-recientes-en-america-del-sur-2022/

MERCOSUR. *Cartilla de la Ciudadanía del MERCOSUR*. Compilación de normas relacionadas con el Ciudadano y la Ciudadana del MERCOSUR. Disponible en https://www.mercosur.int/cartilla-de-la-ciudadania-compila-normas-relacionadas-con-los-derechos-de-los-mercosurenos/ (Recuperado el 28 de febrero de 2024).

COMISIÓN ECONÓMICA PARA AMÉRICA LATINA Y EL CARIBE (CEPAL). *Migración internacional, derechos humanos y desarrollo*, 2006, p. 87 y ss. Disponible en https://www.cepal.org/es/publicaciones/4206-migracion-internacional-derechos-humanos-desarrollo (Recuperado el 28 de febrero de 2024).

CONFERENCIAS SOBRE MIGRACIONES:

Conferencia Sudamericana de Migraciones, Plan sudamericano de desarrollo humano de las migraciones, contexto y perspectivas, Documento aprobado en la Décima Conferencia Sudamericana de Migraciones Cochabamba, Estado Plurinacional de Bolivia, 25 y 26 de octubre de 2010. Disponible en: http://bit.ly/2dsi992 (Recuperado el 28 de febrero de 2024).

Conferencias Suramericanas sobre Migraciones (Proceso Lima) https://www.iom.int/es/conferencia-suramericana-sobre-migraciones (Recuperado el 28 de febrero de 2024).

Conferencia Regional sobre Migración (CRM) https://crmsv.org/ (Recuperado el 28 de febrero de 2024).

CUMBRES DE LA COMUNIDAD DE ESTADOS LATINOAMERICANOS Y CARIBEÑOS (CELAC)

II Cumbre de la Comunidad de Estados Latinoamericanos y Caribeños (CELAC), celebrada los días 28 y 29 de enero de 2014, en La Habana, Cuba. Disponible en https://www.cancilleria.gob.ar/userfiles/2022/2014-declaracion-la-habana.pdf (Recuperado el 28 de febrero de 2024).

III Cumbre de Jefas y Jefes de Estado y de Gobierno de la CELAC, celebrada los días 28 y 29 de enero de 2015, en la Ciudad de Belén, Costa Rica. Disponible en https://www.cancilleria.gob.ar/userfiles/2022/2015-declaracion-politica-de-belen.pdf (Recuperado el 28 de febrero de 2024).

IV Cumbre de Jefas y Jefes de Estado y de Gobierno de la CELAC, celebrada el 27 de enero de 2016, en la ciudad de Quito, Ecuador. Disponible en https://www.cancilleria.gob.ar/userfiles/2022/2016-declaracion-politica-de-quito.pdf (Recuperado el 28 de febrero de 2024).

V Cumbre de Jefas y Jefes de Estado y de Gobierno de la CELAC, celebrada el 25 de enero de 2017, en la ciudad de Punta Cana, República Dominicana. Disponible en https://www.cancilleria.gob.ar/userfiles/2022/2017-declaracion-politica-de-punta-cana.pdf (Recuperado el 28 de febrero de 2024).

VI Cumbre de Jefas y Jefes de Estado y de Gobierno de la CELAC, celebrada el 18 de septiembre de 2021, en la Ciudad de México. Disponible en https://www.cancilleria.gob.ar/userfiles/2022/2021-declaracion-poltica-de-la-ciudad-de-mxico.pdf (Recuperado el 28 de febrero de 2024).

VII Cumbre de Jefas y Jefes de Estado y de Gobierno de la CELAC, celebrada el 24 de enero de 2023, en la Ciudad de Buenos Aires, Argentina. Disponible en https://www.cancilleria.gob.ar/userfiles/prensa/declaracion_de_buenos_aires_-_version_final.pdf (Recuperado el 28 de febrero de 2024).

Declaración de la UNASUR frente a la propuesta de Directiva de la Unión Europea para sancionar a empleadores de inmigrantes irregulares, 12 de febrero de 2009. Disponible en http://sedici.unlp.edu.ar/bitstream/handle/10915/46438/UNASUR_-_Declaraci%C3%B3n_de_la_UNASUR_frente_a_la_propuesta_de_directiva..._1_p._.pdf?sequence=6&isAllowed=y (Recuperado el 28 de febrero de 2024).

DEPARTAMENTO DE ASUNTOS ECONÓMICOS Y SOCIALES DE NACIONES UNIDAS (DAES): *International Migrant Stock*, 2020. Disponible en Disponible en https://www.un.org/development/desa/pd/content/international-migrant-stock (Recuperado el 28 de febrero de 2024).

Diálogo Estructurado e Integral CELAC-UE sobre Migraciones es un Foro interregional sobre migración. Más información disponible en https://www.iom.int/es/dialogo-comprensivo-y-estructurado-ue-alc-sobre-migracion (Recuperado el 28 de febrero de 2024).

Informe Anual 2022 sobre Movimientos migratorios recientes en América del Sur de la ORGANIZACIÓN INTERNACIONAL PARA LAS MIGRACIONES (OIM) y del FORO ESPECIALIZADO MIGRATORIO DEL MERCOSUR Y ESTADOS ASOCIADOS (FEM), ISBN 978-92-9268-492-1 (PDF), Buenos Aires, 2022. Disponible en https://www.mercosur.int/movimientos-migratorios-recientes-en-america-del-sur-2022/ (Recuperado el 28 de febrero de 2024).

INSTITUTO DE POLÍTICAS EN DERECHOS HUMANOS DEL MERCOSUR y ORGANIZACIÓN INTERNACIONAL PARA LAS MIGRACIONES: *Migración, derechos humanos y política migratoria*. Serie Migración y Derechos Humanos. IPPDH y OIM. Primera edición, Ciudad de Buenos Aires, 2016, p. 7.

Mecanismos de Consulta Interestatales sobre Migración https://www.iom.int/es/mecanismos-de-consulta-interestatales-sobre-migracion#:~:text=Los%20Mecanismos%20de%20Consulta%20Interestatales,en%20el%20campo%20de%20la (Recuperado el 28 de febrero de 2024).

ORGANIZACIÓN INTERNACIONAL PARA LAS MIGRACIONES: *Informe Migratorio Sudamericano Tendencias Migratorias en América del Sur*, N.° 1, 2017. Disponible en https://robuenosaires.iom.int/es/resources/sp/en-tendencias-migratorias-en-america-del-sur-no1-2017 (Recuperado el 28 de febrero de 2024).

ORGANIZACIÓN INTERNACIONAL PARA LAS MIGRACIONES: «Evaluación del Acuerdo de Residencia del MERCOSUR y su incidencia en el acceso a derechos de los migrantes», en *Cuadernos Migratorios*, Núm. 9. OIM. Buenos Aires, enero, 2018, p. 23.

ORGANIZACIÓN INTERNACIONAL PARA LAS MIGRACIONES (OIM) MISIÓN COLOMBIA: *Fortalecimiento de la Red Iberoamericana de Autoridades Migratorias -RIAM Oportunidades para el Desarrollo*. Bogotá, Colombia, 2020. Disponible en http://hdl.handle.net/20.500.11788/2295 (Recuperado el 28 de febrero de 2024).

Pacto Mundial para una Migración Segura, Ordenada y Regular y del Pacto Mundial sobre Refugiados (A/RES/73/195) Resolución aprobada por la Asamblea General el 19 de diciembre de 2018. Disponible en https://undocs.org/es/A/RES/73/195 (Recuperado el 28 de febrero de 2024).

Red Iberoamericana de Autoridades Migratorias (RIAM). Disponible en https://www.iom.int/es/red-iberoamericana-de-autoridades-migratorias-riam (Recuperado el 28 de febrero de 2024).

NORMATIVA

Acuerdo de Integración Subregional Andino, firmado el 26 de mayo de 1969 en la Ciudad de Cartagena, Colombia. Disponible en Acuerdo de Cartagena (Pacto Andino) — Acuerdo de Integración Subregional (1969) — Derecho Internacional Público — dipublico.org (Recuperado el 28 de febrero de 2024).

Decisión 674 del Consejo Consultivo de los Pueblos Indígenas de la Comunidad Andina, adoptada en la XI Reunión Extraordinaria del Consejo Andino de Ministros de Relaciones Exteriores, el 26 de Setiembre de 2007, en Nueva York, Estados Unidos de América. Disponible en https://www.comunidadandina.org/StaticFiles/DocOf/DEC674.pdf (Recuperado el 28 de febrero de 2024).

Decisión 1343 Estatuto Andino de Movilidad Humana, aprobado por el Parlamento Andino, Comunidad Andina de Naciones, el 24 de abril de 2015, en Medellín, Colombia. Disponible en https://biblioteca-parlamentoandino.janium.net/janium/Referen/Marcos_Normativos/Movilidad_humana_web.pdf(Recuperado el 28 de febrero de 2024).

Decisión N° 878 Estatuto Migratorio Andino, aprobado por el Consejo Andino de Ministros de Relaciones Exteriores, el 12 de mayo de 2021, en Lima, Perú. Disponible en https://www.comunidadandina.org/DocOficialesFiles/Gacetas/Gaceta%204239.pdf (Recuperado el 28 de febrero de 2024).

Decisión MERCOSUR/CMC/DEC N° 64/10, Texto actualizado conforme Decisión MERCOSUR/CMC/DEC N°32/17, Estatuto de la Ciudadanía del MERCOSUR. Disponible en https://www.mercosur.int/estatuto-ciudadania-mercosur/ (Recuperado el 28 de febrero de 2024).

Declaración Sociolaboral del MERCOSUR. Firmada en Río de Janeiro, Brasil, el 10 de diciembre de 1998. Disponible en http://www.sice.oas.org/labor/mercosur_sociolab.pdf (Recuperado el 28 de febrero de 2024).

Tratado constitutivo de UNASUR, firmado el 23 de mayo de 2008, en la ciudad de Brasilia, Brasil, en vigor desde el 11 de marzo de 2011. Disponible en http://www.iirsa.org/admin_iirsa_web/Uploads/Documents/rp_brasilia08_cumbre_unasur_tratado_constitutivo.pdf (Recuperado el 28 de febrero de 2024).

JURISPRUDENCIA

STJCA. Sentencia de 24 de marzo de 1997. *Acción de incumplimiento interpuesta por la Junta del Acuerdo de Cartagena contra la República de Venezuela*. Proceso 3-AI-96, p. 16.

STJCA. Sentencia de 20 de junio de 1997. *Acción de incumplimiento interpuesta por la República de Venezuela contra la República del Ecuador*. Proceso 2-AI-96, p. 30.

STJCA. Sentencia de 8 de diciembre de 1998. *Acción de incumplimiento interpuesta por la Secretaría General de la Comunidad Andina contra la República de Colombia*. Proceso 03-AI-97, p. 16.

TJUE. Sentencia de 1 de febrero de 1979, *Knoors*, 115/78, ECR (1979), p. 00409, párr. 20; Sentencia de 31 de marzo de 1993, *Kraus*, C-19/92,Rec. 1993, p. I-1693, párr. 6; Sentencia de 30 de noviembre de 1995, *Reinhard Gebhard c. Consiglio dell'Ordine degli Avvocati e Procuratori di Milano*, C-55/94, Rec. 1995, p. I-04197, párr. 37.

REFERENCIAS PERIODÍSTICAS

Fitz Patrick, M.: «Las radicaciones de venezolanos en Argentina se quintuplicaron en los últimos dos años», en *Infobae*. 25 de febrero de 2019.

MERCOSUR en el Día Internacional de los Derechos Humanos, 10 de diciembre de 2018. Disponible en https://www.mercosur.int/mercosur-en-el-dia-internacional-de-los-derechos-humanos/ (Recuperado el 28 de febrero de 2024).

CAPÍTULO VII

ACTUACIÓN DEL ESTADO MEXICANO EN EL CASO CABRERA GARCÍA Y MONTIEL FLORES VS MÉXICO

Prof.ª Dra. Terina Palacios Cruz[1]

Sumario: I. Introducción. II. Notas de la Secuela Procesal. III. Actuación de México frente al caso Cabrera García y Montiel Flores. IV. Observaciones Generales.

Resumen: La ponencia es una análisis al respecto de la actuación de México, en el caso Cabrera García y Montiel Flores, dicha situación se relaciona en principio A) con la responsabilidad del Estado por el sometimiento de los señores Teodoro Cabrera García y Rodolfo Montiel Flores a tratos crueles, inhumanos y degradantes, mientras se encontraban detenidos y bajo custodia de miembros del Ejército mexicano, siguiendo con el tema B) la falta de presentación sin demora ante un juez u otro funcionario autorizado para ejercer funciones judiciales que controlara la legalidad de la detención, señalando también C) la falta de investigación adecuada de las alegaciones de tortura, cerrando con D) la utilización del fuero militar para la investigación y juzgamiento de violaciones a los derechos humanos. De todos estos temas, trataremos de enfocarnos en la actuación y alegaciones por parte del Estado dentro del procedimiento.

Palabras clave: Derecho Humanos, Corte Interamericana Contra México, Casos Contenciosos.

---

1 Abogada por la Universidad Cristóbal Colón, Maestra en Derecho Comercial Internacional por el ITESM, Doctora en Derecho por la Universidad de Alcalá de Henares, becada por la Fundación Ford y CONACYT, actualmente docente de tiempo completo en la Universidad Cristóbal Colon, y Docente por asignatura en la Universidad Veracruzana, ha realizado 8 publicaciones internacionales, a través de la Red Euro Latinoamericana de Profesores de Derecho Internacional y Derecho Comunitario Europeo.

I. Introducción

La Constitución mexicana es de 1917, en mis exposiciones sobre estos temas me enorgullece señalar que es considerada a nivel internacional como una de las primeras constituciones con delimitación de ciertos derechos sociales, estableciendo una parte dogmática en sus primeros artículos, en los cuales se conceptualizan las garantías individuales desde aquella época, avanzando en el tiempo, posterior a la Segunda Guerra Mundial, se realiza la firma de la Carta de San Francisco, surgiendo la Organización de Naciones Unidas en 1948, en uno de sus primeros acuerdos generales dio a conocer la Declaración Universal de los Derechos Humanos. Sabemos que se logran en beneficio de los gobernados, grandes avances en materia de conceptualización de derechos humanos, pero pareciera que éstos siguen siendo "negados" a ciertos grupos de personas[2]. Es cuando surge el concepto de discriminación, "discriminar significa, proporcionar a una persona un trato desigual con motivo de sus creencias, de su raza, su sexo, su condición social, su origen étnico, sus preferencias sexuales, sus capacidades físicas, etcétera, teniendo como resultado el menoscabo de sus derechos fundamentales"[3]. Entonces caemos en una robusta fundamentación teórica, pero en situaciones reales de discriminación hacia ciertos grupos vulnerables, como pudieran ser mujeres indígenas, grupos de activistas, y/o reporteros por sólo señalar algunos de los casos expuestos ante la Corte Interamericana en contra de México.

Durante la segunda mitad del Siglo XX México ha sido parte en diversas ocasiones ante la Corte Interamericana de Derechos Humanos, estas actuaciones son debidas a violaciones de los Derechos Humanos dentro del país, como referentes más conocidos podemos citar el caso Campo Algodonero[4], en el cual se le encuentra a México responsable por la falta de

2 «6 millones de adultos son analfabetos; la inmensa mayoría de las mujeres indígenas mayores de 65 años no saben leer ni escribir; y millares de discapacitados se encuentran excluidos de la educación escolar». García Ramírez, Sergio y Morales Sánchez, Julieta. La Reforma Constitucional sobre Derechos Humanos (2009-2011) Editorial Porrúa. México 2013. PP3-4.

3 De la Torre Martínez, C. *El Derecho a la No Discriminación en México*. Editorial Porrúa y Comisión Nacional Derechos Humanos. México 2006. P32.

4 La demanda se relaciona con la supuesta responsabilidad internacional del Estado por «la desaparición y ulterior muerte» de las jóvenes Claudia Ivette González, Esmeralda Herrera Monreal y Laura Berenice Ramos Monárrez (en adelante «las jóvenes González, Herrera y Ramos»), cuyos cuerpos fueron encontrados en un campo algodonero de Ciudad Juárez el día 6 de noviembre de 2001. Se responsabiliza al Estado por «la falta de medidas de protección a las víctimas, dos de las cuales eran menores de edad; la falta de prevención de estos crímenes, pese al pleno conocimiento de la existencia de un patrón de violencia de género que había dejado centenares de mujeres y niñas asesinadas; la falta de respuesta de las autoridades frente a la desaparición [...]; la falta de debida diligencia en la investigación de los asesinatos [...], así como la denegación de justicia y la falta de reparación

investigación y prevención en los feminicidios de mujeres en ciudad Juárez ocurridos en la década de los noventa, para el año 2001, la Corte ya daba por probado y ya se había reconocido en el ámbito nacional la fuerte ola de violencia contra las mujeres, sin embargo el Estado mexicano no demostró haber adoptado medidas afectivas de prevención que buscarán la reducción del riesgo para las mujeres.

> «Se tienen argumentos que permiten señalar que las autoridades estatales han incurrido en una omisión culposa al observar el crecimiento de este fenómeno social, y no atenderlo, controlarlo o erradicarlo, ya que no sólo no lo previeron ni previnieron sino que tampoco extremaron sus cuidados; y tomando como referencia los casos de mujeres asesinadas durante 1998, es una tendencia que de no tomarse de inmediato las medidas necesarias para prevenirlo y reprimirlo, al parecer, lamentablemente rebasar[án] las cifras de los años anteriores»[5].

Un segundo caso relevante lo encontramos en el caso Rosendo Cantú y Otra vs México[6]. en esta ocasión se refiere a la responsabilidad del estado Mexicano ante la detención arbitraria, violación sexual y tortura de una joven mujer indígena Valentina Rosendo Cantú, cuya sentencia fue emitida por la corte durante el 2010, siendo perpetrados los hechos por elementos militares, dentro del esquema de «guerra contra el narcotráfico», en el cual se sabe que particularmente en Guerrero han utilizado su posición de poder en contra de grupos indígenas, por lo cual la CIDH reitera que «en un estado democrático de Derecho la jurisdicción militar penal debe tener un alcance restrictivo y excepcional»[7] por lo que solo se debe juzgar a militares activos por acciones derivadas de sus funciones, en donde se atente en contra de bienes jurídicos del orden militar, resultando obvio que la violación a una mujer indígena, menor de edad, perpetrada por dos hombres, acompañados de otros 6 miembros activos, no puede ser considerada como una acción militar.

> «El 31 de agosto de 2010 la Corte Interamericana de Derechos Humanos declaró, por unanimidad, que el Estado de México resulta internacionalmente responsable por la violación de los derechos a la integridad personal, a la dignidad, a la vida privada, a los derechos del niño, a las garantías judiciales y a la protección judicial en perjuicio de la señora Rosendo Cantú. (...). Los hechos del presente caso ocu-

---

adecuada». Sentencia González y otras. («Campo Algodonero») vs México. https://www.corteidh.or.cr/docs/casos/articulos/seriec_205_esp.pdf

5 Recomendación 44 de la CNDH. https://www.cndh.org.mx/documento/recomendacion-441998

6 *Cfr. Caso Rosendo Cantú y otra Vs. México. Excepción Preliminar, Fondo, Reparaciones y Costas*. Sentencia de 31 de agosto de 2010. Serie C No. 216. El texto íntegro de la Sentencia se encuentra disponible en: http://www.corteidh.or.cr/docs/casos/articulos/seriec_216_esp.pdf.

7 https://www.corteidh.or.cr/docs/casos/articulos/resumen_216_esp.pdf

rrieron en un contexto de importante presencia militar en el estado de Guerrero, dirigida a reprimir actividades ilegales como la delincuencia organizada y, según se ha denunciado, en esa tarea se vulneran derechos fundamentales. En el estado de Guerrero gran parte de la población pertenece a comunidades indígenas, las cuales residen en municipios de gran marginación y pobreza y, en general, se encuentran en una situación de vulnerabilidad, reflejada en diferentes ámbitos como la administración de justicia y los servicios de salud. Entre las formas de violencia que afectan a las mujeres en el estado de Guerrero se encuentra la "violencia institucional castrense"»[8].

La realidad nos demuestra que México ha sido objeto de investigaciones en diversos casos que incluyen una variedad nada presumible de temas, particularmente presentaremos más a fondo el caso de Cabrera García y Montiel Flores Vs México, el cual se encuentra en principio integrado ante la Comisión Interamericana de Derechos Humanos, para posteriormente ser presentado ante la Corte Interamericana, pues hay suficientes evidencias de organismos nacionales e internacionales, para demostrar que la tortura es un instrumento normalizado en las investigaciones llevadas a cabo en el sistema de justicia penal en México, admitiéndose declaraciones y/o confesiones obtenidas bajo tortura, en los procesos llevados a cabo, lo cual va en contra de los principios constitucionales vigentes, así como la Convención contra la Tortura y otros tratos o penas Crueles, Inhumanos o Degradantes del 10 de diciembre de 1984.

II. Notas de la Secuela Procesal Caso Cabrera García y Montiel Flores Vs México[9]

Los hechos del presente caso se iniciaron el 2 de mayo de 1999, cuando el señor Montiel Flores se encontraba fuera de la casa del señor Cabrera García, junto a otras personas, en la comunidad de Pizotla, Municipio de Ajuchitlán del Progreso, en el Estado de Guerrero, lugar al cual llegaron más de 40 miembros del 40.° Batallón de Infantería del Ejército Mexicano, en el marco de un operativo contra otras personas.

Es así como dentro de un operativo general de búsqueda en contra de grupos armados, fueron detenidos el domingo 2 de mayo de 1999 a las 16:30 horas, los señores Cabrera García y Montiel Flores, siendo transportados 4 días después, el jueves 6 de mayo de 1999 hasta las oficinas del Ministerio Público Federal, en la ciudad de Coyuca de catalán. Ese mismo día, las presuntas víctimas habrían realizado una segunda declaración ante el Ministerio

8 https://www.corteidh.or.cr/docs/casos/articulos/seriec_220_esp.pdf

9 Este apartado es tomado en su totalidad de las actuaciones del caso frente a la Corte Interamericana de Derechos Humanos.

Público. De esta manera, el Agente del Ministerio Público consignó la averiguación previa 33/CC/999, mediante la cual resolvió que existían elementos para acreditar la probable responsabilidad penal. Siendo hasta las 18:06 horas que quedaron a disposición del Juez de Primera Instancia del Distrito Judicial de Mina, el cual inició el expediente 03/999 y calificó como legal la detención de los señores Cabrera y Montiel[10].

Los representantes de las víctimas son tres centros que protegen los derechos humanos, el primero es el Centro de Derechos Humanos Miguel Agustín Pro Juárez A.C. («Centro Prodh»), el Centro por la Justicia y el Derecho Internacional («CEJIL») y el Centro de Derechos Humanos de la Montaña Tlachinollan A.C., es una pena comentarlo, pero la realidad es que estas situaciones suceden mucho más seguido de lo que se puede documentar, llegando sólo esporádicamente a las instancias internacionales[11].

El apoyo por parte de organizaciones internacionales se manifestó a través de 12 escritos en calidad de AMICUS CURIAE[12]. de diversas personas e instituciones que se dedican al estudio de los derechos humanos, por ejemplo la Escuela de Derecho de la Universidad de Harvard, así como de la Universidad de Texas, aportando sus argumentos sobre detención ilegal, vulnerabilidad de las personas detenidas sin orden judicial y la necesidad de ser llevados ante la autoridad competente sin demora, por parte del CIDE, ITAM y la Escuela Libre de Derecho, todas instituciones de mucho prestigio a nivel nacional, a través de cuyas aportaciones, se argumentó sobre detenciones ilegales del Ejercito mexicano así como la cotidianeidad de la tortura[13] por parte de los militares contra la población, algo que nos lleva a la necesidad de protección, garantía y recurso efectivo para los defensores de derechos humanos y del medio ambiente.

El 28 de agosto de 2000, se dicta sentencia mediante la cual se condena a pena privativa de libertad, dicha sentencia fue objetada a través de diversos recursos judiciales y se modificó parcialmente a su favor. En el año 2001 los

10 *Cfr.* https://www.corteidh.or.cr/docs/casos/articulos/seriec_220_esp.pdf

11 *Cfr.* https://www.corteidh.or.cr/docs/casos/articulos/seriec_220_esp.pdf

12 «El *amicus curiae* (amigo de la Corte) permite que terceros ajenos a un proceso ofrezcan opiniones de trascendencia para la solución de un caso sometido a conocimiento judicial, justificando su interés en su resolución final. Cabe resaltar que este tipo de intervención ayuda a mejorar el nivel de transparencia en los procesos judiciales, eleva el nivel de discusión y abre el debate de la temática en litigio, especialmente en aquellos casos donde se encuentre comprometido el interés público o exista una trascendencia social que supere las particularidades del caso concreto». El *amicus curiae*, ¿qué es y para qué sirve? Defensoría del Pueblo. Lima, Perú. 2009 https://www.corteidh.or.cr/tablas/26654.pdf

13 Naciones Unidas, Relator Especial sobre la tortura y otros tratos o penas crueles, inhumanos o degradantes, «Informe de seguimiento del Relator Especial sobre la tortura y otros tratos o penas crueles, inhumanos o degradantes — México», 17 de febrero de 2017, UN Doc. No. A/HRC/34/54/Add.4

señores Cabrera y Montiel fueron liberados para continuar cumpliendo la sanción que se les impuso en su domicilio, debido a su estado de salud[14]. El 24 de junio de 2009, la Comisión presenta la demanda en contra de México ante la Corte Interamericana de Derechos Humanos, pues no se habían adoptado las recomendaciones incluidas en el informe de fondo 88/08 de octubre de 2008.

III. Actuación de México frente al caso Cabrera García y Montiel Flores

III.1. El Estado opone excepción preliminar de cuarta instancia[15]

México alega, que mientras se respete el control de convencionalidad en los tribunales internos la Corte no debería intervenir, sin embargo, los representantes señalan que no se está solicitando revisar la manera en que los tribunales mexicanos aplican la legislación interna, sino las alegadas violaciones a los instrumentos interamericanos, ya que el Estado es internacionalmente responsable por hechos u omisiones de cualquiera de los poderes de sus órganos, así como de las actuaciones u omisiones de cualquiera de los representantes de la autoridad, por lo cual los representantes señalaron que la evaluación del cumplimiento del control de convencionalidad, al igual que el cumplimiento de las obligaciones que emanan del tratado, compete a la Corte Interamericana.

Este Tribunal ha establecido que la jurisdicción internacional tiene carácter subsidiario, coadyuvante y complementario, como se expresa en el preámbulo de la Convención Americana sobre Derechos Humanos, razón por la cual no desempeña funciones de tribunal de cuarta instancia. Por lo tanto, identificar si dentro de las actuaciones de los órganos judiciales de cada país, han existido violaciones a las obligaciones convencionales de protección de derechos humanos, es en esencia la función de la Corte Internacional, lo cual se realiza a través del análisis de los respectivos procesos internos con el fin

14 Sentencia del 26 de noviembre de 2010, caso Cabrera García y Montiel Flores vs México. https://www.corteidh.or.cr/docs/casos/articulos/seriec_220_esp.pdf

15 Durante el proceso ante la Corte, el Estado opone una excepción preliminar de «cuarta Instancia» ya que sostiene en sus argumentos que «la Corte no puede determinar si los tribunales nacionales aplicaron correctamente el derecho interno o si el fallo emitido fue equivocado o injusto» y que sólo «debe[ría] determinar» si el proceso judicial penal «se apegó a los principios de garantía y protección judicial consagrados en la Convención Americana o si existe algún error judicial comprobable y comprobado que acredite una grave injusticia». https://www.corteidh.or.cr/docs/casos/articulos/seriec_220_esp.pdf

de realizar una valoración de si se están realizando las acciones necesarias y suficientes para que se respeten los derechos humanos de todos los ciudadanos, siendo precisamente esto, lo que se debate en el fondo del asunto presentado[16].

Por supuesto que el Estado argumenta que no existe ninguna violación de derechos humanos, lo que se requiere, por parte del Estado es presentar las evidencias de que se respetan todas las obligaciones convencionales. Para este procedimiento México nombró un Juez Ad Hoc, al abogado Eduardo Ferrer Mac Gregor, quien presentó un voto particular con interpretación sobre este tema, señalando que «para poder realizar un análisis valorativo del cumplimiento de determinadas obligaciones internacionales existe una intrínseca interrelación entre el análisis del derecho internacional y de derecho interno»[17]. De lo expuesto se concluye que la jurisdicción interamericana será competente, en determinados casos, para revisar las actuaciones de los jueces nacionales, incluido el correcto ejercicio del control de convencionalidad, siempre y cuando el análisis se derive del examen que realice de la compatibilidad de la actuación nacional a la luz de la Convención Americana sobre Derechos Humanos, de sus Protocolos adicionales y de su propia jurisprudencia convencional. En razón de todo lo dispuesto anteriormente, la Corte desestima la excepción preliminar interpuesta por México.

III.2. El Estado pretende que no se considere el *contexto*, refiriéndose a las reiteradas violaciones de Derechos Humanos en Guerrero

Al respecto de este punto, México solicita que la Corte «se ciña al motivo primordial de la Litis, que sería corroborar que el actuar de las autoridades mexicanas se ajustó a los estándares internacionales en materia de derechos humanos»[18]. Pretendiendo con esto descartar todas las alegaciones sobre las violaciones ya documentadas y comprobadas de derechos humanos en Guerrero, con la intención de dejar fuera del análisis de este caso, los patrones de uso de tortura en México dentro de los procesos judiciales, así como la utilización del fuero militar para la investigación y juzgamiento de violaciones de derechos humanos, en este postura de México se pone de manifiesto que no conocemos el concepto de EQUIDAD, utilizado y conceptualizado en el Derecho Internacional Público, en el cual se permite ir más allá de la

16 *Cfr.* https://www.corteidh.or.cr/docs/casos/articulos/seriec_220_esp.pdf

17 Voto particular del Juez Ad Hoc, designado por México Eduardo Ferrer Mac Gregor, el cual se encuentra al final de la sentencia para su consulta. https://www.corteidh.or.cr/docs/casos/articulos/seriec_220_esp.pdf

18 https://www.corteidh.or.cr/docs/casos/articulos/seriec_220_esp.pdf

aplicación estricta del derecho para lograr impartir justicia, acorde a las circunstancias de cada situación.

Como se señala en la sentencia, «en casos de alta complejidad fáctica en los que se alega la existencia de patrones o prácticas de violaciones de derechos humanos de carácter masivo, sistemático o estructural, es difícil pretender una delimitación estricta de los hechos»[19]. De tal manera, el litigio presentado ante el Tribunal no puede estudiarse pretendiendo excluir aquellos elementos contextuales que puedan ilustrar al juez internacional acerca de las circunstancias materiales, temporales y espaciales en que ocurrieron los hechos, en estricto sentido la *litis* planteada sólo puede resolverse a partir de una valoración conjunta de todas las circunstancias expuestas y a la luz del acervo probatorio.

De relevancia también para este caso es retomar la idea de que el ejército mexicano no es autoridad competente para la investigación y persecución de delitos, lo cual ha llegado a ser una constante en esta zona del país, buscándose la imposición del Estado de Derecho mediante la intervención de las fuerzas armadas, justificándose la alta presencia militar en actividades de seguridad pública, pero que históricamente ha demostrado ser un riesgo para los derechos humanos de los ciudadanos. En sentencias de la Corte que comentamos al principio de este documento[20], se ha señalado que, si bien el Estado tiene el derecho y la obligación de garantizar su seguridad y mantener el orden público, su poder no es ilimitado, pues tiene el deber, en todo momento, de aplicar procedimientos conformes a Derecho y respetuosos de los derechos fundamentales de todo individuo que se encuentre bajo su jurisdicción, la posibilidad de otorgar a las fuerzas armadas funciones dirigidas a la restricción de la libertad personal de civiles, debe tratarse como una excepción.

III.3. El Estado admite las pruebas obtenidas mediante coacción y tortura

Entre los argumentos presentados por los representantes encontramos que existe tortura «porque se trató de un conjunto de actos perpetrados sistemáticamente durante varios días con el propósito de hacer que las víctimas aceptaran los cargos que se les presentaron y que firmaran confesiones auto inculpatorias»[21]. Resultando indispensable tener presentes los estándares establecidos en el Protocolo de Estambul para la investigación de posibles

19 https://www.corteidh.or.cr/docs/casos/articulos/seriec_220_esp.pdf

20 *Cfr.* https://www.corteidh.or.cr/docs/casos/articulos/seriec_205_esp.pdf

21 https://www.corteidh.or.cr/docs/casos/articulos/seriec_220_esp.pdf

casos de tortura y otros tratos crueles, inhumanos o degradantes[22], dicho Protocolo hace énfasis en que una investigación de este tipo no puede depender únicamente de la obtención de evidencia física de tortura, «en ningún caso se considerará que la ausencia de señales físicas indica que no se ha producido tortura, ya que es frecuente que estos actos de violencia contra las personas no dejen marcas ni cicatrices permanentes»[23], especialmente en un caso como el presente, a la luz del tiempo transcurrido desde los hechos.

El Tribunal constata que en el presente caso la investigación fue iniciada más de tres meses después de que se hiciera la primera mención sobre las alegadas torturas cometidas en contra de los señores Cabrera y Montiel el día 7 de mayo de 1999. Además, la Corte observa que se dio inicio a dicha investigación por petición expresa de los denunciantes realizada el 26 de agosto de 1999 dentro del proceso penal que se llevó a cabo en su contra.

Al respecto, la Corte observa que la regla de exclusión de pruebas obtenidas mediante la tortura o tratos crueles e inhumanos ha sido reconocida por diversos tratados[24] y órganos internacionales de protección de derechos humanos, considerándose que es una regla que ostenta un carácter absoluto e inderogable. Lo que queremos señalar es que todo lo presentado como evidencia debió ser rechazado y/o anulado ya que es en ese sentido, que la Corte ha sostenido que la anulación de los actos procesales derivados de la tortura o tratos crueles constituye una medida efectiva para hacer cesar las consecuencias de una violación a las garantías judiciales.

La Comisión y los representantes indicaron que las víctimas, «al realizar sus declaraciones auto inculpatorias ante el Ministerio Público Federal y el

---

22 Algunos órganos y procedimientos especiales de la Organización de las Naciones Unidas, como, por ejemplo, el Subcomité para la Prevención de la Tortura y otros Tratos o Penas crueles, Inhumanos o Degradantes y el Relator Especial sobre la tortura y otros tratos o penas crueles, inhumanos o degradantes, han hecho notar deficiencias en la detección de la tortura y la aplicación de las directrices contenidas en el Protocolo de Estambul. *Cfr*. Naciones Unidas, Subcomité para la Prevención de la Tortura y otros Tratos o Penas crueles, Inhumanos o Degradantes, Informe sobre la Visita a México del 12 al 21 de diciembre de 2016 observaciones y recomendaciones dirigidas al Estado parte, párr. 45 a 50. Disponible en: https://tbinternet.ohchr.org/_layouts/15/treatybodyexternal/Download.aspx?symbolno=CAT%2fOP%2fMEX%2f2&Lang=en

23 Protocolo de Estambul.

24 El artículo 15 de la Convención contra la Tortura y Otros Tratos o Penas Crueles, Inhumanos o Degradantes establece que «[t]odo Estado Parte se asegurará de que ninguna declaración que se demuestre que ha sido hecha como resultado de tortura pueda ser invocada como prueba en ningún procedimiento, salvo en contra de una persona acusada de tortura como prueba de que se ha formulado la declaración». Por su parte, el artículo 10 de la Convención Interamericana para Prevenir y Sancionar la Tortura indica que «[n]inguna declaración que se compruebe haber sido obtenida mediante tortura podrá ser admitida como medio de prueba en un proceso, salvo en el que se siga contra la persona o personas acusadas de haberla obtenido mediante actos de tortura y únicamente como prueba de que por ese medio el acusado obtuvo tal declaración».

Juez del Distrito Judicial de Mina[,] todavía se encontraban bajo los efectos del miedo, la angustia y sentimientos de inferioridad, puesto que sólo habían pasado unos cuantos días desde su detención y maltratos físicos». Además, la Comisión y los representantes señalaron que la práctica de tortura se ve aumentada por la fuerza jurídica otorgada a la primera declaración del inculpado, la cual es realizada por el Ministerio Público y no por un juez, a lo que añadió el valor primario otorgado a esta declaración por los tribunales mexicanos. Por su parte, los representantes señalaron que «las confesiones de las víctimas debieron haber sido excluidas del proceso penal» y que no debió tenerse en cuenta la ratificación de las declaraciones ante el Juzgado, puesto que los señores Cabrera y Montiel «aún se encontraban bajo los efectos de la tortura y amenazas y sin entender qué significado o alcances tenía la ratificación»[25].

La investigación promovida por las víctimas respecto a los alegados actos de tortura en su contra fue conducida por autoridades militares debido a que el artículo 57, romano II, literal a) del Código de Justicia Militar establece que son delitos contra la disciplina militar, aquellos que fueren cometidos por militares en momentos de estar en servicio o con motivo de actos del mismo. Los tratos crueles, inhumanos y degradantes cometidos en contra de una persona por parte de personal militar, son actos que no guardan, en ningún caso, relación con la disciplina o la misión castrense, aunque México ya ha realizado una reforma a este artículo en 2015, la Corte señala que, aunque si existió un proceso de armonización en el derecho interno con el derecho convencional, solo se cumplió parcialmente con las obligaciones convencionales y jurisprudenciales[26].

Los actos alegados cometidos por personal militar contra los señores Cabrera y Montiel afectaron bienes jurídicos tutelados por el derecho penal interno y la Convención Americana, como la integridad y la dignidad personal de las víctimas. Es claro que tal conducta es abiertamente contraria a los deberes de respeto y protección de los derechos humanos y, por lo tanto, está excluida de la competencia de la jurisdicción militar. como se indicó en los Casos Radilla Pacheco, Fernández Ortega y Rosendo Cantú, es necesario que las interpretaciones constitucionales y legislativas referidas a los criterios de competencia material y personal de la jurisdicción militar en México, se adecuen a los principios establecidos en la jurisprudencia de este Tribunal que han sido reiterados[27] y que aplican para toda violación de derechos

25 https://www.corteidh.or.cr/docs/casos/articulos/seriec_220_esp.pdf

26 *Cfr.* Góngora Maas, Juan Jesús. «La Reforma al artículo 57 del Código de Justicia Militar a la luz de los estándares de la Corte Interamericana de Derechos Humanos sobre jurisdicción militar». Boletín Mexicano de Derecho Comparado. Vol. 48 no. 144 Ciudad de México, sep./dic. 2015. https://www.scielo.org.mx/

27 *Cfr. Caso Radilla Pacheco vs. México*, párr. 340; *Caso Fernández Ortega y otros. vs. México*, párr. 237, y *Caso Rosendo Cantú y otra vs. México*, párr. 220.

humanos, que se alegue hayan cometido miembros de las fuerzas armadas. Ello implica que, independientemente de las reformas legales que el Estado deba adoptar, en el presente caso corresponde a las autoridades judiciales, con base en el control de convencionalidad, disponer inmediatamente y de oficio el conocimiento de los hechos por el juez natural, es decir el fuero penal ordinario[28].

IV. Observaciones generales

Se dice en el libro de Béjar Fonseca (2014) que México se incorpora a un movimiento universal, dentro de la «escuela denominada neoconstitucionalismo, en la que participa Luigi Ferrajoli, quien afirma que el paradigma garantista representa otra cara del constitucionalismo»[29],. el autor nos dice también, que se refiere a un constitucionalismo sustentado en principios, lográndose la eliminación del concepto garantías individuales a través de reformas sustanciales a la Carta Magna durante el año 2011, en términos generales si se lograron avances en el desarrollo del respeto a los derechos humanos al incluirlos en el ámbito constitucional con las reformas mencionadas, pero de las revisiones específicas de lo que se realiza al respecto de las sentencias emitidas por la CIDH, aún falta cumplimiento como se observa en las diversas revisiones realizadas por la Corte.

Los puntos que abordamos en esta ponencia están relacionados con la actuación de México, ya que observamos que se pretende aplicar practicas del ejercicio jurídico nacional ante la Corte Interamericana de Derechos Humanos, los temas sobre detenciones ilegales, o la tortura como media para obtener confesiones inculpatorias, seguirán latentes en el ámbito jurídico nacional, aunado a la realidad de que aunque en las campañas políticas es ampliamente criticada la presencia del ejército en las calles, pero en el ejercicio como gobernantes, cada día que pasa vemos fuerzas armadas realizando actividades de vigilancia en las calles de las ciudades, así como detenciones para revisiones en las carreteras, lo cual para los ciudadanos sigue siendo *normal*, pero como ya lo hemos planteado, abre la posibilidad de abusos en contra de ciertos sectores de la población.

La vulneración de los derechos humanos en México es un tema controversial por las constantes situaciones que como país hemos enfrentado, en este análisis del Caso Cabrera García y Montiel Flores vs México, se delinean patrones de discriminación estructural y violencia sistemática, pues ya se establecido en diversos casos que existe en el sistema judicial penal

28 *Cfr. Caso Fernández Ortega y otros. vs. México*, párr. 237, y *Caso Rosendo Cantú y otra vs. México*, párr. 220.

29 Béjar Fonseca, J. L. *Garantías de los Derechos Humanos*. Editorial Novum. México. 2014. p. 14.

mexicano está normalizada la tortura como un medio de coacción, destacando asimismo la falta de efectividad de mecanismos de prevención y rendición de cuentas.

Los señores Cabrera García y Montiel Flores fueron víctimas de detención arbitraria, tortura, maltrato físico y psicológico, así como de su derecho a un juicio justo. En este escrito se enfatiza la importancia de la exclusión de pruebas obtenidas mediante coacción, en aras de asegurar la integridad del proceso judicial y salvaguardar los derechos de los acusados. Se concluye con una llamada a la acción para que las autoridades judiciales adopten medidas concretas para investigar de manera exhaustiva y efectiva las denuncias de violaciones cometidas, promoviendo así la justicia y el respeto pleno de los derechos humanos en México.

Recursos bibliográficos

Béjar Fonseca. J. L. *Garantías de los Derechos Humanos.* Editorial Novum. México. 2014

De la Torre Martínez, C. *El Derecho a la No Discriminación en México*. Editorial Porrúa y Comisión Nacional Derechos Humanos. México. 2006.

García Morelos, G. «Control de Convencionalidad de los Derechos Humanos en los Tribunales Mexicanos», cuadernos de Divulgación de la Justicia Electoral. TEPJF. 2015.

García Ramírez. S y **Morales Sánchez J.** La Reforma Constitucional sobre Derechos Humanos (2009-2011). UNAM, Editorial Porrúa. 3.ª edición. México. 2013.

Navarro Aldape, F. El Control de Convencionalidad y el Poder Judicial en México, Mecanismo de Protección Nacional e Internacional de los Derechos Humanos. SCJN. Instituto de Investigaciones Jurisprudenciales y de Promoción y Difusión de la ética Judicial. México. 2012.

DOCUMENTOS CONSULTADOS

«El *amicus curiae*, ¿qué es y para qué sirve?». Defensoría del Pueblo. Lima, Perú. 2009 https://www.corteidh.or.cr/tablas/26654.pdfRecuperado 11 de noviembre de 2023.

Góngora Maas, J. J. «La Reforma al artículo 57 del Código de Justicia Militar a la luz de los estándares de la Corte Interamericana de Derechos Humanos sobre jurisdicción militar». Boletín Mexicano de Derecho Comparado. Vol. 48 no. 144 Ciudad de México, sep./dic. 2015. https://www.scielo.org.mx/Recuperado 18 de marzo de 2024.

Informe de seguimiento del Relator Especial sobre la tortura y otros tratos o penas crueles, inhumanos o degradantes — México", 17 de febrero de 2017, UN Doc. No. A/HRC/34/54/Add.4 Recuperado 14 de noviembre de 2023.

Recomendación General 44 de la CNDH. Recuperado. 18 noviembre de 2023.

https://www.cndh.org.mx/documento/recomendacion-441998

Sentencia. Caso Rosendo Cantú y otra Vs. México. Excepción Preliminar, Fondo, Reparaciones y Costas. Sentencia de 31 de agosto de 2010. Recuperado 12 octubre de 2024.

http://www.corteidh.or.cr/docs/casos/articulos/seriec_216_esp.pdf

Sentencia González y otras. («Campo Algodonero») vs México. Recuperado 4 enero 2024.

https://www.corteidh.or.cr/docs/casos/articulos/seriec_205_esp.pdf

Sentencia del 26 de noviembre de 2010, caso Cabrera García y Montiel Flores vs México.

https://www.corteidh.or.cr/docs/casos/articulos/seriec_220_esp.pdf Recuperado 11 octubre de 2023.

Supervisión de cumplimiento de sentencia del 20 de junio del 2020, Caso Cabrera García y Montiel Flores contra México. Recuperado 11 de octubre de 2023.

https://www.corteidh.or.cr/docs/supervisiones/cabreragarciaymontiel_24_06_20.pdf

CAPÍTULO VIII

PERSPECTIVAS DE LAS RELACIONES INTERNACIONALES DESDE LA INTEGRACIÓN REGIONAL

Prof.ª Liliana Bertoni[1]

Sumario: I. Diagnóstico situacional I.1. Las transformaciones en los procesos de integración regional. I.2. La soberanía y los procesos de integración. II. Factores externos que condicionan los procesos de integración los cambios estructurales en el orden internacional. III. Como gestionar el cambio. IV. El Sistema multilateral, crisis y reacomodamiento. V. Apuntes sobre la comunidad internacional y las acciones multilaterales. VI. El aumento de tensiones dentro de los bloques de integración. VII. Consideraciones finales.

Resumen: Cuando nos disponemos a analizar el modo de relacionamiento de los Estados en la comunidad Internacional podemos sostener que los cambios producidos en estas ultimas décadas son precipitados, de una velocidad asombrosa y que contribuyeron a alterar los standares de comportamiento establecidos en todos los ordenes.

En muchos casos esta situación se presenta como una situación conflictiva y disruptiva del orden establecido que consecuentemente produce la alteración no solo las reglas y legislación existente sino que también impacta y distorsiona los conceptos básicos de actuación que los Estados han venido manejando respecto de la sociedad civil, del mundo del comercio, los modos de producción y ambientales, conceptos sobre los que se diagramaban las políticas estatales al respecto de estos y otros temas de relevancia que hacen por una parte a la gestión de las políticas estatales y además al relacionamiento externo de cada uno de los Estados de la comunidad internacional.

---

1 Abogada, especialista en Integración regional, Directora del Departamento de publicaciones del Instituto Eurolatinoamericano de Estudios para la Integración Regional IELEPI.

Claro ejemplo de estos cambios, son los conceptos de soberanía y democracia que a pesar que la conceptualización formal establecida sigue aún vigente, el día a día nos demuestra que ambos conceptos han mutado, han sufrido un cambio estructural y han transformado los modelos establecidos dentro de los cuales se desarrolla la vida tanto en los ámbitos internacionales y nacionales, de la misma manera que el comportamiento de los Estados en las relaciones intergubernamentales.

Asimismo los cambios y transformaciones resultaron relevantes en la vida misma de cada uno de nosotros. Este articulo busca en primer lugar dar una visión de la situación de cambio para luego indagar en las tareas necesarias para poder gestionar eficaz y eficientemente el cambio.

Palabras claves: Transformación, cambios, Estado, Integración.

I. Diagnóstico situacional

Entendiendo y reconociendo que la situación de cambio es real, palpable, que muchas de las cosas y situaciones que nos rodean, han pasado de un estado a otro, podemos sostener que existe también una transformación de la visión global de como deberían encaminarse las actuaciones y como deberían gestionarse desde los Estados nacionales estos procesos de cambio.

Los Estados nacionales representados como una unidad política territorial, jurídica y económica se han transformado hacia adentro y hacia afuera al interconectarse gradualmente en una pauta más amplia de transformaciones y flujos de información globales.

A mediados del siglo pasado la integración regional fue un factor importante de transformación del Estado y de los elementos del Estado. El integracionismo impulsó una nueva estructura organizativa de los Estados, en la que emergieron nuevas formas de relaciones internas y externas en un marco común.

El nuevo espacio ampliado de actuación conjunta transformó conceptos arraigados a la identidad del Estado, como el de soberanía, la emisión de una moneda nacional, el concepto de fronteras entre otros y en algunos casos el integracionismo contribuyó a reforzar y reafirmar el compromiso democrático.

I.1. Las transformaciones en los procesos de integración regional

Los desafíos y transformaciones que trajo consigo la integración entre los Estados exigen un análisis más detallado y certero en relación con las transformaciones resultantes de esta mayor interrelación.

Pero antes de iniciar un análisis detallado de esta cuestión, es importante recordar que esta interrelación que impulsa un accionar mancomunado y conjunto dentro de un espacio de actuación ampliado, no supone el surgimiento de un nuevo Estado. Sin embargo incide y produce cambios estructurales no solo desde una perspectiva política y económica sino también desde una perspectiva jurídica dado que este nuevo espacio de actuación conjunta requiere la elaboración de un nuevo sistema normativo, particular, dado para regir las acciones encaminadas hacia el cumplimiento de los objetivos buscados por los propios Estados al iniciar estos procesos de integración regional.

A este respecto, debemos recordar que si bien es cierto que la integración parte de ciertos supuestos que conducen a una mayor o menor profundización de las relaciones interestatales, no todo esquema de integración redunda necesariamente en un cambio del sustrato normativo, político y económico de los Estados Miembros. Por tanto se debe siempre tener en cuenta las diferencias existentes entre los diversos Acuerdos o Tratados cuyo fin último es la integración interestatal.

Es decir no se puede homogeneizar los diferentes procesos integracionistas bajo un mismo parámetro legal o incluso político.

El desarrollo de los procesos de integración depende esencialmente del objetivo elegido por el conjunto de Estados participantes en dicho proceso al momento de integrarse.

En el caso de objetivos puramente económicos, posiblemente si su objetivo no se amplia, nos encontraremos frente a un proceso de cooperación reforzada que seguramente se sostendrá con una institucionalidad simple, que ayude a facilitar la aceleración de los términos de intercambio comercial .

Pero si el objetivo principal de un proceso de integración es la instauración de un conjunto de medidas encaminadas a profundizar la asociación multilateral de carácter económica hacia los ámbitos social, político, cultural, monetario, etc. estaremos ante un proceso de construcción de un acervo comunitario que profundizará cada vez mas el proceso de integración.

Esta situación es de mayor complejidad y se nutrirá de una constante voluntad política y conllevará distintas acciones basadas en la concertación y al consenso que permitirán profundizar las transformaciones necesarias que reconozcan, consoliden y resguarden los intereses comunes o comunitarios a fin de lograr una participación equitativa de todos los componentes del Grupo integrado.

I.2. La soberanía y los procesos de integración

Ciertamente estos procesos de integración regional entre Estados impulsan importantes modificaciones en lo sustancial de los conceptos básicos que acompañaron al Estado Nacional, uno de ellos es el concepto clásico de soberanía.

Como hemos venido sosteniendo en paginas anteriores las transformaciones que produce la integración en la configuración de los elementos clásicos del Estado depende del objetivo buscado y del alcance que los Estado han decido dar al proceso.

Resultado de ello el cambio que se produce dentro de un Estado cuando este ingresa como socio o parte de un procesos de integración regional, será directamente proporcional al objetivo fijado en el Tratado fundacional de dicha integración.

Pero es importante destacar, que la transformación que la integración produce en el concepto de soberanía es significativo, dado que la soberanía en el caso de los procesos de integración profundos se ha convertido en cedible.

Es decir que los Estados participantes de estos bloques de integración profundos ceden parte de su poder soberano en instituciones superiores, comunes, instituciones supranacionales que conducirán parte o todo el proceso de integración de acuerdo al alcance otorgado a dichas instituciones.

Claro ejemplo lo constituye la UE en donde los Estados miembros y la UE comparten valores y objetivos que son la base de la organización Europea.

Para poder sostener esta unión tan estrecha los Estados miembros cedieron parte de su poder soberano en Instituciones comunes o comunitarias a las que se les ha otorgado determinadas competencias, Instituciones independientes de los Estados miembros.

Estas instituciones son: el Parlamento Europeo, el Consejo Europeo, la Comisión Europea, el Tribunal de Justicia de la Unión Europea, el Tribunal de Cuentas y el Banco Central Europeo. Instituciones que han permitido el crecimiento y profundización del proceso integrador, otorgando por ejemplo, una ciudadanía europea a la población, una moneda única de intercambio al delegar poder soberano en un Banco Central Europeo, un ámbito jurisprudencial con acceso amplio al Tribunal de Justicia, que con su jurisprudencia ayudo a construir el Derecho Comunitario.

En consecuencia dentro de este proceso de integración profundo, los cambios estructurales que afectan alguno de los elementos clásicos del Estado como su soberanía territorial pueden verse también reflejados, por ejemplo, a través de la apertura de fronteras. Apertura que además de la liberación del comercio de mercaderías entre los países participante en el proceso de integración económica, se podría, con la firma de nuevos Acuerdos, profundizar otorgando a esa apertura de fronteras el Derecho de libre circulación a los ciudadanos y ello permitiría promover un flujo relevante de «nacionales» y «extranjeros» y en su caso podría impulsar mas libertades individuales como el de otorgar un derecho de trabajo o residencia en otro Estado movilizando de manera positiva los factores económicos que hacen a este proceso de integración.

Dicho esto debemos observar la diferencia existente con un proceso integrador con poco compromiso, que podríamos asimilar a un sistema clásico de cooperación interestatal porque las transformaciones no afectan, en esencia, a todos los elementos del Estado, ya que si bien es cierto, se crea un territorio económico, político y jurídicamente ampliado de actuación, esta situación de menor alcance y compromiso no conduce, en general, a una mutación en el territorio y en la población de los Estados Parte.

II. Factores externos que condicionan los procesos de integración los cambios estructurales en el orden internacional

Los cambios estructurales dentro de la escena internacional son y han sido una constante a lo largo de la historia, sin embargo en estas últimas décadas, los cambios y transformaciones han mostrado un intensidad y velocidad vertiginosa, a tal punto que tanto las relaciones sociales como las institucionales de los Estados se desarrollaron y cambian aceleradamente a través del espacio y el tiempo. De la misma manera, las actividades cotidianas resultan cada vez más influidas por los hechos y acontecimientos que tienen lugar del otro lado del planeta, y todo ello influencia de manera directa las prácticas y decisiones de los grupos de poder y las Instituciones del Estado.

En este escenario la evolución del orden mundial a lo largo de las últimas décadas evidencia cambios que se han profundizado y provocaron una transformación estructural relevante. Esta situación en gran parte encuentra como vector de cambio la aceleración de los factores comunicacionales-

La comunicación y la inmediatez alcanzaron una conexión global total, afectando a todos los estratos sociales y los distintos ámbitos social, político, económico y cultural,

Podríamos sostener que estamos ya inmersos en varios aspectos en particular y dentro del desarrollo general, inmersos en la alteración y transformación de los modelos establecidos hasta el momento dentro de los cuales se desarrollaba la vida en todo orden.

Este cambio afecta el desarrollo y la actividad tanto en los órdenes internacionales como nacionales e indefectiblemente el orden regional donde se desarrollan los procesos de integración.

Asimismo debemos también reconocer que ha cambiado la vida y el modo de desarrollarse las relaciones dentro de la sociedad misma, donde hay hábitos y costumbres como la vida *online*, el *home-office*, el trabajo remoto, el co-working situaciones que propició la pandemia y han venido para quedarse en las acciones cotidianas de nuestras propias vidas.

Si bien es cierto que el carácter identitario de la Humanidad ha variado de acuerdo a las épocas y ha sido altamente influenciado por los sucesos históricos que le dieron formas distintas a través de los tiempos, hoy en día en la sociedad tecnológica, existe una identidad global que encuentra patrones comunes y uno de ellos es la transformación constante. Transformación, que ha dejado de ser generacional y se encuentra sujeta a cambios casi diarios.

Nada mejor para ejemplificar esta situación que la frase que nos dejó Heráclito[2], muchas veces repetida y no por ello menos cierta, Heráclito sostenía que lo único que permanece constante es el cambio, sin embargo lo diverso hoy es la velocidad y la escala en la que ocurre.

III. Cómo gestionar el cambio

El enfrentarse a un cambio, una transformación de la visión global nos pone frente a un gran interrogante en cuanto a cómo deberían encaminarse las actuaciones estatales en los distintos ámbitos para enfrentar los nuevos desafíos.

Pero esto de encontrarnos en el COMO genera y ha instalado algo que podríamos llamar una incertidumbre global.

Incertidumbre que comenzó a instalarse durante el periodo de pandemia que nos atravesó a todos por igual, un suceso que cambio y desordeno doscientos años de organización mundial e instaló una desorientación general en toda la comunidad internacional y también dentro de las estructuras nacionales de cada uno de los Estado.

Y todo ello produjo una crisis en varios aspectos, afectó la identidad global de la misma manera que las acciones dentro de las instituciones multilaterales de carácter global poniendo en crisis las estructuras institucionales y los sostenes jurídicos en el orden internacional principalmente en aquellos referidos al área de salud, donde las organizaciones internacionales como la OMS, o la OPS dentro de los esquemas existentes no pudieron contener ni dar una respuesta adecuada a la situación de crisis a la que nos enfrentó el COVID.

A partir de aquí entonces podemos identificar dos cuestiones esenciales para evaluar los acontecimientos actuales. Una de ellas es la perdida de eficacia del sistema multilateral ante los acelerados cambios y el otro el aumento de las tensiones y las dificultades dentro los bloques de integración regional.

Pero como resolver estas cuestiones. Básicamente para que las respuestas puedan resultar efectivasdeben tener agilidad y celeridad para poder adaptarse a los constantes cambios mediante la creación de un plan estratégico que permita contar con iniciativas pragmáticas y realistas que se aproximen a absorber la situación de cambio.

2 Lo único constante es el cambio (Heráclito de Efeso,535 a.C)

IV. El sistema multilateral, crisis y reacomodamiento

En busca de encontrar una respuesta en cuanto a la situación del multilateralismo en el mundo actual, tema que desarrollamos ampliamente dentro del Instituto Eurolatimoamericano de Estadios para la Integración (IELEPI)[3] cuyas conclusiones forman parte de un interesante obra»[4] me permite ejemplificar los cambios y transformaciones a las que hemos venido haciendo referencia en párrafos anteriores.

Con este propósito cabe entonces recordar que las referencia de actualidad expresadas en esa obra cuya base fueron las investigaciones, como allí se explica de las circunstancias actuales, dicha actualidad a la se hace referencia es la del apenas terminado año 2023, que ante los dos grandes conflictos armados a los que se enfrenta la comunidad internacional en la mitad del año 2024 hacen cambiar el concepto del multilateralismo esperanzador, artífice de un prolongado periodo de paz duradera cuando en el continente europeo finalizaba la segunda gran guerra mundial.

V. Apuntes sobre la comunidad internacional y las acciones multilaterales

El conjunto de acciones entre múltiples actores se ha visto desde siempre influenciado por los grandes cambios y el multilateralismo ha tomado formas diferentes.

Finalizada la pandemia que azotó al mundo entre los años 2020 y 2022, los Estados retomaron para dirimir asuntos comunes el sistema de Cumbres y Conferencia internacionales lo cual prometía nuevamente conducir las relaciones interestatales hacia un dialogo conjunto en pos de la recomposición del sistema internacional.

Estas reuniones Cumbres entre Presidentes y Jefes de Estados, ciertamente propiciaron el acercamiento y el dialogo entre los Estados en busca de un consenso sobre bases jurídicas para conducir y enfrentar los desafíos actuales.

Sin embargo, hoy a mediado del año 2024, la aparición de dos grandes conflictos armados hechos altamente disruptivos del orden internacional colocan principalmente al continente europeo dentro de una gran incertidumbre y de manera inmediata volvió la comunidad internacional a preguntarse cual es la situación de las acciones multilaterales en el mundo global.

---

3 https://ielepi.com/

4 El multilateralismo en el mundo actual, alcance y perspectivas «Editorial Colex. A Coruña España 2023 ISBN9788413597430

Podrá el multilateralismo reinventarse y dar una solución a este y otros tantos conflictos y desafíos del mundo actual. Podrá el multilateralismo salir en auxilio para enfrentar los desafíos como el cambio climático, presente en la cotidianidad de todos y cada un uno de los países del planeta.

Podrá la vía de comunicación multilateral atender los grandes problemas migratorios. Migraciones masivas sin rumbo fijo que ya han dejado de ser una situación regional y se han instalado como un nuevo sistema de vida de mucha gente, situación que altera la estructural organizativa e institucional de los países receptores y donde los organismos multilaterales de carácter mundial vuelven a perder eficacia para contener esta ola migratoria.

Los equipos de trabajo dentro de las distintas organizaciones multilaterales de carácter global continua con su labor que se ve reflejada en interesantes informes, sin embargo sus logros siguen siendo ineficaces al momento de diagramar nuevas estrategias que permitan hacer frente a las situaciones actuales de vulnerabilidad y daños a los distintos sectores.

Las soluciones a estas cuestiones de interés común que afectan en mayor o menos medida a todos los Estados, no son simples, principalmente porque la situación actual muestra la pérdida de las identidades fuertes en favor de una identidad global que no termina aun de definirse.

VI. El aumento de tensiones dentro de los bloques de integración

Y muy brevemente para finalizar este análisis daremos una primera mirada dentro de los bloques de integración regional y al Derecho que lo asiste.

Los bloques de integración regional afrontan hoy una fuerte tensión entre los compromisos multilaterales asumidos por los Estados y el renovado ímpetu nacionalista junto con el surgimiento de un proteccionismo inspirador de otras décadas y otros tiempos a lo que se suma la aparición de gobiernos de ultra derecha que cambian en muchos casos la organización dentro de los órdenes nacionales replanteando la pertenencia o no a los procesos de integración iniciados con anterioridad. Situaciones nuevas que desestabilizan los procesos de integración en marcha e impiden sobre todo en los países latinoamericanos una prosecución adecuada del proceso de integración.

VII. Consideraciones finales

Entendemos que le multilateralismo efectivo sigue siendo la mejor manera de promover los intereses tanto nacionales como colectivos.

Establecer un sistema multilateral efectivo que pudiera conseguir resultados a la hora de hacer frente a los desafíos, tanto presentes como futuros, y todos aquellos que pudiesen plantearse a escala mundial. permitiría fortalecer las bases de un buen Proyecto Global para enfrentar cualquier contingencia.

Entendemos que los pilares que sostengan la efectividad del multilateralismo pueden ser tres:

- Defender las normas y acuerdos internacionales
- Englobar en el multilateralismo las nuevas realidades mundiales
- Reformar y adecuar las organizaciones multilaterales a los fines perseguidos

Recursos bibliográficos

MOLINA DEL POZO, C., Director, Liliana Bertoni coordinadora «El multilateralismo en el mundo actual: Alcances y perspectivas» COLEX, ISBN: 978-841359-743-0, año 2023.

LEGLER, T. «El patrón contemporáneo del multilateralismo latinoamericano « Santa Cruz. Pensamiento Propio, Vol.16. 2011.

WALTZ, N. K. «Teoría de la Política Internacional», Buenos Aires, Grupo Editor Latinoamericano, 1988.

CAPÍTULO IX

INTEGRACIÓN EUROLATINOAMERICANA: ENTRE LA DEMOCRACIA Y EL TERROR

Prof. Dr. Ernesto Velázquez Baquerizo[1]

Resumen: El tema actual de la integración eurolatinoamericana, lo analizamos en el marco mundial de la democracia y el terror, interactuando con directa incidencia en el proceso de asociación de los esquemas regionales de Unión Europea y Latinoamérica, en dos frentes de acción: asociarse en un proyecto que por igual estructure una legitimidad democrática, para ambos esquemas, tanto en igualdad de los individuos como para accionar un régimen de soberanía colectiva que permita un Estado de Paz que, en el siglo XXI, superé los atavismos de las dictaduras en Latinoamérica, afronte la narcocracia que pretende construir un narco Estado. Una realidad: 2,400 millones de personas en el mundo amanecen con la incertidumbre y horror de no saber si en el día tendrán algo de comida; en una sociedad asolada por la pandemia, la guerra de Ucrania y la espiral inflacionaria, afectando los procesos de integración, sin poder vencer la situación de pago de la deuda externa de los países de AL/C; que deben funcionar en medio del terror del crimen organizado, el uso de los altos niveles de corrupción nacional que genera un estado de inseguridad que afecta la política y la economía como amenazas a la pacifica vida de sus habitantes.

We analyze the current issue of Euro-Latin American integration in the global framework of democracy and terror, interacting with direct impact on the association process of the regional schemes of the European Union and Latin America, on two fronts of action: associating in a project that equally structures a democratic legitimacy, for both schemes, both in equality of individuals and to activate a regime of collective sovereignty that allows a State of Peace that, in the 21st century, overcomes the atavisms of dictatorships in Latin America, faces the narcocracy that seeks to build a narco-state. A reality: 2.4 billion people in the world wake up with the uncertainty and horror of not knowing if they will

1 Ex Ministro de Ecuador, Magistrado y Profesor de la Universidad de Guayaquil (Ecuador).

have any food that day; in a society ravaged by the pandemic, the war in Ukraine and the inflationary spiral, affecting the integration processes, without being able to overcome the external debt payment situation of the LA/C countries; that must function in the midst of the terror of organized crime, the use of high levels of national corruption that generates a state of insecurity that affects politics and the economy as threats to the peaceful life of its inhabitants.

Palabras Claves: Terror- Democracia-Corrupción-Estado de Paz-Geoeconomía-Narcocracia.

Significativo honor volver a esta casa de la Integración que constituye la Universidad Andina, que lleva el nombre del soñador de la integración latinoamericana Simón Bolívar, a la que en el rectorado de mi gran amigo Enrique Ayala, siendo miembro del CONESUP pude lograr que sea declarada como participe de las rentas del Estado a las Universidades Públicas del Ecuador.

Me satisface encontrarme con apreciados amigos como César Montaño y Ricardo Schembri dirigiéndola hoy, con fortaleza académica y construyendo el alma integracionista de la Comunidad Andina de Naciones.

Situación que sirve de marco a un acto de alto nivel académico que hace justicia, al homenajear a un Quijote soñador de la integración Eurolatinoamericana, como lo es Carlos Molina del Pozo, quien siente igual su corazón latiendo en sus múltiples actuaciones en Europa y América Latina.

1. EL TEMA: He creído conveniente presentar a ustedes mis ideas sobre la realidad de la INTEGRACIÓN EUROLATINOAMERICANA: ENTRE LA DEMOCRACIA Y EL TERROR, que pienso que es un tema actual por la interacción de estos tres conceptos.

2. ¿POR QUÉ?: Qué me movió a esta temática, ver una sociedad mundial que vive un mundo convulsionado, que piensa que la democracia es sólo una forma de estructurar un modelo de Estado deconstruido con una asociación meramente de fines comerciales, visiones del pasado cuando el siglo XXI, del tercer milenio de la humanidad, en dos años más cerrará el primer cuarto de siglo de esta primera centuria que debe afrontar el reto que subyace en la política mundial, agitada por la geopolítica, la geoeconomía, la aparición cibernética y la inteligencia artificial, desafiada por el Narco Estado y la inseguridad provocada para imponer el poder de fuerza por sobre la razón.

3. HACIA UN ESTADO DE PAZ: El largo y tortuoso camino de la relación histórica entre la Unión Europea y Latinoamérica, generó una correlación dinamizada en los procesos de integración regional que tiene directa injerencia entre ellas, que por diferentes razones o intereses precisan asociarse para avanzar a una sociedad que, como expone Pierre Rosanvallon en su libro «La legitimidad democrática», se pueda alcanzar con un proyecto democrático consistente, «tanto en instruir una sociedad de individuos iguales como poner en acción un régimen de soberanía colectiva» para constituir un Estado

de paz que responda a una creciente particularidad de los individuos como a un desarrollo del sentido de interés general, lo que es objetivo de la democracia en el presente siglo.

4. ENTRE EL ATLÁNTICO Y EL PACÍFICO: Estamos a sólo dos años de finalizar el primer cuarto del nuevo milenio y siglo que vivimos, es preciso que analicemos el proceso Eurolatinoamericano con una visión qué, más allá del interés de intercambio unifique ambas márgenes del Atlántico, con las nuevas dimensiones de un proceso integrador,cuya estrategia sea constituirse en una asociación para alcanzar la fortaleza mutua por la ubicación de la región Latinoamericana en el Pacifico, donde se efectúan constantes movimientos de los Estados rivereños orientados a devenir en la política de necesaria integración de los dos centros de actividad colectiva para alcanzar una simetría dinámica del movimiento integrador de Asia Pacifico, que devendría en el puente de la actual geoeconomía, que conjugue las acciones de Atlántico y Pacifico en esquemas integradores de una actividad, de la teoría de desarrollo sur- sur y las necesidades sociales de variedad socio cultural, con fuerza para utilizar lo positivo de América Latina en un Atlantismo integrador, que responda a los requerimientos actuales, partiendo de las acciones que generaron para todos los actores del proceso, tanto en su individualidad como en el interés general.

5. EL DESAFÍO DE LA INTEGRACIÓN: En 1996, en una publicación coordinada por Carlos Molina, libro llamado «Integración Eurolatinoamericana», obra en la que se recoge el segundo encuentro Eurolatinoamericano sobre integración efectuado en Granada por AUDESCO y IELEPI, mi presentación se centró en el Ecuador y el Grupo Andino, afirmé entonces que al pasar de la geopolítica a la geoeconomía, se constituía una alternativa favorable, con el desafío de un desarrollo con objetivo de operar la integración social, lo que hoy ha ralentizado la economía y se agiganta por el terror de las migraciones, la ineficacia para obrar una salud conjunta, más que en políticas en acciones comunitarias, así como la crisis financiera a las finanzas públicas, terrorífico coctel con la caída del mercado laboral y una democracia plena de inestabilidades y convertida en una lucha de poder de conceptos partidistas antes que de servicio público.

6. ENTRE EL TERROR Y LA INTEGRACIÓN: Quince años después; en el 2011, con la coordinación de Carlos Molina, se publicó «Evolución histórica y jurídica de los procesos de Integración en la Unión Europea y en el Mercosur», en el capítulo que escribí nombrado «La dimensión social de la integración»; al presentar las conclusiones afirmo que los procesos de integración se constituyeron en políticas con un fin de economía de mercados, advirtiendo que los procesos de integración se tornaron en un medio antes que un fin, no consideraron el elemento pendiente que surgió de crimen internacional organizado y el terror de las condiciones ecológicas que, por efecto humano se deterioraron, las nuevas dimensiones las conducía a ser un medio de servicio al desarrollo como sociedad, en nuevas concepciones culturales de la pluralidad de sus entornos humanos.

7. LA INTEGRACIÓN ENTRE LA DEMOCRACIA Y EL MIEDO: De todas formas, la integración, en Latinoamérica, iniciativa de regímenes democráticos, cedió paso al terror de las dictaduras que la tornaron en declarativa formula que se constituyó en lucha arancelaria, de seguridad a la inversión extranjera y de la seguridad económica de la inversión privada, lo que afectó a la relación con la Unión Europea que requería todo un proceso integrador sustentado en la democracia.

En este marco de advertencias oportunas llegamos al tema central de esta intervención; cómo la integración, en este inicio del Siglo XXI, puede subsistir entre la democracia y el miedo. Nuestra primera idea es ubicar la integración en la concepción del Estado Constitucional de derecho social, nueva visión neoconstitucional que pretende alcanzar una constitución del Estado de Paz, ante el recuerdo histórico de dos guerras mundiales en el Siglo XX, que integraron países divergentes y constituyeron la comunidad del hierro y del acero en Europa; ahora en el Siglo XXI, si bien no es mundial la confrontación, un juego de intereses geopolíticos aterrorizan, no obstante que la ubicación de los centros de batalla es juego de poder y fuerza, con un conflicto que afecta la paz mundial, sea en Ucrania y Rusia o en la franja de Gaza, así como las pequeñas guerras entre países africanos.

Lo anterior involucra, no sólo a la Unión Europea y su estructura de defensa en la OTAN, al igual que afecta la economía mundial por el gas, el petróleo y los productos agrícolas que llegaban al mundo desde esas regiones.

8. NUEVAS DIMENSIONES DE LA INTEGRACIÓN: La Integración en sus nuevas dimensiones, se mira hoy como un proceso que permite la unión de personas y recursos de las sociedades nacionales, obrando para alcanzar, desde el Estado y su Administración Pública, la necesaria organización estructural de la gobernabilidad y la gobernanza como marco de inclusión.

La gobernabilidad tiene directa incidencia en el resultado de las políticas públicas, en la eficacia del gobierno para obrar en lo político, en cuanto a la resolución de conflictos y tomar decisiones propias del proceso de integrarse la nación y el Estado constituido en el espacio físico del esquema regional o subregional comunitario.

La gobernanza tiene un objetivo, claro y concreto, este no es otro que la eficiencia que posibilite una coordinación negociada entre las diferentes formas asociativas comunitarias de los diferentes países que se integran, para conjugar la participación popular, con lo que se torna elemento indispensable de la democracia, permitiendo al proceso de integración más posibilidades de éxito por la tendencia general vinculada a la capacidad política del grupo de países que activan su decisión de integrarse.

9. TERROR Y DEMOCRACIA: Esto nos incita a pensar con terror, nos atemoriza leer un titular del diario que nos hace conocer que 130 millones de personas no tienen US$4,57 para poner tres platos en la mesa al día, como declara Lola Castro Directora del Programa Mundial de Alimentos, PMA, de la ONU en América Latina y el Caribe, presentando una situación mundial

grave y peligrosa porque entre 691 y 783 millones de personas no tuvieron comida suficiente el año pasado, lo que significa 122 millones de personas, más que en el 2019, el crecimiento de la población en situación de hambre.

Leer en los periódicos, conocer por la televisión o en las redes sociales, que 2.400 millones de personas se levantan cada día con la incertidumbre y el horror de saber si ese día tendrán algo de comida que llevarse a la boca, nos llena de terror, esa emoción primaria derivada de la aversión natural al riesgo, potencialmente expresada en el miedo como un terror extremo.

Conocer la terrorífica noticia de una economía de países que cabalga sobre la inflación y los riesgos financieros globales, como fluye de las declaraciones de las autoridades monetarias; acogido, tanto por el Fondo Monetario Internacional como por los Ministros de Finanzas de los países, se prevé un crecimiento de 3 % en la economía global, cifra más baja desde 1990 en el siglo pasado, provocada por los efectos causados por tres impactos consecutivos: la pandemia, la guerra de Ucrania y la espiral inflacionaria, que afectan directamente los procesos de integración, porque si bien se requiere recuperar las economías nacionales con acciones financieras de inversión, es indispensable una seguridad jurídica que la garantice y que si aún en Europa no se ha podido vencer, atemoriza más la situación de los países latinoamericanos con el requerimiento de pago de la deuda externa.

Debemos observar que el terror no está sólo en los problemas expuestos, la Integración se ve seriamente amenazada por el crimen organizado, por quienes han usado la fuerza física armada y el poder de sumas cuantiosas de liquides monetaria para someter la política, la economía y generan, en cada país, un estado de inseguridad que amenaza la pacifica vida de los países y sus habitantes, ampara la corrupción y ha logrado una acelerada integración de los carteles de droga con su fuerza del crimen organizado, estableciendo un narco estado que ha llegado a competir abiertamente con el fundamento de la democracia y su constitución del Estado Constitucional de derechos y justicia, afectando los derechos humanos, la participación ciudadana y la actividad del comercio productivo.

Ecuador es un ejemplo de acciones para el intercambio de información y asistencia técnica policial, evidenciada en la firma del Convenio con EUROPOL, lo que permitirá al país de la Comunidad Andina de Naciones afrontar el mercado internacional de drogas y la violencia que lo acompaña en el consumo o tráfico, la confrontación entre bandas criminales, nuevas situaciones como crímenes ambientales o tráfico de personas y los actos asociados como son la extracción, secuestro, asesinato y corrupción que conmueven las dos regiones de este proceso de integración.

10. EL PROCESO DE INTEGRACIÓN EN EL SIGLO XXI: Hemos hablado de la Integración, como proceso de la asociación entre la Unión Europea y Latinoamérica, con mi preocupación porque el proceso, en este Siglo XXI, ha

debido prevenir los dos factores asimétricos que lo afectan y ralentizan, ellos son la democracia y el terror, que además deviene en las diferentes formas de terrorismo que provocan miedo intenso en las instituciones y personas, desestimulando el proceso.

En el siglo pasado el Nuevo orden internacional, recogió la geopolítica, que fue limitada, en la dinámica del proceso histórico que deconstruyó las relaciones internacionales, que a fines del siglo XX nos enfrentaron a un proceso de interacción de la economía global, aportando el concepto de globalización del comercio mundial y vio nacer, a mediados del siglo pasado la integración regional.

Latinoamérica y el Caribe estructuraron procesos de integración, que, ante la histórica relación, rezago de la etapa colonial, buscaron las coincidencias y copiando el modelo europeo organizaron sus propias comunidades regionales.

Esto permitió una cercanía de la madurez integracionista de Europa, que instituyó su propia Unión; la que mantuvo el crecimiento de las relaciones binacionales de los diferentes países con Europa, con el resultado de una integración subregional con el MERCOSUR, la Andina, la Centroamericana y el Caribcom.

Todos conocemos la velocidad asimétrica con la que se desarrolló en nuestro continente la relación con Europa Unida, que a veces era bilateral y en otras comunitaria, con los bloques subregionales, esta situación se mantuvo hasta el 2004, cuando en la cumbre de Guadalajara se cambia el rumbo y se plantea una Asociación Estratégica entre la UE y ALC.

Debo recalcar algo que antes señalé, él proceso de nuestra AL fue inconstante debido a los débiles procesos políticos que instituyeron una etapa de dictaduras, fortaleciéndose la comunidad cuando el Estado era estructurado a través de procesos constitucionales.

En lo que va decurso del presente siglo, los procesos mundiales cambiaron en el ordenamiento político internacional, que de pronto vio caer el muro de Berlín, se perdió la preponderancia de Rusia y China, ésta última, sin perder su característica interna, seproyecta como proveedora de fondos para buscar Latino América como cabeza de playa de sus intenciones de liderazgo mundial.

Los Tigres del Pacifico estructuran una comunidad de integración y captan la recuperación económica de sus recursos, lo que fortaleció el Pacifico como centro de comercio, constituyéndose en un equilibrio de un proceso de integración inmerso en las nuevas concepciones de la Geoeconomía.

11. CRITERIOS DE LA UE: En estas circunstancias, comenta en un diario ecuatoriano, Josep Borrel, vicepresidente de la Comisión Europea y alto representante de la UE para asuntos estratégicos y políticas de seguridad, afirma que Europa y América Latina se necesitan mutuamente por ser dos

regiones que se encuentran entre las más alineadas del mundo en asuntos de intereses y valores compartiendo la visión similar del tipo de sociedad que queremos.

12. CONCLUSIONES: Esta idea constituye la esencia de una asociación Eurolatinoamericana, que será semilla que permita sembrar el reconocimiento de políticas sociales conjuntas, atención a problema de migraciones, mercados de trabajo en el área integrada, combatir la pobreza, impulsar programas conjuntos de operar las PIMES, conjugar esfuerzos en materia de salud y continuar creciendo con los frutos de una unión productiva que pueda vencer el fortalecimiento de la democracia y superar las barreras de terror.

Guayaquil, 27 de noviembre de 2023.

CAPÍTULO X

EL PROYECTO EUROPEO A EXAMEN: DE LA ANTESALA DE PARÍS A LA ELABORACIÓN DEL TEXTO LISBOETA

Prof.ª Dra. Virginia Saldaña Ortega[1]

Sumario: Introducción; I. La antesala del proyecto europeo: notas inspiradoras de la construcción comunitaria y su evolución histórica; II. El contexto de entreguerras: análisis del papel de la sociedad de la época; III. El impacto de la finalización de la II Guerra Mundial y las consecuencias de la posguerra en el continente europeo; IV. La Comunidad Europea del Carbón y el Acero: análisis de su repercusión en el posterior desarrollo del proyecto comunitario; V. Los aportes posteriores a la CECA: el auspicio del Acta Única Europea para el proyecto de integración comunitario; VI. El nacimiento del Tratado de Lisboa como solución a la inoperatividad europea. VII. Reflexiones finales.

Resumen: La evolución acontecida en el seno de la realidad europea debe ser considerada un elemento clave de la literatura jurídica e histórica de nuestro tiempo, por cuanto todo el proceso de desarrollo que trae causa de su creación fundamenta la puesta en marcha de un proyecto de integración sin precedentes en el panorama internacional. Por tanto, debemos considerar idónea la interpretación y el estudio del proceso de integración europea desde el origen del surgimiento de la idea y ello pasa por el análisis previo a la creación de aquellas primigenias Comunidades Europeas de los años cincuenta.

Por tal motivo, el presente proyecto trata de analizar, si bien de manera sucinta, la evolución acontecida en la Unión Europea, a partir de una contextualización histórica y sociológica absolutamente necesaria, hasta la configuración

1 Directora del Grado en Derecho de la Universidad Isabel I; profesora de Derecho de la Unión Europea en la Universidad Isabel I; vicesecretaria general del Instituto Eurolatinoamericano de Estudios para la Integración (IELEPI).

de la normativa originaria que hoy en día articula nuestra actividad común: el Tratado de Lisboa.

Palabras Clave: CECA; Derecho de la Unión Europea; Federalismo; Integración.

Introducción

El proceso de construcción que asiste a la actual Unión Europea resulta de absoluta importancia para el entendimiento o la asimilación de su naturaleza y del rumbo que su evolución ha venido experimentando a lo largo de sus años de existencia. En este orden de ideas, estudiar el proceso de evolución existente en el proyecto de integración europeo desde su creación en los años cincuenta, sería del todo inoportuno y es que olvidar u obviar la construcción europeizada de un espíritu tendente a la creación de una comunión territorial en los años previos, sería una decisión en absoluto acorde a la realidad que impera en el proceso de construcción que venimos a narrar en estas líneas.

Un proceso de construcción que efectivamente comienza con anterioridad a la resolución ofrecida por los Tratados de París, y que nace de la necesidad de progreso social y el mantenimiento de una paz común en Europa, fruto, como veremos, del convencimiento de unos cuantos actores sociales, enfocados en la instauración de un ente superior, capaz de ofrecer una concordia entre los pueblos. Y es que, parece incuestionable que el desarrollo del pensamiento y de un ideario próximo a autores como Jean Monnet no resultó casual ni fruto de la espontaneidad, sino que se fundamenta en la construcción de un poso de sabiduría y la conformación de un ideario tendente a la idea de Europa y de la integración de sus pueblos.

I. La antesala del proyecto europeo: notas inspiradoras de la construcción comunitaria y su evolución histórica

En este orden de ideas, y pese a ser considerada la figura de Pierre du Brois como el sistema esencial sobre el que se encuentran basadas las posteriores concepciones de la Unión Europea, las necesidades de instauración de una organización capaz de solventar las situaciones catastróficas que históricamente venían aconteciendo en el continente, tienen su desarrollo mucho antes. Ello, no es óbice para entender como elemento fundamental del surgimiento del espíritu constructor la figura antes citada, si bien es importante señalar que el momento de la historia en que comienza a generarse este ánimo integrador se encuentra más desdibujado en cuanto a la línea temporal en que debiéramos asimilar la variación de mentalidad o el cambio de rumbo del continente[2].

El periodo renacentista, encabezado por Erasmo de Rotterdam como protagonista indiscutible del estudio europeo, es considerado impulsor de la transformación del concepto tenido en cuenta hasta el momento de lo que debía ser Europa. Una visión basada en una trilogía de pilares orgánicos que radicaban en un sufragio universal, una libre circulación de ideas y un conveniente tráfico económico, son los elementos esenciales de un pensamiento que, en la actualidad puede resultarnos muy cercano a nuestra realidad, pero que en su momento fue entendido una utopía relegada a los posibles de un futuro lejano e incierto.

Adentrándonos ya en el siglo XVI, el Grand Dessein del Duque de Sully puede ser entendido como un instrumento de cambio en la corriente de pensamiento europeísta, al afirmar la necesidad de una distribución de Europa en quince grandes espacios, bajo el cobijo de la constitución de una confederación de Estados tutelados por un Consejo de Europa, a quien se le atribuyen características propias de un Senado y por medio del cual se propugna la instauración de una serie de principios como la libre circulación —anteriormente recogidos por los pensadores renacentistas—, un instrumento de arbitraje y la aprobación de leyes tendentes a la igualdad y el bienestar social, a partir de la convivencia de los individuos. Ello supone un nuevo impulso de carácter social motivado por la necesidad de una consonancia entre los individuos y las necesidades de concordia, en un escenario inestable y de abundante pobreza a todos los niveles[3].

A partir del XVIII, las líneas de investigación y de pensamiento encontraban ya su concepción asentada en la creación de sistemas de representación de corte bicameral. Son muchos los intelectuales que han puesto de manifiesto estas primigenias ideas. Sirvan de referencia además de los citados: Immanuel Kant con la persecución de la paz perpetua[4] o Saint Simón y su defensa de la creación de una Europa unida, a partir de la vinculación de sus pueblos en un solo cuerpo político, pero preservando cada uno su independencia nacional[5].

---

2 Saldaña Ortega, V., «Origen y evolución de la Unión Europea: hacia la construcción de un modelo Federal», en: Molina del Pozo, P. C., *Derecho de la Unión Europea e integración regional: liber Amicorum al profesor Dr. Carlos Francisco Molina del Pozo*, Tirant lo Blanch, Valencia, 2020, pp. 115-129.

3 Perez-Bustamante y González de la Vega, R., *El Gran Dessein del Duque de Sully y un nuevo orden para Europa*, Edit. Dykinson, Madrid, 1998, p. 65 y ss.

4 Santiago Oropeza, T., «Kant y su proyecto de una paz perpetua (en el bicentenario de su muerte)», *Revista Digital Universitaria*, Vol. 5, Núm. 11, 2004, pp. 2-11.

5 Martín Menjón, D., Reorganización de la sociedad europea y Saint Simon, un pórtico inspirador para la construcción de un definitivo federalismo europeo tomando ciertos aspectos de su pensamiento. Disponible en: https://www.hermes-kalamos.eu/reorga-

Pese a que estas ideas pueden ser entendidas como vanguardistas y utópicas para la época descrita, basadas en un desarrollo político, económico y social en muchos casos, con matices claramente federalistas y encaminados a la búsqueda de un común europeo armonizado e integrador, con un ordenamiento jurídico propio y un desarrollo económico y monetario de referencia para el contexto internacional, resultan la antesala evidente de la posterior gestación del sentimiento europeo y del anhelo por la construcción de un proyecto basado en una Europa de conjunto.

La figura del escritor Víctor Hugo tuvo un papel fundamental en el desarrollo conceptual de la etapa posterior quien, recogiendo el testigo de estas primeras aproximaciones vino a dar un impulso mayor pronosticando un futuro marcado por una alianza de naciones del continente que produciría una unidad superior y la construcción de una verdadera fraternidad europea. Todo ello sin perder la esencia e individualidad de cada uno de los Estados. Estas afirmaciones, reiteradas posteriormente en un discurso ante el Congreso de la Paz de París el 18 de agosto de 1849, si bien resultan algo opacas y vacías de contenido sustancial, supone, bajo nuestra perspectiva el primer anhelo de fraternidad basado en una confederación que ponía el foco, por vez primera, en una solución para el progreso social y humano de todos.

Decía el citado autor ya en 1849 que:

> Vendrá un día en que todas las naciones del continente, sin perder su personalidad, os fundiréis estrechamente en una unidad de orden superior creando la Fraternidad Europea. En el siglo XX habrá una nación extraordinaria que será grande, ilustre, rica, pacífica y libre, una nación que se llamará Europa[6].

En este orden de ideas, resulta evidente cómo los rasgos característicos de la mayor parte del análisis ofrecido por estas ilustres personalidades encontraban su estandarte fundamental en la consecución de una paz perpetua, a partir de la constitución de instituciones de corte federativo o confederativo que poco o nada tuvieron que ver con la conceptualización llevada a cabo tras la creación de las Comunidades Europeas.

Y bajo esta perspectiva narrada ¿cuál es el motivo del fracaso de estos primeros impulsos? Pues bien, creemos de un lado, que la inseguridad de los gobernantes ante la eventual pérdida de soberanía, que consideraban un perjuicio para sus naciones y un peligro para la consecución de sus fines y para la estabilidad a todos los niveles, tuvo un papel destacado en el malogrado proyecto. De otro, la enjundiosa construcción de los pensamientos

---

nizacion-de-la-sociedad-europea-y-saint-simon-un-portico-inspirador-para-la-construccion-de-un-definitivo-federalismo-europeo-tomando-ciertos-aspectos-de-su-pensamiento/ (Consultado el 22/05/2024).

6 Ruiz Alonso, F., «Europa: Una nueva identificación ciudadana», *Educación y Futuro*, 13, 2005, pp. 25-39.

aportados por estos autores, quizás quedaba algo ajeno a la sociedad y a los propios gobernantes quienes no pudieron ser capaces de asimilar los aspectos positivos de una unión como la descrita que, muy probablemente hubiera evitado más de un conflicto bélico internacional de los acontecidos posteriormente .

Varias fueron las evidencias que pusieron de manifiesto en los años cincuenta, una clara necesidad de ofrecer a la colectividad europea un futuro común y un proyecto de conjunto, que procurase esperanza y aportara ilusión a una sociedad marcada por las catastróficas consecuencias de su historia, asentada de manera constante en escenarios beligerantes y luchas encarnizadas, fundamentadas en argumentos poco asumibles en la actualidad y en absoluto oportunos para el mantenimiento de una paz y una seguridad internacionales en el continente.

Merece la pena finalizar el presente epígrafe con una frase suficientemente esclarecedora de lo que, para nosotros, ha presentado la victoria de una insuficiencia manifiesta en el último periodo de desarrollo de la Unión Europea, por la que de forma prácticamente inexcusable, ha venido a vencer las limitaciones propias de una organización sin ambición ni ganas de progresar en un mundo globalizado, frente a las ansias de evolución que históricamente fueron parte esencial de la ecuación y que tuvieron su principal exponente en los ilustres pensadores de las distintas épocas. Recordamos con cierta nostalgia las palabras de un europeísta convencido de nuestra historia más reciente, que vino a sentenciar lo que, para muchos, ha sido una realidad incuestionable en el proceso de perfeccionamiento del proyecto europeo desde hace algunos años:

> Europa no se hará de una vez ni en una obra de conjunto: se hará gracias a realizaciones concretas, que creen en primer lugar una solidaridad de hecho[7].

Es palmario que ningún Estado europeo ha sido nunca totalmente soberano en relación con los demás. La soberanía nacional ha sido siempre relativa y limitada por la presión que sobre cada una de ellas ejercía el cuerpo íntegro de Europa. La total soberanía era una declaración utópica que encabezaba la redacción de la Constitución. Sin embargo, en la realidad, sobre cada Estado gravitaba el conjunto de los demás pueblos europeos que ponían límites al libre comportamiento de cada uno de ellos, amenazándoles con guerras y represalias de toda índole. Había, pues, un poder público europeo y existía un Estado europeo.

Empero, este Estado no había tomado la figura precisa que los juristas llaman Estado, pero que los historiadores, más interesados en las realidades que en los formalismos jurídicos, no deben dudar en llamarlo así. Ese Estado

7 Discurso de Robert Schuman a la Asamblea Nacional francesa el 9 de mayo de 1950.

europeo ha recibido en el pasado diversos nombres. En tiempo de Wilhelm von Humboldt se le llama «concierto europeo» y poco después hasta la primera guerra mundial se le llamó «equilibrio europeo»[8]. Por tanto, los pudores que hoy algunos pueblos sienten o fingen sentir ante todo proyecto que limite su soberanía, no están justificados y se originan en lo poco claras que están las ideas sobre la realidad histórica .

II. El contexto de entreguerras: análisis del papel de la sociedad de la época

En efecto, el carácter hegemónico ostentado por Europa en la I Guerra Mundial puso en una tesitura complicada su desarrollo y generó un claro deterioro económico y político que se vio acrecentado por las graves consecuencias del Crack del 29. Sin embargo, y pese a la oscuridad de la época narrada, este periodo de entreguerras debe ser comprendido como una época de esplendor en cuanto al surgimiento de nuevas corrientes de pensamiento de ilustres intelectuales que vieron necesario el reconocimiento de una unidad que pusiera freno a la decadencia del continente y el lamentable escenario en el que se encontraba.

Es en este punto en el que, tras la creación del Manifiesto Paneuropeo de 1923 por el Conde de Coudenhove-Kalergi, se empiezan a dar los primeros pasos para la creación de una Unión en Europa. Para ello, el autor abogaba por el nacimiento de una unión federal de los Estados europeos que preservara el liderazgo frente al contexto internacional y evitara los peligros que entrañaba la posible conquista Bolchevique y la dominación económica de los Estados Unidos de América. Podemos evidenciar llegados este punto, cómo la visión de Coudenhove-Kalergi bien podría ser símbolo de referencia de nuestro futuro, marcado ya por una clara visión federalista, en busca de un posicionamiento de prestigio en el exterior, capaz de luchar contra los elementos desestabilizadores entre los que seguía siendo una realidad la hegemonía de algunas grandes potencias[9].

No solo en eso encontramos similitudes con las circunstancias actuales, sino que el movimiento paneuropeo de Coudenhove-Kalergi propugnaba los principios de libertad, paz, prosperidad y cultura y, de manera casi visionaria perseguía el desarrollo de una unión aduanera común, la instauración de una moneda única y la cooperación leal entre Estados miembros. Pese a lo ilusionante de sus ideas, el camino de fracasos en su afán por la creación de la

---

8 Saldaña Ortega, V., El Derecho administrativo en la Unión Europea: especial referencia a la contratación pública, tesis doctoral, 2022, Universidad de Alcalá, p. 40 y ss.

9 Saldaña Ortega, V., *El Derecho administrativo en la Unión Europea: especial referencia a la contratación pública*, tesis doctoral, 2022, p. 45 y ss.

Unión Europea suma uno más a su enorme listado. En este caso, la indisoluble e histórica enemistad existente entre Francia y Alemania, fue el principal motivo de dicha situación[10].

III. El impacto del final de la II Guerra Mundial y las consecuencias de la posguerra en el continente europeo

El siguiente gran lanzamiento del concepto europeo viene dado por las devastadoras consecuencias generadas tras la II Guerra Mundial, en la que una realidad decepcionante, una situación de hastío y un escenario económico muy negativo, permitieron el florecimiento de nuevos movimientos impulsores del cambio y de resiliencias federalistas. Además de partidos clandestinos como la Unión Europea de Federalistas, cuyo principal protagonista de idearios de corte federal radicaba en el Manifiesto Ventotene de 1941[11].

Con todo, y tras finalizar la II Guerra Mundial, y la puesta en marcha de una serie de decisiones adoptadas por las potencias aliadas —recogidas en las Actas de las Conferencias del Cairo, Yalta, San Francisco y Bretton Woods—, se generan unas enormes discrepancias al término de la forma de reconstrucción que debía acontecer en Europa y surgen nuevas tensiones entre los Estados Unidos de América y la Unión Soviética que traen como resultado un nuevo conflicto bélico: la Guerra Fría.

Al hilo de esto, se produce de forma orgánica la disgregación del pensamiento en dos corrientes distintas: una defendida por Winston Churchill que abogaba por la integración federal siendo protagonista irrefutable de uno de los mayores hitos de la historia reciente en el Congreso de la Haya del 7 al 11 de mayo de 1948, en el que conceptualizó su pensamiento en la necesidad de creación de «[...] una especie de Estados Unidos de Europa» que propugnara el mantenimiento de la paz, la seguridad y la justicia.

En contraposición, la segunda corriente de pensamiento se encontraba basada en una visión de cooperación intergubernamental a partir del Plan Marshall y la Organización Europea de Cooperación Económica [OECE] de 1948 destinada a la gestión y distribución de la ayuda aportada por Estados Unidos. Y como contrapartida comunista a todo lo anterior, nace el Consejo de Ayuda Económica Mutua (COMECON), que fue fundado en el año 1949 y

10 Becerril, B., «El manuscrito de Coudenhove Kalergi, fundador de la Unión Paneuropea, sobre Ortega y Gasset», *Revista de Hispanismo Filosófico 121*, Núm. 26, 2021, pp. 121-126.

11 Spinelli, A., Rossi, E., *El manifiesto de Ventotene: por una Europa libre y unida*, Edit. La Lluvia, Barcelona, 2016, p. 15 y ss.

cuyo principal objetivo estribaba en la promoción de la cooperación económica y la integración entre los países de corte comunista que eran auspiciados por la URS[12].

El fin de la II Guerra Mundial y sus devastadoras consecuencias trajeron consigo la necesidad de construir una integración europea capaz de desarrollar un proyecto de unión de países que pusiera fin a los más de cuarenta millones de muertes, los evidentes deterioros económicos e innumerables fracasos políticos[13]. Todos ellos generadores de un escenario europeo nada esperanzador y de innegable minusvalía frente a las grandes potencias —USA y URSS—, que habían visto incrementada su posición supremacista en el contexto internacional.

Con motivo de las invasiones germanas que durante el último siglo habían acaecido en territorio galo y estando aún en el recuerdo de la sociedad de la época, la oposición del país al aumento de poderes dentro de una autoridad internacional por parte de Alemania resultaba hasta cierto punto entendible. En la otra perspectiva se encontraba Alemania y su temor a padecer un sentimiento de humillación igual al sufrido tras el fin de la I Guerra Mundial.

Las circunstancias no alentaban al optimismo, y con motivo de aportar alguna solución real a la situación existente, se toma en consideración las propuestas realizadas por Jean Monnet y la creación de una autoridad para el control común de la industria del carbón y el acero de Francia y Alemania y de los países que quisieran formar parte de esta comunión.

El gran reto era implantar un instrumento que eliminase toda posibilidad de nuevo conflicto bélico y ello pasaba por el establecimiento de un mecanismo de necesidad entre las grandes potencias en materia de carbón y acero. El plan de Monnet incluía la preponderancia de sectores esenciales para el establecimiento de una estrategia de desarrollo industrial francés. No cabe duda de que la posible victoria de la estrategia de Jean Monnet dependía absolutamente de que los aliados le permitieran un mayor acceso al carbón del territorio de Ruhr y el consiguiente retraso de la industrialización alemana. Ello suponía un peligro inminente en el futuro inmediato de Europa: la posible expansión soviética por territorio europeo[14].

---

12 Castellanos, R., ¿Qué fue el Plan Marshall?. Disponible en: https://elordenmundial.com/que-fue-plan-marshall/ (Consultado el 23/05/2024).

13 Weinberg, G. L., *La segunda guerra mundial. Una historia esencial*, Editorial Crítica, 2016, p. 21 y ss.

14 Saldaña Ortega, V., «El sistema de votación del Consejo y su repercusión en el futuro de la Unión Europea: análisis de la pertinencia del voto por unanimidad», en: Molina del Pozo, C. F. (Dir.), Puentes Ruiz, N. (Coord.)., Estudios sobre ciertos aspectos de la presidencia española del Consejo de la Unión Europea, Edit. Colex, A Coruña, 2024, pp. 93-106.

Llegó por tanto el momento de la esperanza, de tomar en consideración aquel corolario de ideas que durante siglos ocupaba los pensamientos de muchos, pero la realidad de ninguno. Era ocasión de dar cumplimiento al deseo de la sociedad basada en el establecimiento de un marco de paz y tranquilidad que propugnase los valores de libertad, justicia y prosperidad, bajo el mantra de la concordia como estandarte fundamental de todos esos anhelos. Anhelos que fueron puestos de manifiesto por el ministro de Asuntos Exteriores francés Robert Schuman en su aclamado discurso del 9 de mayo de 1950 en la Universidad de Zúrich que propugnaba el fin de la histórica enemistad existente entre Francia y Alemania, sentando las bases de la construcción de las primigenias Comunidades Europeas.

Resuenan, por tanto, con fuerza, tal y como advertíamos con anterioridad, dos corrientes de pensamiento que ofrecían solucionar la situación de declive social, económico y político. En primer lugar, la idea ofrecida por Gran Bretaña con la construcción de una comunidad transatlántica y del impulso de las alianzas con los Estados Unidos y; en segundo lugar, la construcción de una inédita federación europea que diera impulso a los proyectos elaborados por Monnet y Schuman. Los afanes de construcción europea se vieron acrecentados con el inicio de la guerra coreana de principios de 1950 que indiscutiblemente impulsó el nacimiento de la Declaración Schuman del 9 de mayo de ese mismo año.

Todo lo anteriormente expresado dio lugar a la firma del Tratado de París el 18 de abril de 1951 por la que se constituyó la Comunidad Europea del Carbón y el Acero, con una duración asignada de cincuenta años. Un tratado de corte eminentemente internacional que fue firmado por los seis países fundadores: Bélgica, Francia, Italia, la República Federal de Alemania, Luxemburgo y los Países Bajos en París, cuya entrada en vigor tuvo lugar el 23 de julio de 1952.

IV. La Comunidad Europea del Carbón y el Acero: análisis de su repercusión en el posterior desarrollo del proyecto comunitario

No existe controversia en la siguiente afirmación: la Comunidad Europea del Carbón y el Acero fue el detonante del proceso de construcción europeo y de su proyecto de integración tal y como la conocemos. Sin embargo, quizás con motivo de la constante evolución que acontece en todo lo concerniente a esta organización, entendemos que la creación de la CECA no disfrutó del protagonismo merecido por cuanto su naturaleza y enjundia supone en el proceso de reconstrucción de Europa y la búsqueda hacia un nuevo horizonte.

Se vuelve a retomar la idea federalista como vemos, si bien conducente a un modelo económico. Enfoque que venía a dar solución a las consecuencias políticas de la situación narrada. Pese a las reivindicaciones llevadas a cabo por innumerables movimientos federalistas, el Tratado de París vino a significar la victoria de las ideas funcionalistas de Jean Monnet frente a la imposibilidad de acceso inmediato a una unión de corte federativo. Con tal motivo, el proceso europeo optó por la búsqueda de un procedimiento de integración gradual, capaz de afectar progresivamente a los diversos sectores económicos y a la creación de instituciones de forma paulatina por medio de la cesión de competencias económicas, administrativas y políticas.

En efecto, históricamente, la idea de una unión federal procuraba principalmente la consecución de fines defensivos. El objetivo principal de este tipo de construcciones era la soberanía e independencia de sus miembros frente a terceros o amenazas externas contextualizadas en una situación de inestabilidad o desventaja. Sin embargo, la unión planteada en esta ocasión distaba de ese tipo de matices pues su fundamento no era la protección militar de una soberanía, sino la defensa de la independencia económica de sus países. De esta manera, se implementan para el periodo que acontece en estas líneas la salvaguardia del proyecto desde una perspectiva común del comercio exterior, a partir de la implementación de una normativa conjunta, que fuese aprobada por una institución común y de corte federal evidentemente, todo ello con la creación de un gran mercado interior seguro como principal finalidad.

A partir de este momento, el progreso de las Comunidades resulta imparable y su constitución adquiere una inercia sin igual en el panorama internacional. En cierta medida, los elementos «federalizantes» y armonizadores fielmente defendidos por los grupos federalistas fueron relegados a un segundo plano en el periodo posterior a la construcción del proyecto europeo, y las modificaciones siguientes fueron dando forma a una visión quizás algo divergente de lo inicialmente proyectado. En cambio, los matices federales nunca abandonaron del todo el proceso evolutivo de la Unión Europea y el primer gran documento modificador e impulsor de una nueva conceptualización tuvo lugar con el Acta Única Europea del año 1986 que abogó por la puesta en marcha de una libre circulación de personas y mercancías eficaz, y la creación de unos fondos comunitarios de ayuda a los países en riesgo de exclusión. Este documento entendemos que supone la primera gran modificación de los tratados fundacionales.

V. Los aportes posteriores a la CECA: el auspicio del Acta Única Europea para el proyecto de integración comunitario

Tras casi tres años de debates sustanciales motivados por una serie de acontecimientos que aportaban cierta inestabilidad y desconfianza entre determinados países, el siguiente gran impulso europeo lo encontramos en el

Tratado de Maastricht y su tímida política común en materia de seguridad, justicia y asuntos exteriores que si bien con algunas reticencias y limitaciones supuso el hito histórico de esta etapa. Pero sin lugar a duda, la creación de una ciudadanía europea y la instauración de una política económica y monetaria común, esto es: la implantación de la moneda única, el euro, podemos atestiguar que se trata del primer elemento federalizador existente y ampliamente reconocido en los tratados, de conformidad con lo afirmado por Molina del Pozo[15/16].

Cabe atestiguar, por consiguiente, como el Tratado de Maastricht con la inclusión del segundo y tercer pilar —para los asuntos de política exterior y seguridad común y política interior y de justicia— y el Tratado de Ámsterdam, a partir de sus intentos por reforzar la ciudadanía europea, son elementos que ponen de manifiesto la rotura con el exclusivismo económico y la apertura a un nuevo horizonte basado en la auténtica participación democrática.

El Tratado de Ámsterdam[17] nace con la firme idea de adaptación a los cambios y mutaciones sociales surgidos a consecuencia de las adhesiones que iban dando lugar. Sin embargo, y no siendo ya suficientemente extensible la adaptación de estos tratados al proyecto evolutivo, el evidente cambio de rumbo que la Unión daba con motivo de la gran ampliación, hizo necesaria la realización de una reforma institucional a partir del Tratado de Niza[18], por medio del refuerzo del papel del Parlamento Europeo como institución colegisladora y la directa implicación de esto en la elaboración del *non nato* Tratado Constitucional de la Unión Europea.

El mencionado texto supone un nuevo germen del sentimiento federalista que tan presente estuvo en las épocas desarrolladas en líneas anteriores y que quedó ciertamente relegado a un corolario de ideas pendientes de exposición práctica y de activación en el escenario real, exiliadas al limbo de las ideas europeístas. Se trataba de una serie de elementos federalizadores, capaces de aportar identidad propia y reforzar el sentimiento europeo para un nuevo periodo, caracterizado por la grandeza e importancia de su extensión a todos los niveles.

---

15 Molina del Pozo, C. F., «El largo camino desde la descentralización hasta el federalismo. En caso de la Unión Europea», *Revista de la Secretaría del Tribunal Permanente de Revisión*, Vol. 4, Núm. 8, 2016, pp. 19-40.

16 Molina del Pozo, C. F., *Derecho de la Unión Europea*, Reus, Madrid, 2024, p. 34 y ss.

17 Firmado el 2 de octubre de 1997, cuya entrada en vigor tiene lugar el 1 de mayo de 1999, [DOCE C 340/1, del 10 de noviembre de 1997].

18 Firmado el 26 de febrero de 2001, cuya entrada en vigor tuvo lugar el 1 de febrero de 2003, [DOCE C 80/1, del 10 de marzo de 2001].

VI. El nacimiento del Tratado de Lisboa como solución a la inoperatividad europea

En efecto, nos referimos a elementos simbólicos como emblemas, banderas, himnos o días conmemorativos, pero también a instrumentos de pragmatismo sin igual que defendían el valor de la unidad y que pasaban por la importancia de la moneda única, o el establecimiento de un desarrollo armonizado de la actividad legislativa. Empero, el rechazo por parte de algunos Estados miembros a la ratificación de este tratado, y al descontento de la sociedad por la falta de implicación de esta en el proyecto, fueron la motivación esencial por la que dicho documento normativo no gozó de una efectividad destacable.

A diferencia de lo recogido en textos anteriores, el Tratado de Lisboa hace referencia a las competencias atribuidas a la Unión, destacando a su vez, una subdivisión en tres grupos, a saber: competencias exclusivas; competencias compartidas y competencias de apoyo, coordinación o complemento, también denominadas por Molina del Pozo y Bergamaschine Mata-Diz «competencias innominadas»[19]. Aquí yace una idea fundamental en el proceso evolutivo del contenido de los tratados que venimos narrando y es que la intensidad de las atribuciones recogida en ellos no resulta de las atribuciones generales indicadas para la Unión por cuanto extensas y poco delimitadoras suponen, sino que debemos entender que serán las normas específicas y concretas las que deberán delimitar la forma del ejercicio de dichas atribuciones[20].

La actuación depurativa llevada a cabo por el Tratado de Lisboa no creemos pueda ser considerada como una ruptura absoluta con los contenidos asumidos en los textos anteriores. Al menos esta aceptación no puede ser absoluta. Esta enumeración de principios debe ser apreciada desde otra perspectiva, algo más orgánica, por la que esta no puede considerarse como una mera clasificación que atribuye un modelo estático de atribución, adaptándose por tanto a las circunstancias y a la casuística concreta del momento en que opere este principio de atribución. Resulta interesante poner de manifiesto en este orden de ideas, el recorte producido por parte del Tratado de Lisboa para con la materia de política exterior y seguridad común, debe ser considerado un auténtico recorte de las competencias de la Unión Europea. Esta nueva perspectiva pone de manifiesto nuevamente y en contraposición con lo dispuesto por el Tratado Constitucional la negativa por parte de los

19 Molina del Pozo, C. F., Bergamaschine Mata-diz, J., «La distribución de competencias en el nuevo diseño de la Unión Europea: del Acta Única Europea al Tratado de Lisboa», *Revista Facultad de Derecho y Ciencias Políticas*, núm. 118, 2013, pp. 15-59.

20 Molina del Pozo, C. F., «Las competencias de la Unión Europea: El principio de jerarquía de las normas en el Tratado Constitucional Europeo». *Revista Universitaria Europea*, núm. 5, 2006 pp. 51-90.

Estados miembros de perder potestades y soberanías absolutas en la confección y ejecución de la política en cuestión.

En síntesis, este último documento normativo ha supuesto un cambio en la perspectiva tenida en cuenta con anterioridad: si bien el enfoque de la Constitución europea queda relegado a un fracaso de los anhelos federales e institucionalistas de algunos europeos, el Tratado de Lisboa vino a rescatar algunos de los elementos recogidos por el *non nato* documento, bajo la rúbrica de un texto menos armonizador y que aun planteaba reservas y desconfianza sobre materias tan controvertidas como la política exterior de seguridad.

Como advertíamos, con el Tratado de Lisboa llega el cambio de percepción en materia de competencias principalmente. Este texto queda a mitad de camino entre las pretensiones recogidas en la Constitución europea y los tratados clásicos[21]. Vanguardia y moderación fueron los caracteres necesarios para la consecución de un nuevo enfoque europeo que permitiera continuar avanzando en el proceso, pero que dejara de lado ciertas pretensiones que, para el momento, no resultaban suficientemente aceptadas.

El documento establece los principios, categorías y ámbitos de competencias de la Unión Europea[22] de igual manera que lo hizo su predecesor[23] si bien, con ciertas distinciones que merece la pena comentar de manera sucinta. En esta ocasión, la delimitación de competencias se encuentra regulada por los principios de subsidiariedad y proporcionalidad, estableciéndose a este respecto —conforme al art. 4 del Tratado de la Unión Europea—, que aquellas competencias que no aparezcan atribuidas a la Unión Europea en los Tratados, deberán corresponder a los Estados miembros bajo el seno del principio de cooperación leal por medio del cual, Estados y Unión trabajarán bajo el respeto y la asistencia mutua, con el fin de cumplir las distintas misiones que puedan derivar de los propios Tratados[24].

21 Molina del Pozo, C. F., *La Constitución europea*, Edit. Universitaria Ramón Areces, Madrid, 2005, pp. 25 y ss.

22 Arts. 1 a 6 del Tratado de Funcionamiento de la Unión Europea [DOUE C 83/47 del 30 de marzo de 2010].

23 Arts. 12 a 17 del Proyecto de Tratado por el que se instituye una Constitución para Europa, adoptado por consenso por la Convención Europea del 13 de junio y el 10 de julio de 2003 [2003/C 169/01].

24 Galera Rodrigo, S., «El principio de subsidiariedad desde la perspectiva del reparto de competencias entre los Estados miembros y la Unión Europea», *Gaceta Jurídica*, serie B, núm. 103, 1994, pp. 5-22, pp. 12-14.

VII. Reflexiones finales

Es por todo ello, debemos entender que el proceso de desarrollo experimentado en el seno de la Unión Europea, y más específicamente en el ámbito propio de su Derecho originario, supone una evidencia fundamental de cómo el proyecto de integración que trae causa de las presentes líneas, se encuentra fundamentado en el desarrollo de su sociedad y del pensamiento del que ella emerge, siendo elemento de sustancial importancia para el cambio de paradigma que, indiscutiblemente viene aconteciendo en la realidad del continente.

Recursos bibliográficos

Becerril, B., «El manuscrito de Coudenhove Kalergi, fundador de la Unión Paneuropea, sobre Ortega y Gasset», *Revista de Hispanismo Filosófico 121*, Núm. 26, 2021, pp. 121-126.

Castellanos, R., ¿Qué fue el Plan Marshall? Disponible en: https://elordenmundial.com/que-fue-plan-marshall/ (Consultado el 23/05/2024).

Galera Rodrigo, S., «El principio de subsidiariedad desde la perspectiva del reparto de competencias entre los Estados miembros y la Unión Europea», *Gaceta Jurídica*, serie B, núm. 103, 1994, pp. 5-22, pp. 12-14.

Perez-Bustamante y González de la Vega, R., *El Gran Dessein del Duque de Sully y un nuevo orden para Europa*, Edit. Dykinson, Madrid, 1998.

Martín Menjón, D., Reorganización de la sociedad europea y Saint Simon, un pórtico inspirador para la construcción de un definitivo federalismo europeo tomando ciertos aspectos de su pensamiento. Disponible en: https://www.hermes-kalamos.eu/reorganizacion-de-la-sociedad-europea-y-saint-simon-un-portico-inspirador-para-la-construccion-de-un-definitivo-federalismo-europeo-tomando-ciertos-aspectos-de-su-pensamiento/ (Consultado el 22/05/2024).

Molina del Pozo, C. F., *La Constitución europea*, Edit. Universitaria Ramón Areces, Madrid, 2005, pp. 25 y ss.

Molina del Pozo, C. F., **Bergamaschine Mata-diz, J.**, «La distribución de competencias en el nuevo diseño de la Unión Europea: del Acta Única Europea al Tratado de Lisboa», *Revista Facultad de Derecho y Ciencias Políticas*, núm. 118, 2013, pp. 15-59.

Molina del Pozo, C. F., «El largo camino desde la descentralización hasta el federalismo. En caso de la Unión Europea», *Revista de la Secretaría del Tribunal Permanente de Revisión, Vol. 4, Núm. 8, 2016,* pp. 19-40.

Molina del Pozo, C. F., *Derecho de la Unión Europea*, Reus, Madrid, 2024.

Saldaña Ortega, V., «Origen y evolución de la Unión Europea: hacia la construcción de un modelo federal», en: Molina del Pozo, P. C., Derecho de la Unión Europea e integración regional: *liber amicorum* al profesor Dr. Carlos Francisco Molina del Pozo, Tirant lo Blanch, Valencia, 2020, pp., 115-129.

Saldaña Ortega, V., *El Derecho administrativo en la Unión Europea: especial referencia a la contratación pública*, tesis doctoral, 2022, p. 45 y ss.

Saldaña Ortega, V., «El sistema de votación del Consejo y su repercusión en el futuro de la Unión Europea: análisis de la pertinencia del voto por unanimidad», en: Molina del Pozo, C. F. (Dir.), Puentes Ruiz, N. (Coord.)., Estudios sobre ciertos aspectos de la presidencia española del Consejo de la Unión Europea, Edit. Colex, A Coruña, 2024, pp. 93-106.

Spinelli, A., Rossi, E., *El manifiesto de Ventotene: por una Europa libre y unida*, Edit. La Lluvia, Barcelona, 2016.

Weinberg, G. L., *La segunda guerra mundial. Una historia esencial*, Editorial Crítica, 2016.

Cód. 10

Made in the USA
Monee, IL
05 November 2026

67807950R00107